和菓子絕美圖鑑

青木直己 監修

和菓子的樂趣

和菓子有著各式各樣的體驗與享受方式。

首先最重要的，是親身感受和菓子的美味。在工作忙碌之餘小歇片刻時，前往和菓子愛店品嚐喜歡的和菓子，就能忘卻整天的疲憊。這都是因為和菓子具有療癒人心的效果。此外，品嚐和菓子的時候，還能從其多變的風貌體會歲時更迭，像是在女兒節吃草餅或雛霰（雛米果），在端午節時吃柏餅或甜粽等，而除了在每年例行節日中出現的各類和菓子，櫻花綻放的季節還有象徵櫻花的和菓子或櫻餅，到了秋天則有紅葉造型的和菓子等等，和菓子正是如此反映出日本人長年來孕育而成的濃厚季節感。

已故的黑川光朝（虎屋第十六代老闆）將和菓子比喻為五感的藝術，也就是味覺、嗅覺、觸覺、視覺、聽覺的結合。味覺是和菓子讓人品嚐到的美味程度，嗅覺是食材散發的微微香氣，觸覺為使用黑文字竹籤切開和菓子時的手部及入口時舌頭的觸感，再加上透過視覺欣賞精心設計的和菓子外觀，以及聽到和菓子高雅的菓銘（和菓子之名）後，從中思考菓銘背後的含義。例如，在薯蕷饅頭的外皮烙上松樹與綠色竹籃圖案，再加上典出《源氏物語》「若紫」之卷的「若紫」菓銘，其綠色竹籃圖案讓人聯想到若紫（紫之上）飼養麻雀的鳥籠，透過和菓子傳達出了紫之上與光源氏相遇的場景。在筆者從前任職於虎屋的時期，就曾經透過這個在和菓子展登場的虎屋薯蕷饅頭，感受到了《源氏物語》的深奧世界。

提到和菓子的世界，從古代以核果或水果當作零食，逐漸發展為年糕、糰子等手作食品為主的點心，至今構成了悠久的和菓子歷史。包括古時從中國傳入的唐菓子、鎌倉至室町時代同樣從中國傳入的饅頭或羊羹等甜點、戰國至安土桃山時代從葡萄牙傳入的蜂蜜蛋糕、金平糖、小饅頭等南蠻菓子，都在在影響了和菓子的發展。到了十七世紀後期，京都的高雅上菓子（添加白砂糖的高級點心）集大成，然後在江戶時代，日本國產砂糖的生產變得更為普及，於是讓更多人得以品嚐到大福等庶民性的和菓子。之後從明治時代到現代，和菓子也持續受到洋菓子的影響不斷演進。

本書的目的是廣傳和菓子的魅力，除了各種和菓子的解說與由來，還要介紹在日本全國各地至今仍持續上市的和菓子。有關於各類和菓子的解說內容，是以製作該和菓子的店家故事為基礎所構成，如果讀者能透過本書體驗和菓子的美好世界，將是筆者最大的榮幸。

在前言的最後，特別感謝一路以來辛苦採訪與執筆的笹島浩先生。

青木直己

目錄

第三章 神佛與和菓子

第四章 為歷史增添色彩的和菓子

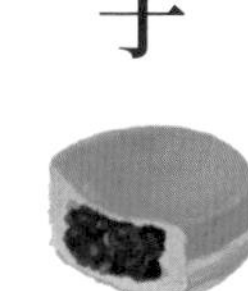

第五章

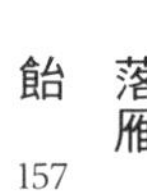

和菓子的基礎知識

更多不為人知的和菓子故事

和菓子相關用語集

※ 本書所介紹的和菓子，可能包含現今已經沒有販售的種類。

※ 本書所刊登的資訊，為 2021 年 3 月當時所整理與考證的資料。

第一章

十二月份的和菓子

正月 睦月（むつき）

在正月新年吃和菓子迎接歲神，祈求幸福一整年

▼小寒 大寒

正月是一年之始，為了迎接主宰整年福德的穀物之神—歲神（歲德神），日本人在正月會舉行祈福儀式，並製作各種五彩繽紛的和菓子。

日本人在正月有吃雜煮（年糕湯）的習俗，而雜煮其實與和菓子有極深的淵源。日本皇室在正月時會吃菱葩餅，菱葩餅是在麻糬皮蓋上紅豆色的菱形麻糬，再放上白味噌餡與蜜糖熬煮的牛蒡，最後將皮對折的點心，因而又有「包餡雜煮」（包み雜煮）的別稱。以菱葩餅為原型，衍生出的和菓子則是花瓣餅（參照P10）。

正月十一日還會舉行開鏡餅（年糕）儀式，人們使用木錘子敲碎用來供奉歲神的鏡餅後，會將敲碎的鏡餅做成雜煮或霰餅（參照P149）食用。到了滿月的農曆十五日小正月，則會在柳枝上裝飾麻糬或糰子，稱為「餅花」（又稱繭玉），祈求該年農作物豐收。

【祈求一整年平安順遂】

在一年之始的一月，製作和菓子時會選擇做成各種吉祥的象徵物，祈求一整年平安順利，並祝願幸福來臨。

雪

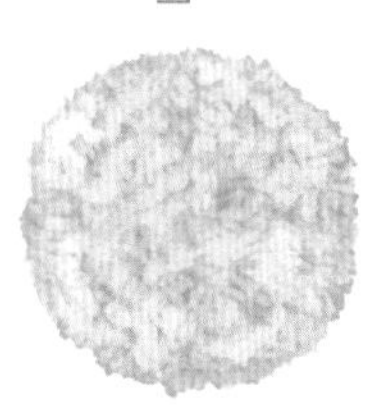

純白且風雅的象徵。

松

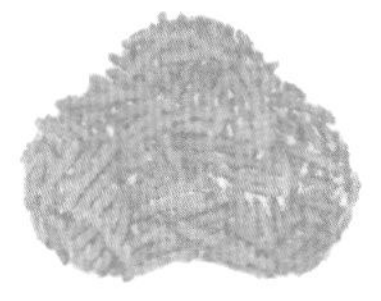

長壽的象徵。

竹

繁盛的象徵。

梅

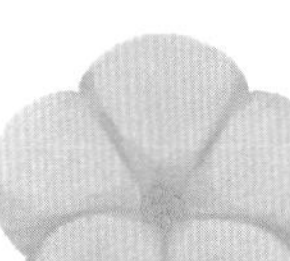

又名春告草的吉祥花。

福壽草

在農曆正月盛開的吉利之花。

鶴

長壽的象徵。

烏龜

長壽的象徵。

初日之出

歲神會伴隨著元旦日出降臨，帶給人們幸福。

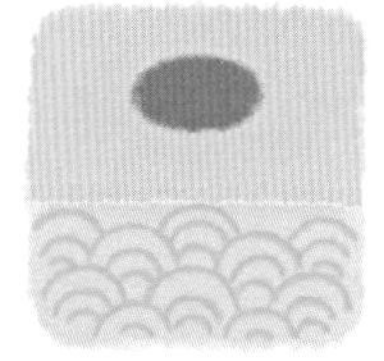

※插圖為示意圖僅供參考（之後內容相同）

【與正月相關的吉利菓子】

未開紅
表現即將在寒冬中綻放的花蕾。

花瓣餅(花びら餅)
源自祈願健康長壽的健齒儀式。

福德
在最中（參照 P139）裡面放入玩偶造型的金花糖（參照 P18）。

辻占
裡面放有寫上占卜結果的紙片。

福梅
仿照梅花外形的最中形式菓子。白中透出淡紅色，在表面還撒上了砂糖以表現白雪的感覺。

糖漬茄子(初なすび)
日本人常說在新年做的第一場夢，如果夢到茄子就是好兆頭，因此要吃糖漬茄子。

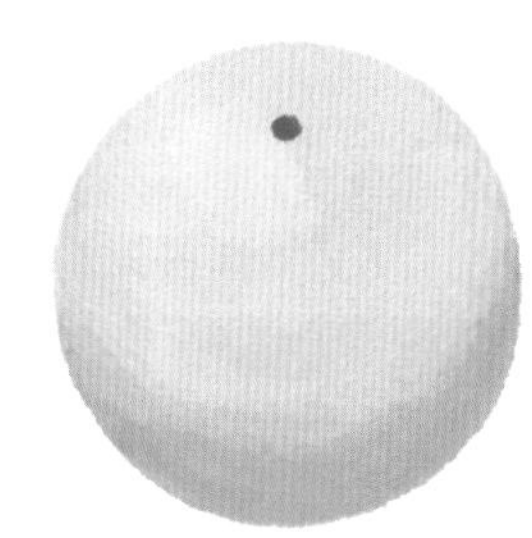

餅花
在燈台樹或柳樹的枝條裝上紅白色糰子或丸餅，在正月十五日的元宵節前後，日本人會將餅花掛在天花板或屋簷下，祈求豐收。

笑顏饅頭
因吉利的菓銘及別出心裁的造型，被當作正月或喜事的禮品。

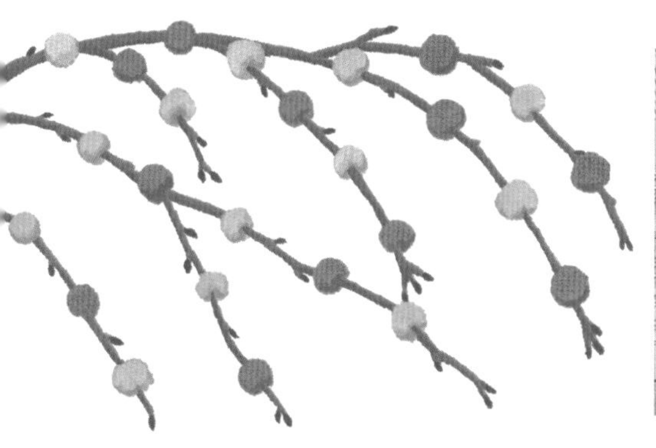

三代歌川豐國、二代歌川廣重的浮世繪作品〈江戶自慢三十六興　目黑不動餅花〉（1864 年）。

【源自祈願健康長壽的健齒儀式之花瓣餅】

花瓣餅（はなびらもち）源自於日本宮廷在正月吃的菱葩餅（ひしはなびらもち），是帶有祝賀含意的點心。據說是在室町時代演變成為日本皇室的正月節日食物（行事食）。在明治時期，裏千家茶人玄玄齋宗匠獲得了皇室許可，得以在茶會場合招待花瓣餅，使得一般民眾也開始有機會品嚐到這道和菓子。

現今的花瓣餅

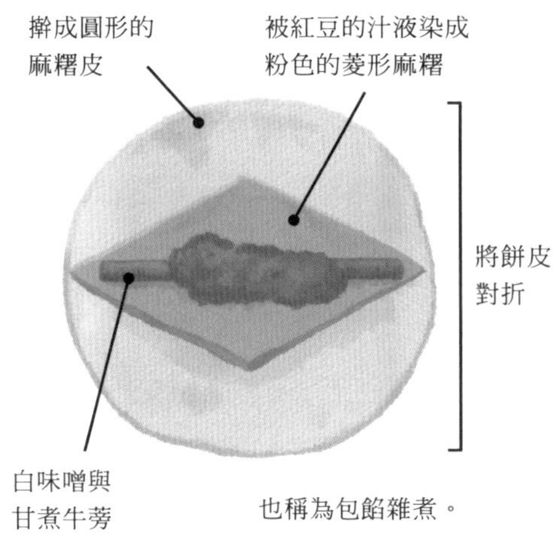

也稱為包餡雜煮。

以牛蒡表現出鹽漬香魚的造型。

在平安時代，宮廷從元旦起連續三天會舉辦健齒儀式，祈求長壽。期間會食用鏡餅、蘿蔔、醃黃瓜、鹽漬香魚、豬肉、鹿肉等口感硬實的食物。

【用來表現剛綻放花蕾的未開紅】

寶曆 11 年（1761 年）的和菓子食譜《（古今名物）御前菓子圖式》曾記載了未開紅這道和菓子，製法是將紅色的糯米糰子擀薄，再包入切成正方形的羊羹，最後在表面放上落雁（參照 P156）的製粉。

曾出現於幸田文隨筆作品中的未開紅

作家幸田文曾在隨筆作品中描述過這道四角折起，外形如同未開紅的包餡點心。當她聽到某位出版社老闆提到自己早年的戀愛故事後，就送給他「將白色、鴇色（淡紅色）、白色的三片外皮，如同摺紙般疊起，包入球形黃色豆沙餡，再將四角折起來」的未開紅點心，並取名為「花籃」（花がたみ）。幸田曾在散文〈菓子〉中寫道：「白色外皮就像包覆了女子的心，看似雪白，卻隱約透出淡粉。」

未開紅是紅梅的品種之一，每到一至二月會盛開美麗的花朵。

現今的未開紅做法，大多會使用紅白相間的外皮，並包入紅豆餡。龜屋良長（京都）製作的未開紅，則是使用染成黃色的白豆沙餡（參照 P58），以展現花朵的生命力。

【金澤流傳的正月和菓子】

在江戶時代，金澤是獲封百萬石的城下町，民間繁盛發展，因而產生了多樣化的和菓子。當地人在正月會吃福梅、 辻占、福德等和菓子，祝賀新年。

辻占

用寒梅粉（參照 P58）或最中製成的餅皮

首次出現於古文獻永春水《春之若草》（1830 ～ 1844 年），原本是全年皆有販售的和菓子，後來演變成為正月點心。

包在裡面的占卜紙片

原本是用來推算男女愛情運勢的占卜點心，從前在花街尤其受到歡迎。辻占的有趣吃法是每人各吃三個辻占，再拼湊紙片上面的文字。

福梅

最中的外皮

撒上砂糖營造出白雪外觀

包入加入麥芽糖揉成的紅豆餡

福梅的外形起源於加賀藩前田家的劍梅鉢家徽，或是源自餅菓子「寒紅梅」，有各種說法。

在文化 6 年（1809 年）新建金澤城二之丸本殿時，加賀藩第十二代藩主下令供奉和菓子，前田家御用和菓子商人的妻子，發明出了這道具有祝賀用途的和菓子。

福德

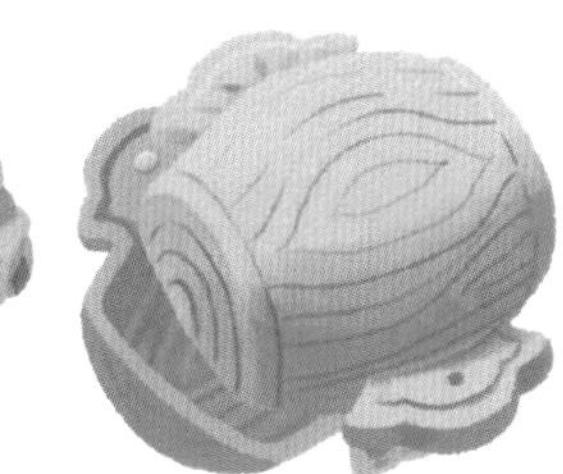

外觀宛如萬寶槌或稻草米袋，最中外皮內包有招財貓或小泥偶造型的金花糖（參照 P18）。

【笑顏饅頭是吉祥的象徵】

在饅頭頂端點上紅點，名為「笑顏饅頭」或「酒窩饅頭」（えくぼ饅頭），笑顏饅頭的用途是正月或祝賀時的贈禮。

出自和菓子老店虎屋於天保 11 年（1840 年）在古文獻刊登的銘文「薯蕷ゑかを（薯蕷笑顏）」（現代名稱為笑顏饅」）。

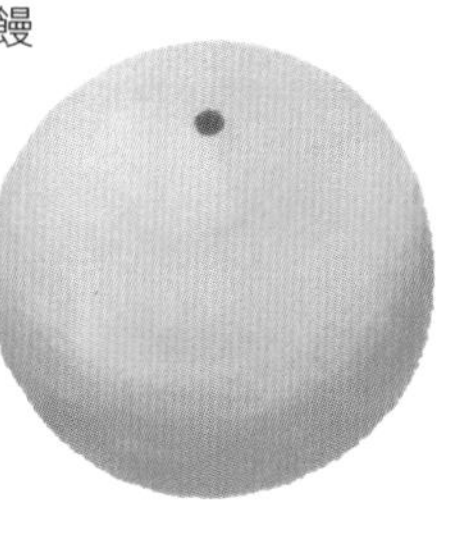

饅頭在以前被稱為「十字」？

為了方便食用，古代通常會在饅頭表面割出十字狀，因此也被稱為「十字」。佛教高僧日蓮在親筆書信中，曾形容十字如同滿月。根據江戶後期的隨筆《嬉遊笑覽》（1830 年）記載，在饅頭上面點上紅點的方式，就是源自日蓮。

【吉祥的珍菓「初茄子」】

俳諧師松尾芭蕉於元祿 2 年（1689 年）造訪鶴岡，當他品嚐民田地區生產的茄子後，詠下「出羽山，初茄子，彌足珍貴」之俳句。當地用砂糖醃漬的茄子，即是俳句中提到的「初茄子」。大松屋本家（山形）的前代經營者，參考了松尾芭蕉的俳句，發明了初茄子和菓子。到了現代，在舉辦初釜（新年最初的茶會）時，初茄子已是不可或缺的茶會點心。（譯註：日文中茄子「なす」與成就「成す」同音，有成事順利之吉兆）

二月 如月（きさらぎ）

在農曆正月季節交替的時期撒豆子，藉此驅邪與消災解厄

▼立春　雨水

在二月的節分之日撒豆子，是日本的例行節日活動。節分的原意是「季節的分界」，也就是二十四節氣中立春、立夏、立秋、立冬的前一天。而在農曆正月中的立春，是最受日本人重視的節日，這一天也會舉辦各種消災解厄的儀式。

節分儀式源自於奈良時代從中國傳入日本的大儺（追儺）祭典，有人會戴上四眼面具，扮演方相氏（儺人）神祇的角色，一邊大喊「趕走惡鬼」，一邊進行驅邪儀式。由於方相氏的面具外觀奇特，之後反而變成被趕走的惡鬼角色。當撒豆子的宮廷儀式傳入民間後，日本人在撒豆子時會一邊喊著「鬼出去！福進來！」。

【預告春天來臨的植物或生物】

曆法上的二月是迎接春天的季節，這時候出現了許多能讓人感受春天氣息的和菓子。像是與節分有淵源的豆菓子，及以初午稻荷神之使者狐狸為題材的和菓子（詳見左頁）。

早蕨

以早春萌生的蕨類嫩芽為主題，早蕨也是《源氏物語》第四十八帖的卷名。

椿

椿（山茶花）的字義即是預告著春天的到來。

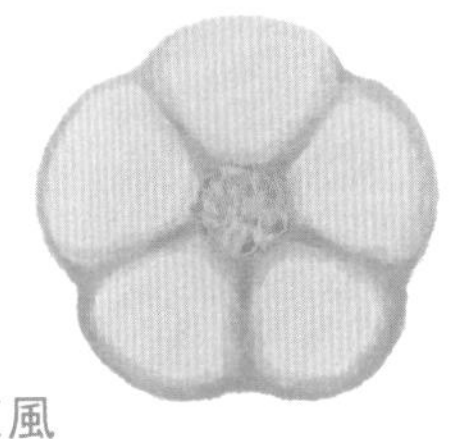

東風

早春季節會從東方吹來東風，東風在和歌中是代表春天來到的雅詞。菅原道真就曾在和歌詠道：「東風拂梅傳芬芳，勿因無主而忘春。」因和歌之故，春（東）風和菓子的外形大多為梅花。

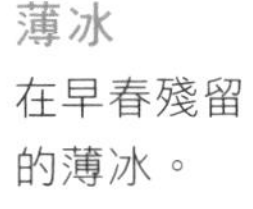

鶯

日本樹鶯（ウグイス）會在梅花盛開時啼叫，是通報春天到來的鳥類。

薄冰

在早春殘留的薄冰。

下萌

這個詞是俳句或和歌常用來表達初春的季語，下萌是在去年枯草下方萌生的草芽，曾出現於《新古今和歌集》等作品。

梅、雪（參照 P8）

【妝點節分或立春的和菓子】

東大寺開山堂的良弁椿山茶花（糊溢）。

椿餅

《源氏物語》中，每當殿上人（指從五位以上的日本古代職官中，被准許在天皇便殿清涼殿登殿朝謁天皇的官吏）蹋完球，通常會吃椿餅。

浮世繪〈源氏五十四帖〉1893 年

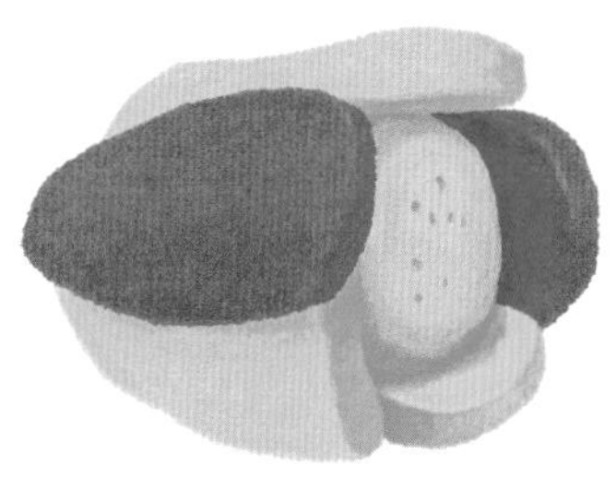

糊溢（糊こぼし）

其外形仿照在東大寺二月堂（奈良）舉行修二會儀式時，裝飾在堂內的人造山茶花。

福枡

薯蕷饅頭的一種，外形仿照用來裝節分豆子的木枡。

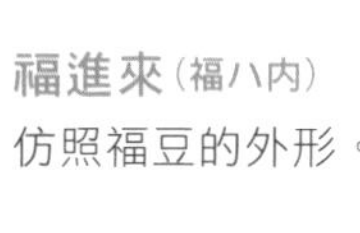

福進來（福ハ内）

仿照福豆的外形。

木枡（ます）的諧音有「越來越（ますます）繁盛」的含義。

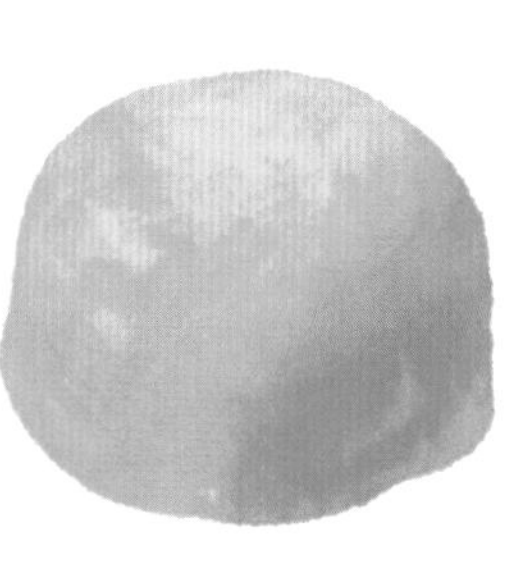

玉椿

諸侯大名舉辦婚禮時會請和菓子屋製作的點心，淡粉色的求肥（參照 P154）外皮代表山茶花，裡面的黃色豆沙內餡代表花蕊。

狐狸菓子

二月第一個午（五）日叫做「初午」，這天是稻荷神降臨伏見稻荷大社（京都）的日子，全國的稻荷神社會在這天舉辦祭祀活動。在初午的前後幾天，和菓子店會販售象徵稻荷神使者的狐狸菓子（キツネ菓子）。

立春大福

跟立春時禪宗「立春大吉」習俗有淵源的點心，據說帶有驅邪與消災解厄的功德。

【從平安時代流傳至今的椿餅】

山茶花葉

古名「つばいもちい」，將糯米磨粉再加入甘葛（參照 P82）增加甜味，揉成糯米糰後，用兩片山茶花葉夾住。

江戶時代的點心食譜《（古今名物）御前菓子圖式》（1761 年），記載了添加白砂糖與桂皮製成的椿餅。

《源氏物語》的〈若菜上〉卷寫道：「殿上人們在簷廊上一一落坐成圓，隨意取用放在食盒內的椿餅、水梨、橘子等物，一邊嬉鬧談天。」

【與修二會山茶花相關的和菓子】

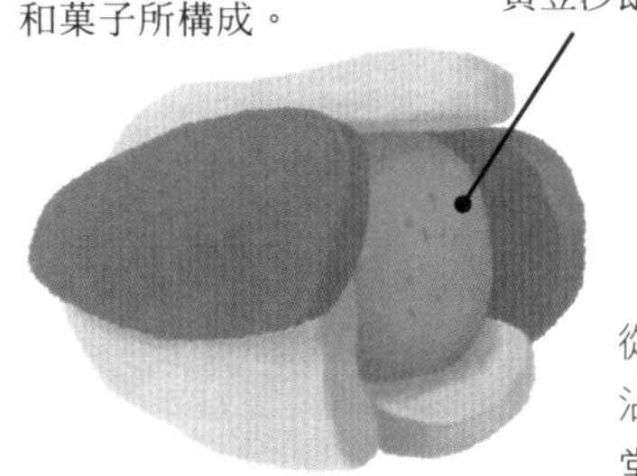
五片花瓣由紅白色的練切（參照 P146）和菓子所構成。

黃豆沙餡

每年三月一日至十四日，在東大寺二月堂（奈良）會舉辦修二會儀式，修二會從勝寶 4 年（752 年）以來延續至今，歷史悠久。僧侶會在堂內裝飾人造山茶花，奈良市內的和菓子店則會在二月至三月中旬期間，販售山茶花造型的生菓子（參照 P80）。

從前修行僧在製作人造山茶花時，曾不慎讓紅紙沾上了漿糊，由於紅紙帶有白點的花樣類似開山堂前的良弁椿，於是良弁椿又被稱為「糊溢」。

【仿照山茶花外形的玉椿】

玉椿是創業於元祿年間（1688～1704 年）的伊勢屋本店銘菓。天保 3 年（1832 年）姬路藩第五代藩主酒井忠學，與江戶幕府第十一代將軍德川家齊之女喜代姬結婚時，在家老兼茶人河合寸翁的命令下，由伊勢屋本店製作這道和菓子，河合寸翁命名為「玉椿」。到了明治維新以後，伊勢屋本店才對外販售玉椿。

自古以來山茶花便是長壽的象徵，酒井家也將長久繁盛發展的願望寄託在玉椿之上。

《莊子》寫道：「上古有大椿者，以八千歲為春，八千歲為秋。」

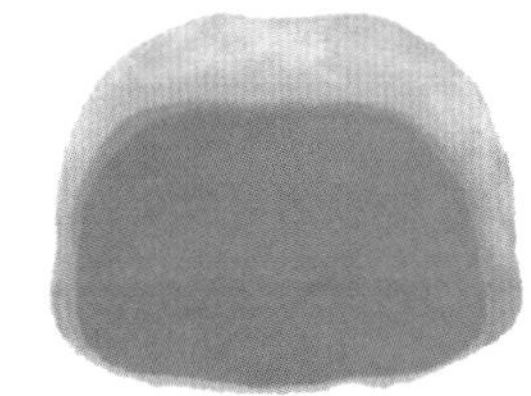
在研發玉椿的時期，河合寸翁曾命令當時的伊勢屋店主向江戶的菓匠金沢丹後大掾拜師學藝。

【象徵消災解厄的立春大福】

使用具有驅邪功效的大豆與艾草製作而成。

在立春之日的早上，禪寺會在大門貼上寫有「立春大吉」的紙片，由於這四個字左右對稱，從背後來看也是一樣，會讓惡鬼搞不清楚出入口是哪個方向，因而離去。因此，立春大福也連帶具有除魔與消災解厄的庇佑意涵。

【源自於撒大豆驅邪的節分儀式】

日本人在節分之日撒大豆的風俗習慣，源自於驅除惡鬼與疾病的大儺（追儺）儀式。根據古代中國的信仰，深信大豆具有消災解厄的效果，並將此風俗習慣傳入日本。據說撒豆子後再吃豆子，一整年不會得病，和菓子店也會在節分時製作添加大豆的和菓子。

福枡

由創業於明治 26 年（1893 年）的末富所製造的和菓子，在昭和 30 年代大多作為茶會點心用途，之後才開始對外販售。

薯蕷饅頭的外形是仿照用來裝節分豆子的木枡，內包有紅豆餡與除厄的豆子。

福進來（福八內）

由創業於享和 3 年（1803 年）的鶴屋吉信所製作的招福點心，據說是老闆在明治 37 年（1904 年）時，看到女兒撒豆子的姿態而研發的和菓子。

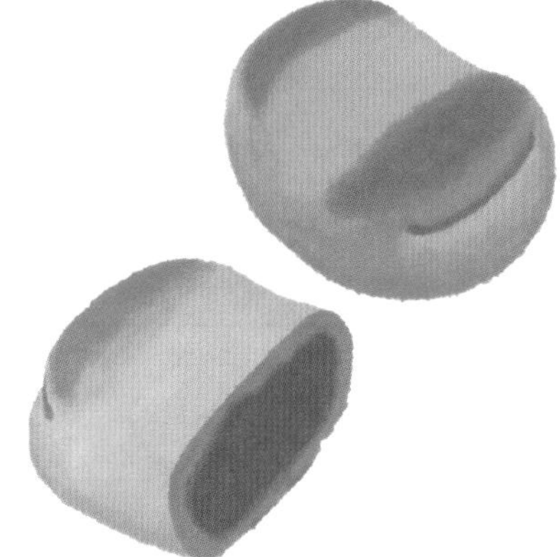

使用桃山（在白豆沙餡中加入蛋黃、砂糖、寒梅粉）製成的燒菓子（參照 P146），外形仿照能帶來好運的多福豆。

【鶯餅的外形與顏色，近似預告春天到來的樹鶯】

自古以來，鶯鳥優美的啼聲受到世人的喜愛，江戶時代的日本人為了隨時聆聽鶯鳴的聲音，還興起了一陣飼養熱潮，鶯鳥也成為和菓子的製作題材。日本隨筆作品《蜘蛛絲》（蜘蛛の糸巻，1846 年）寫道：「過去受人欣賞的點心，現在變成駄菓子（給小孩吃的平價零食），小孩嘴饞的時候，只要花四文錢即可買到。」由此可知，到了 19 世紀後半，鶯餅已經成為價格平易近人的零食。

外皮撒上綠色黃豆粉

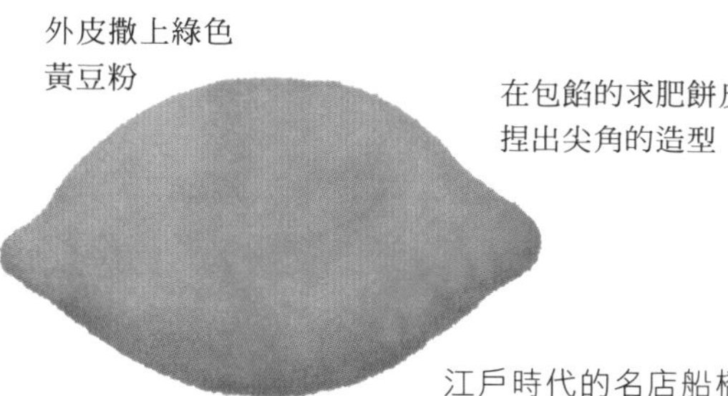

在包餡的求肥餅皮兩端捏出尖角的造型

江戶時代的名店船橋屋織店主所著《菓子話船橋》（1841 年）中，記載了使用抹茶製作而成的「鶯羹」。

鶯餅是由豐臣秀吉命名而成？

根據創業於天正 13 年（1585 年）的和菓子店本家菊屋（奈良）所流傳，初代店主菊屋治兵衛曾將餅皮撒上黃豆粉，內裹包有紅豆餡的點心獻給豐臣秀吉，豐臣秀吉吃完後取了「鶯餅」的菓銘。在江戶時代，由於本家菊屋位於大和郡山城大門口附近，其製作的鶯餅被稱為「御城之口餅」，延續至今。

三月 彌生（やよい）

期許女孩健康成長的女兒節，是喜迎春天到來的除厄節日。

▼啓蟄　春分

三月三日是日本的女兒節（雛祭り），父母在這天會擺放身穿和服的娃娃（雛人形），祈求女兒健康成長。女兒節在從前被稱為上巳節，是日本五節日之一，十分受到重視。

上巳節源自中國古代的習俗，在三月的第一個巳日，古人會在河邊沐浴，淨身驅邪。到了西元三世紀，上巳節固定為三月三日，日本從大寶元年（七〇一年）以後，也都是在三月三日舉行上巳節活動。

在平安時代，宮廷的侍女會在這天前往山上摘鼠麴草，並食用以鼠麴草製成的草餅，據說鼠麴草的氣味具有驅邪的作用。從室町到江戶時代，則開始改用艾草來製作草餅，流傳至今。在女兒節除了吃草餅，還會吃雛霰（雛あられ）、菱餅等女兒節相關的雛菓子。

【多樣化的和菓子，替女兒節與春天增添繽紛色彩】

有許多與女兒節相關的和菓子，並透過和菓子展現在和煦陽光中初開的油菜花等春天情境。

若草

在春天萌生的若草能祛除寒氣，洋溢著生命力。

桃

據說桃子具有驅邪的力量。

菜之花

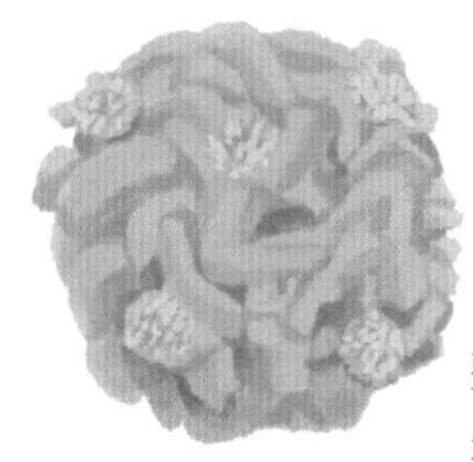

整面盛開的油菜花田，是春天的象徵。

蝶

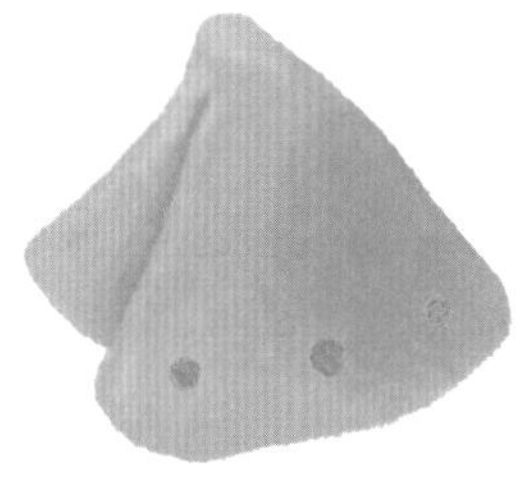

展現蝴蝶飛舞於野花之間的可愛姿態。

貝

成對的蛤蜊殼不會輕易與其他蛤蜊殼結合，被視為貞節的象徵。

小川

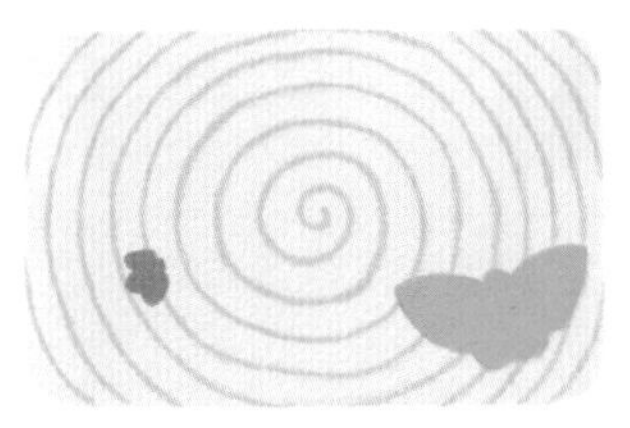

小川的涓流能讓人感受到和煦的春意。

【女兒節的傳統和菓子】

一龍齋國盛的畫作〈雛人形〉（1857 年），畫中描繪了白、綠、白相間的菱餅。

珍珠貝（あこや）

由於古代人會在三月三日到河邊沐浴淨身，據說因此製作出了貝殼造型的和菓子。

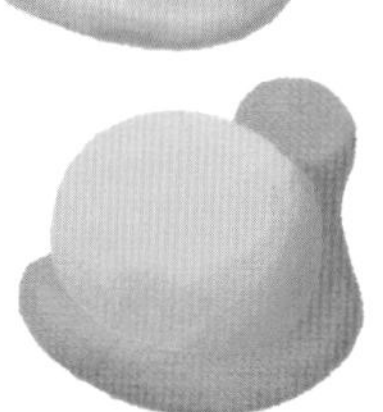

草餅

源自中國吃草餅（青團）驅邪的習俗。

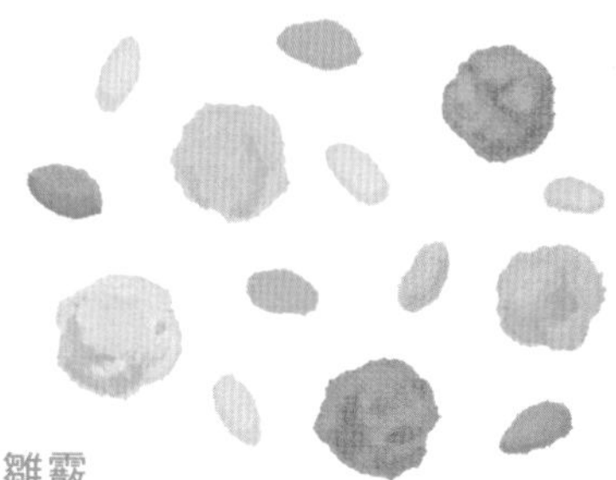

菱餅

菱餅是從草餅演變而成，以前只有綠白兩色。

雛霰

據說在江戶時代，小孩帶著女兒節娃娃到野外遊玩時，會將菱餅弄碎帶在身上，這就是雛霰（雛あられ）的起源。「雛霰」之名是在明治時代誕生。

谷崎潤一郎在小說《細雪》寫道：「關東人會在三月節，加入雛霰來製作糖炒豆子。」關東人會將糯米炒至膨脹，製成類似爆米花的「葩煎」，這是在關西地區較為罕見的風俗習慣。

金花糖

將溶化的砂糖倒入木頭模具中，製作出招福的鯛魚或水果等造型金花糖。

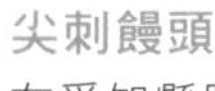

尖刺饅頭

在愛知縣岡崎市周遭的三河地區，當地人會在女兒節當天供奉並食用尖刺饅頭（いがまんじゅう）。

【祈願女兒健康成長而供奉的雛菓子】

每到女兒節，日本人會在雛壇供奉菱餅、雛霰、草餅等雛菓子，雛菓子帶有「小巧可愛的菓子」含意，與祈求女兒健康成長的女兒節儀式十分相稱。

草餅

中國人自古以來會在上巳日食用以鼠麴草（母子草）製成的草餅，藉此驅邪，此風俗習慣傳入日本，在平安時代已成為宮廷的例行儀式。由於草名忌諱讓母子一起搗糯米，之後便改用艾草來取代鼠麴草。

加入艾草製成的草餅

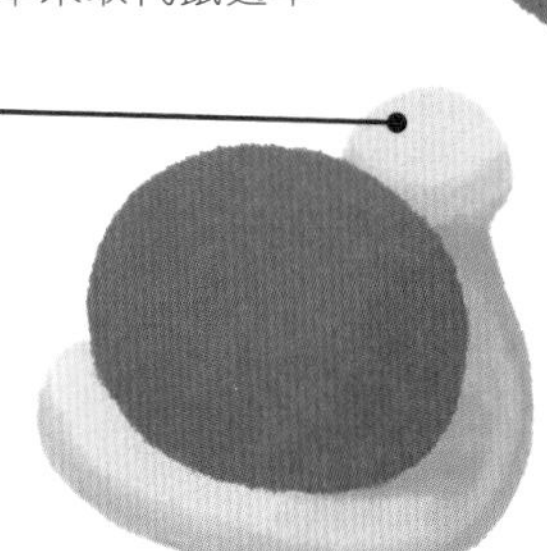

珍珠貝

外型近似珍珠貝而得名，也被稱為「戴餅」或「引千切」。

菱餅

以上巳節的草餅為基礎演變而成的菱餅，到了江戶時代，人們會將菱餅供奉於雛壇。《守貞謾稿》（1853 年）記載：「三片菱餅，上下片青色，中片白色也。」由此可知以前的菱餅為青色（綠色）與白色。

綠色

白色

在明治時代以後加上用梔子花染色的上層紅餅。

【在各地生根的獨特雛菓子】

在女兒節供奉於雛壇的雛菓子，經由各地發展後形成不同的特色。

金花糖

根據《守貞謾稿》（1853 年）的記載，金花糖源自京都、大阪，在嘉永年間（1848 ～ 1854 年）傳入江戶。安政 3 年（1856 年）加賀藩家老本多家曾獻給第十三代藩主前田齊泰，名為「瞪眼鯛」的金花糖，這是有關於金花糖的最早記載。在同時期，金花糖在金澤城也被當成女兒節的裝飾菓子。

和菓子店森八的金澤菓子木型美術館，現存有據傳在文政年間（1818 ～ 1830 年）製作的金花糖木頭模具。在前田齊泰掌政的時期，森八在每年都會獻上金花糖。

尖刺饅頭

在愛知縣岡崎市周遭的三河地區，當地人會在女兒節供奉並食用尖刺饅頭。

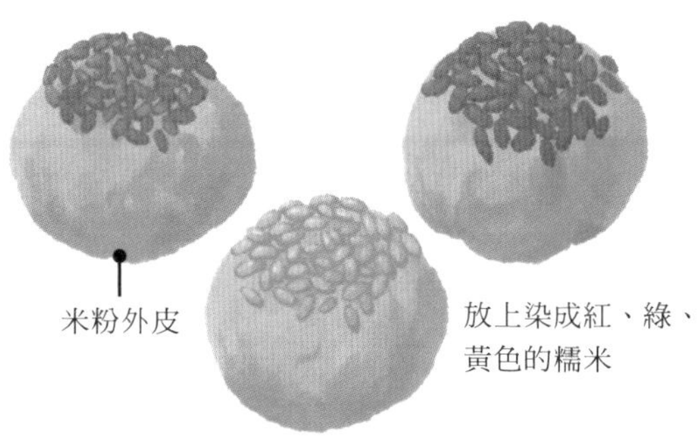

紅色代表具驅邪意義的桃花，綠色代表新綠的生命力，黃色代表油菜花，具有祈求豐收的涵義。因表面的糯米長得很像栗子的尖刺，因而有尖刺饅頭的菓銘。

源自沖繩的三月菓子

每年農曆三月三日，在沖繩會舉辦「濱下」的傳統儀式，女性會來到海邊，將身體泡在海水中淨身，並各自帶來盛裝於「重箱」漆盒的重箱料理，品嚐艾草餅或三月菓子。三月菓子的製作方法，是將麵粉、雞蛋、砂糖、油混合揉成麵糰後油炸製成，是從琉球王朝時代延續至今的點心。採用油炸的方式應該是受到中國文化的影響。

【在彼岸供奉祖先的牡丹餅】

在春分（三月二十一日左右）與秋分（九月二十三日左右）的前後三天，共計七天是日本的「彼岸」節日，寺院會舉行彼岸會的法會，日本人會前往掃墓祭祖。在春天開始農耕前祭拜祖先，以祈求豐收的儀式，被歸納在法會的範疇，是日本自古以來發展而成的獨特風俗習慣。

在春天叫做牡丹餅、到了秋天叫做萩餅（御萩）

據說紅色的紅豆具有驅邪的力量，因而成為在彼岸節日用來供奉的點心材料。春天是牡丹盛開的時期，因而稱作「牡丹餅」；到了秋天萩花盛開，名稱變成「御萩（おはぎ）」，但原本都叫做「牡丹餅（ぼたもち）」，屬於紅豆泥包麻糬的餡衣餅形式。

不知月、夜舟

在製作牡丹餅的時候，由於可以用磨缽一聲不響地搗磨蒸熟的糯米與梗米，從一聲不響搗磨的「搗き知らず」諧音，牡丹餅還另有「北窗」（月知らず，不知月，北面的窗戶看不到月亮）與「夜舟」（着知らず，在夜間滑行令人無法察覺的船隻）的名稱。

據說從江戶時代開始，日本人養成了在彼岸節日吃牡丹餅的風俗習慣。當時的日本人會自行製作牡丹餅送人（《守貞謾稿》1853 年）。

在江戶盛行的牡丹餅特產

在江戶時代後期，麹町的松坂屋御鐵販售了使用紅豆、黃豆粉、芝麻製成的三色牡丹餅，十分受歡迎。牡丹餅的身影也曾出現於浮世繪〈新版御府內流行名物案內雙六〉（1848 ～ 1854 年）中。

夏目漱石的長篇小說《行人》曾描述主角看到撒上白砂糖的牡丹餅，整齊地被排列在重箱漆盒中，才想起原來前一天是彼岸日。

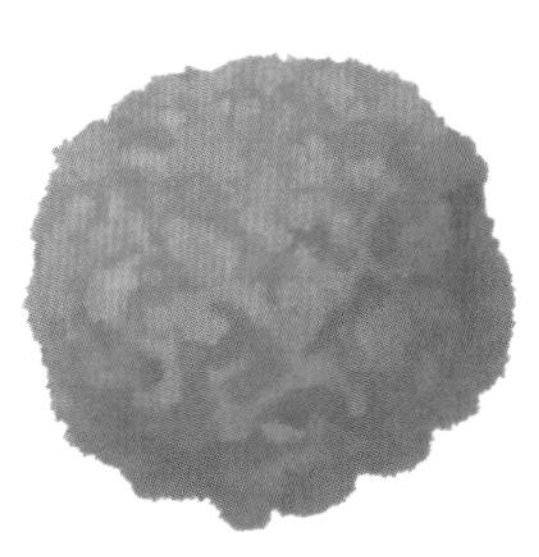

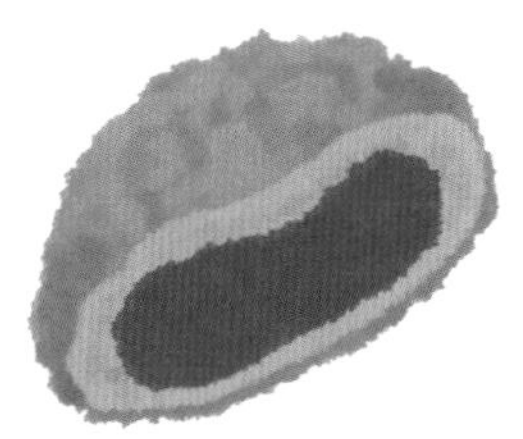

由於饅頭放久了會變硬，為了保持美味才油炸成天婦羅的形式。

信州的天婦羅饅頭

在長野縣南信地區，每逢彼岸或盂蘭盆節時，當地人會供奉將城下町名物高遠饅頭沾上麵衣油炸而成的天婦羅饅頭。江戶時代初期，高遠藩主保科正之轉封為山形最上與會津若松藩主後，天婦羅饅頭開始傳至各地。

四月 卯月（うづき）

宮廷的賞花是節日，農村的賞花是祈求豐收的儀式

▼清明 穀雨

賞花（花見）是最能代表四月的風物之詩，在奈良時代以前，賞花指的是梅花，在平安時代以後才變成櫻花。

賞花在日本宮廷被當作重要節日之一，盛行於貴族階層間，是在春遊之時的餘興節目。

在江戶時代以後，平民才得以體驗賞花的樂趣，在賞花時通常會品嚐花見糰子、櫻餅（參照P93），這是從江戶時代延續至今的習慣。

另一方面，只要看到鄉間的櫻花開花，就是進入農耕作業的時期，農民會透過賞花的農耕儀式，呼喚田野之神降臨農村，祈求農作物豐收。古代的人們會透過櫻花的開花狀態，估算當年的吉凶運勢，並與神明一同賞花享用美食，這也發展成日後作為消遣娛樂的賞花文化。

【各種美麗的春天花朵、賞櫻名勝，都成為和菓子的題材】

櫻花是四月的主角，透過和菓子可表現賞櫻名勝、櫻花花瓣飛舞、飄落在水面、春天盛開的花朵…等各式景象。

櫻

平安時代以後，櫻花就是深受世人喜愛的花。

花筏

掉落在水面緩緩流動的花瓣，宛如竹筏。

牡丹

源自奈良時代，從侍女的衣著或屏風畫也常見到牡丹紋樣。牡丹的菓銘別稱為名取草、富貴草、二十日草等。

吉野山

從以前吉野山就是相當知名的賞櫻勝地。

山吹

自古以來山吹（棣棠花）是象徵晚春的花，也經常被當作和歌的題材。

春霞

朦朧的遠景。在平安時代以後，霞是春天的代表風景，經常被當作和歌的題材。

【透過和菓子飽覽櫻花季節風情】

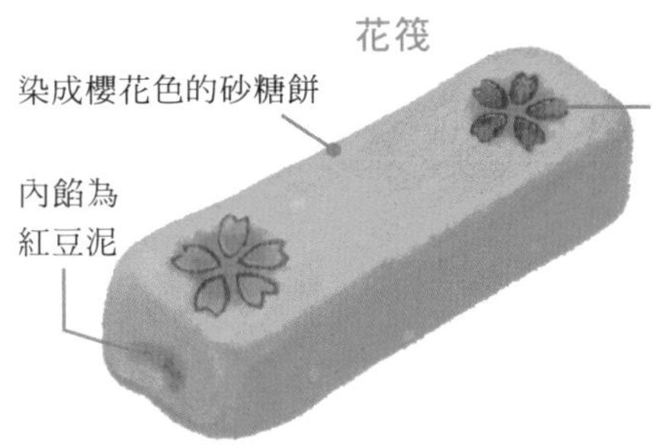

從江戶時代起，從和菓子、小袖和服到陶器處處可見花筏圖案。裏千家舉行利休忌（三月二十八日）時，還會使用川端道喜（京都）製作的花筏當作主菓子。

手折櫻

虎屋製作的和菓子，讓人想起《古今和歌集》素性法師的和歌「但見山櫻盛，語人空自誇，願能親手折，攜贈各還家」。

往事櫻(さまざま桜)

貞享 5 年（1688 年），俳諧師松尾芭蕉回到故鄉伊賀上野，受邀前往藤堂家別邸參加賞櫻宴會，因而詠出「但見櫻花開，令人思往事」俳句一首。在因緣際會下，紅梅屋（三重）在明治時代製作了這款乾菓子（參照 P80）。

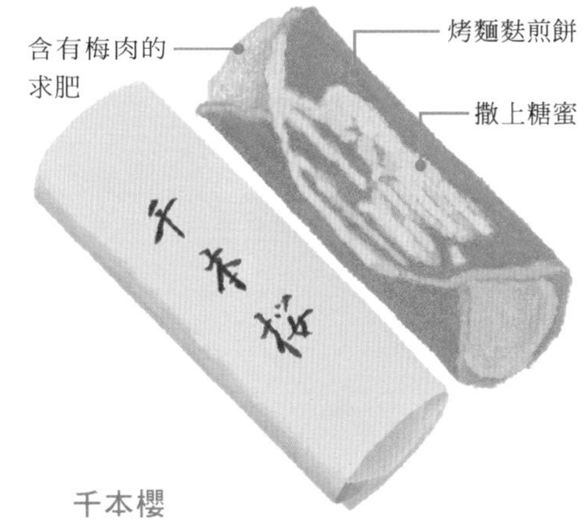

千本櫻

鶴聲庵（岡山）從開滿津山城址的櫻花所得來的靈感，從而製作出此款和菓子。

出現在江戶時代和菓子型錄的櫻花

右圖為 18 ～ 19 世紀的和菓子型錄（虎屋伊織），左邊的「吉野川」出自藤原家隆的和歌「吉野川岸邊，山吹始盛開，山間櫻花落」，表現櫻花掉落的景象。「白雲」則出自西行法師的和歌「櫻花盛滿目，白雲掛山巔」，將山櫻比擬成白雲。

【賞花場合不可或缺的三色糰子】

到江戶時代中期以後，平民終於有機會體驗賞花的樂趣，在櫻花名勝周遭，料理店與茶屋林立，平民得以一邊欣賞櫻花美景，一邊享用美食。

三色糰子是豐臣秀吉發明的？

據說賞櫻必吃的三色糰子是由豐臣秀吉發明的，但在史料中找不到有關的記載。不過，記載江戶時代中期公卿近衛家熙言行的《槐記》（1724 年序）寫道：「竹串糰子，黃白紅三色。」可知三色糰子是用於茶會的點心。

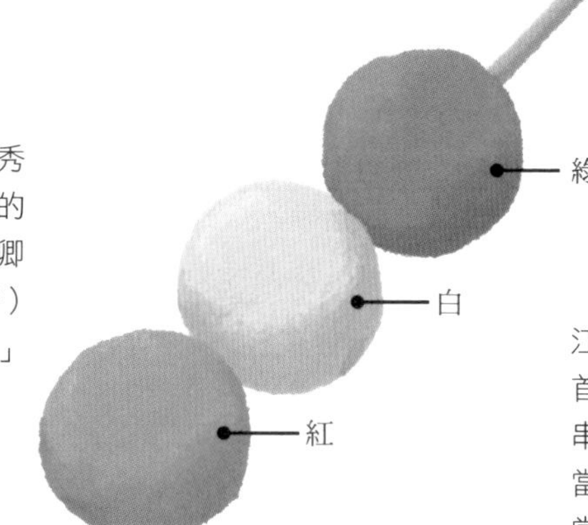

江戶時代的川柳曾有一首詠道：「花見時節，串上月見糰子。」可知當時日本人在賞花時通常會吃糰子。

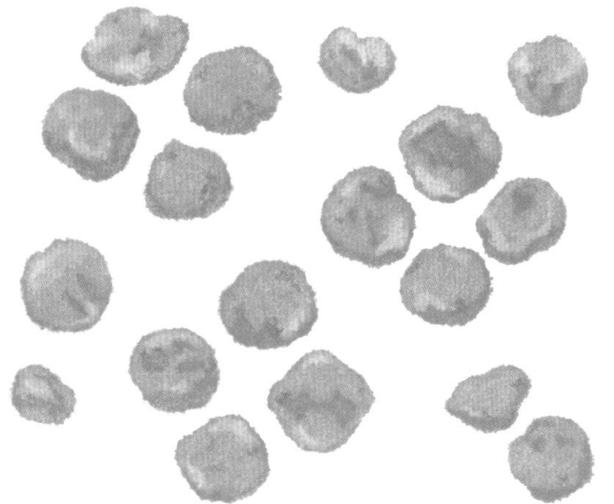

【期盼北陸春天到來的菜花糖】

大黑屋（福井）在江戶時代後期製作的菜花糖，是歷代鯖江藩主都愛用的茶會菓子。霰菓子（參照 P149）的外形宛如油菜花，再加上在冬天採收的柚子皮，期盼濃厚積雪的北陸，能盡快迎接春天的到來。

【源自禪語的「花紅」（花くれない）】

根據與 11 世紀北宋詩人蘇軾的詩有淵源的禪語「柳綠花紅」，製作了這道和菓子。每到春天，楊柳萌生綠葉，花朵呈現紅色的外觀，這是順應自然的真理，是最為真實的樣貌。

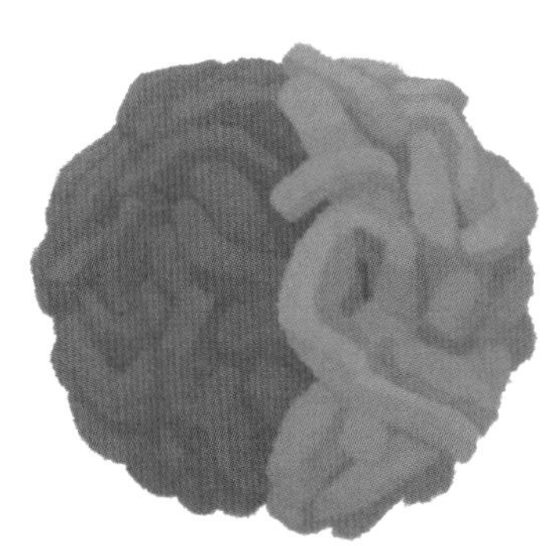

世上若無櫻盛開，春心奈何能長閒

在原業平

【將賞花的風俗習慣加以普及的德川吉宗】

江戶幕府第八代將軍德川吉宗，將賞花這個在平安時代專屬於貴族的優雅性娛樂，變成了平民的一般性娛樂。德川吉宗推動享保改革，其中包括嚴加取締奢華的遊樂行為，並提倡增進健康與設立具有穩定精神效果的休閒場所，因而在隅田川沿岸種植了 100 棵櫻花樹，也在飛鳥山種植 1270 棵櫻花樹，創造了賞櫻名勝。之後也定期在各地種植許多櫻花樹。

歌川廣重的浮世繪〈名所江戶百景〉之「飛鳥山北眺望」（1856 年），飛鳥山周遭地區「在如月、彌生的時期，櫻花盛開，美景非比尋常」（《江戶名所圖會》），是熱鬧非凡的遊憩地區。

一勇齋國芳的浮世繪〈隅田川花見〉，德川吉宗在享保 2 年（1717 年）於隅田川沿岸種植櫻花樹，長命寺櫻餅（參照 P93）就是與隅田川櫻花葉頗有淵源的和菓子。

五月 皐月（さつき）

吃柏餅祈求子孫繁盛，家系綿延不絕

▼立夏　小滿

五月五日是端午節，在日本也是透過相關儀式期望男孩能健康成長的節日。古代的中國人會在端午節於門前掛上艾草，或是喝菖蒲酒驅邪，此習慣風俗也傳至日本。

在平安時代，端午節是日本宮廷的節慶宴會，這時候天皇與群臣會戴上菖蒲髮飾，稱為菖蒲鬘，透過菖蒲強烈的香氣驅邪。

到了江戶的武士時代，由於菖蒲的日文發音與「尚武」相同，端午節成為期望男孩成長、武運昌隆、出人頭地的節日，於是端午節在江戶時代被視為五節日之一，被江戶幕府定為會舉辦儀式的特殊節日。

從江戶時代起，柏餅便成為端午節的節日點心。柏葉到了冬天雖然會枯萎，但直到柏樹在春天長出新芽前，都依舊不會掉落，柏餅也因而被視為能讓家系綿延不絕的吉祥物。

【端午節與初夏的美麗植物】

新曆的五月，是迎接夏天的閃耀新綠季節。在這個季節，可以體驗端午節的節日氣息，以及與燕子花和杜鵑花等華麗花朵相關的和菓子。

燕子花（かきつばた）

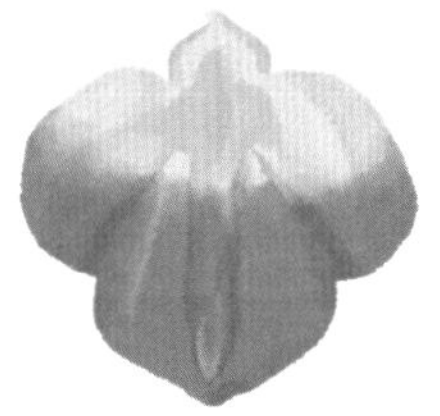

五月中旬至下旬是盛開時期，在原業平的和歌及尾形光琳的〈燕子花圖〉，都是與燕子花有關的知名作品。

杜鵑花（つつじ）

曾在《萬葉集》登場，在江戶時代有各式各樣的品種。

文目（あやめ）

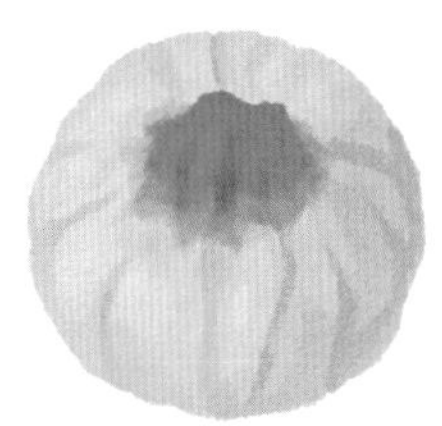

五月上旬至中旬盛開的藍紫色嬌羞花朵。不過歌人在和歌所詠出的「文目之草」，指的則是菖蒲。

菖蒲

自古以來，人們相信菖蒲的香氣具有驅邪的作用。

藤花

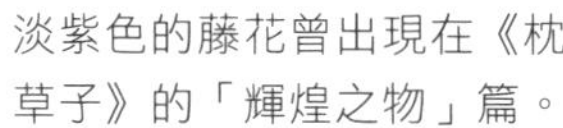

淡紫色的藤花曾出現在《枕草子》的「輝煌之物」篇。

卯之花（齒葉溲疏）

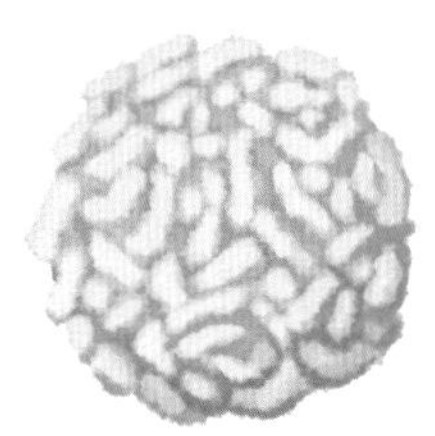

齒葉溲疏的白色花瓣會在五月隨風飄逸，五月因此又被稱為吹雪月。

【因和歌而命名的唐衣】

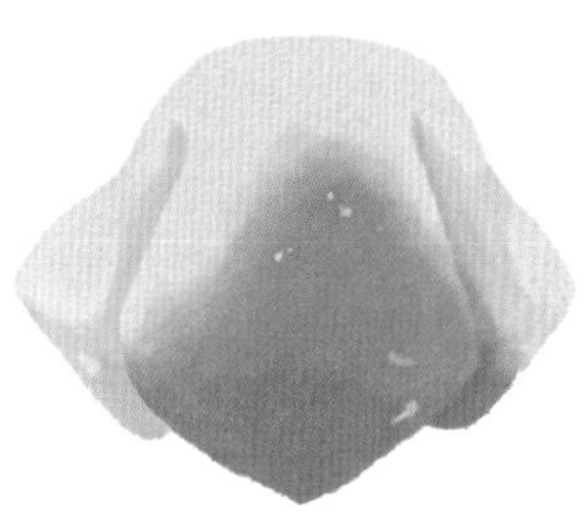

因收錄於《伊勢物語》第九段「向東行」中在原業平的和歌而得名，業平在三河國（現今愛知縣）八橋看到盛開的美麗燕子花，而詠出這首和歌。和歌每句的首字合在一起，即為燕子花的日文「かきつばた」。

常著唐衣，如家愛妻，羈旅遙遙，感懷別離。

在原業平

【透過戀愛和歌所吟詠的岩躑躅】

在岩石周圍盛開的岩躑躅（櫻桃越橘），也曾被平安時代中期的女歌人和泉式部當作戀愛和歌的題材，江戶時代也因此出現了「岩躑躅」或「岩根躑躅」等和菓子。

手摘岩躑躅，色澤鮮紅，宛如夫君之服。

和泉式部

【代表初夏風物的落文和菓子】

捲葉象鼻蟲會在初夏時節，將葉子捲成一管紙捲當作育兒搖籃，並在裡面產卵。落文的造型就是仿效捲葉象鼻蟲的搖籃葉子。

在平安時代，人們會將不能言傳的事情寫在卷紙中交給他人，這樣的匿名文件被稱為「落文」（落とし文）。由於捲葉象鼻蟲的搖籃葉子長得很像落文，和菓子因此也被命名為落文。

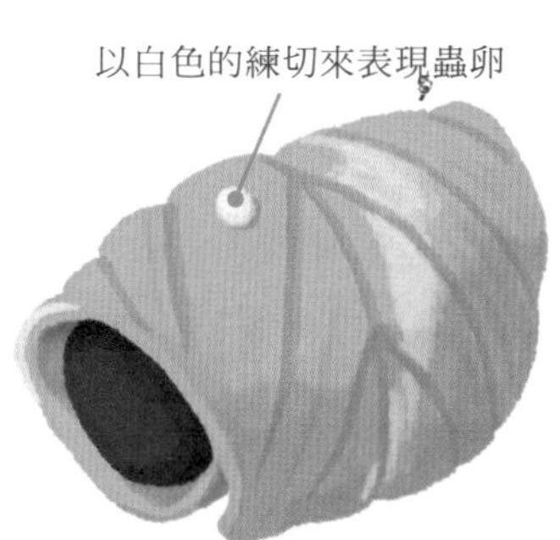

捲葉象鼻蟲的搖籃葉子

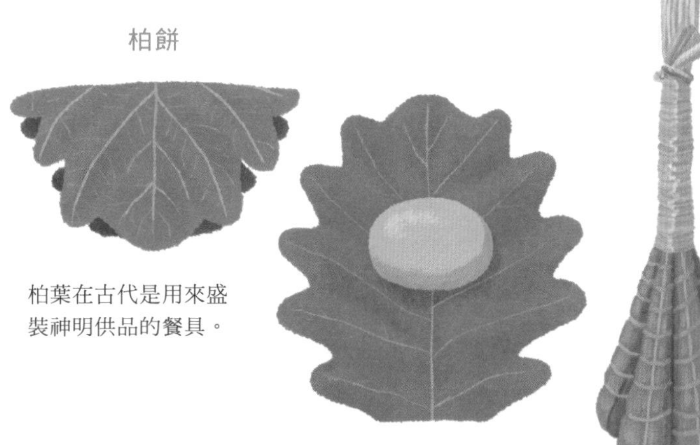

柏餅

柏葉在古代是用來盛裝神明供品的餐具。

粽子

粽子（ちまき）的日文漢字「茅巻き」，是因其使用白茅（ちがや）葉包住麻糬等食物而得名。古語的「チ」為「神靈」之意，自古以來白茅被視為招神，並具驅邪作用的草。

【端午節吃和菓子驅邪】

關東人在端午節（五月五日）會吃柏餅，關西人會吃粽子。

江戶時代的和菓子食譜《（古今名物）御前菓子秘傳抄》（1718 年）記載，柏餅為「小雞蛋的外觀」，可知江戶時代的柏餅為雞蛋的形狀。江戶時代後期的風俗全書《守貞謾稿》（1853 年）則記載柏餅為「圓形扁平狀」，可知已演變成為現在的外觀。

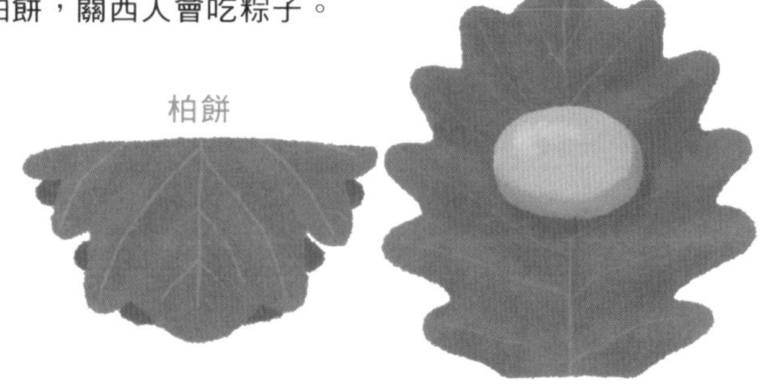

柏餅

歌川廣重在〈東海道五十三次〉（1832 年）描繪了名物柏餅店。

東海道白須賀宿的西猿馬場柏餅，在江戶時代廣受好評，但似乎不合官員的口味。公卿土御門泰邦在《東行話説》中批評柏餅為馬糞般的味道。

柏葉為神聖而綿延不絕的象徵

直到柏樹在春天長出新芽前，柏葉都依舊不會掉落，柏餅因而被視為家系綿延不絕的吉祥物。此外，自古以來也被人們當成供奉神明的餐具等，被視為神聖的樹木。

粽子

粽子源自古代楚國的政治家與詩人屈原，在國家即將滅亡之際於五月五日投江殉國。世人為了告慰屈原在天之靈，將裝有米飯的竹筒丟入河中祭拜，但由於竹筒飯會被水中蛟龍吃掉，後來改用楝葉包住米飯，再綁上五色彩線，成為粽子的由來。

到了江戶時代，人們開始將粽子當成點心；但在更早的平安時代，已經有贈送用五色彩線綁的粽子之習慣。當時在製作粽子時是用菰葉包住米飯，再煮熟製作而成（《倭名類聚抄》931～938 年）。

御所粽

和菓子店川端道喜（京都）以御粽司之名，使用從吉野進貢到宮中的葛粉（參照 P58），以及在洛北摘取的竹葉，製作了粽子。從室町時代到明治維新的期間，都會將粽子進貢到御所。現今的製作方法依舊沿用古法，未曾改變。

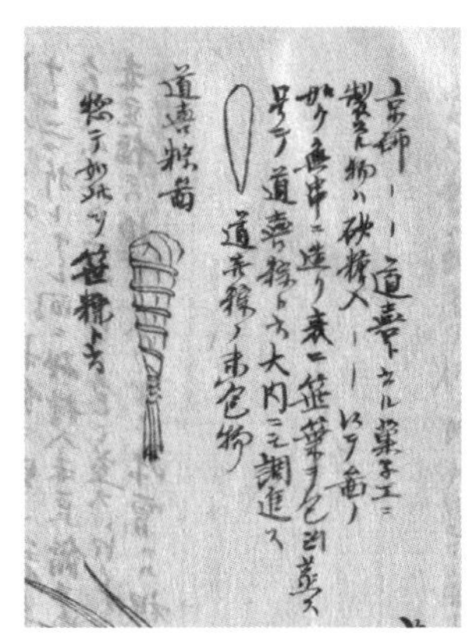

在《守貞謾稿》（1853 年）登場的「道喜粽」。

【道南地區的人們在端午節會吃乳牛餅】

在北海道，特別是在道南地區，當地在端午節會吃乳牛餅（べこ餅），使用黑色與白色上新粉（參照P58）製成的外皮顏色，由於很像乳牛的膚色，因此被稱為「乳牛餅」（東北方言的「べこ」為牛的意思）。由於發音很像是鼈甲（べっこう），也有鼈甲餅的別稱。

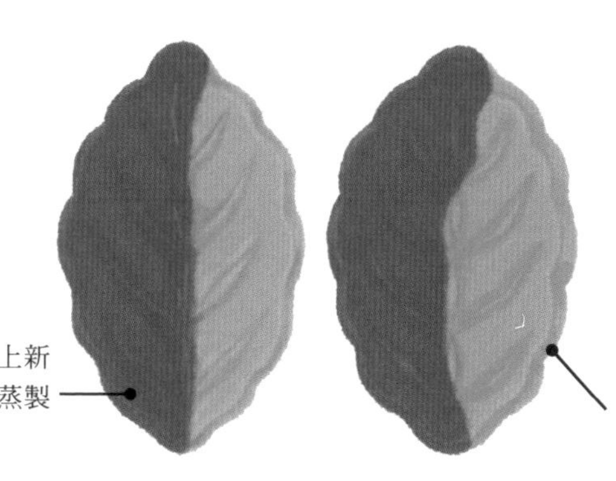

將黑糖與上新粉混合後蒸製的麵糰

加入白糖製成的麵糰，有些則會加入艾草

【鹿兒島人將粽子稱為灰汁粽子】

使用加入灰汁（鹼水）浸泡的糯米，再用竹皮包覆後放進灰汁熬煮製成。據説在慶長５年（1600年）關原之戰時，島津義弘曾以灰汁粽子（あくまき）當作軍糧，但沒有史料證實。

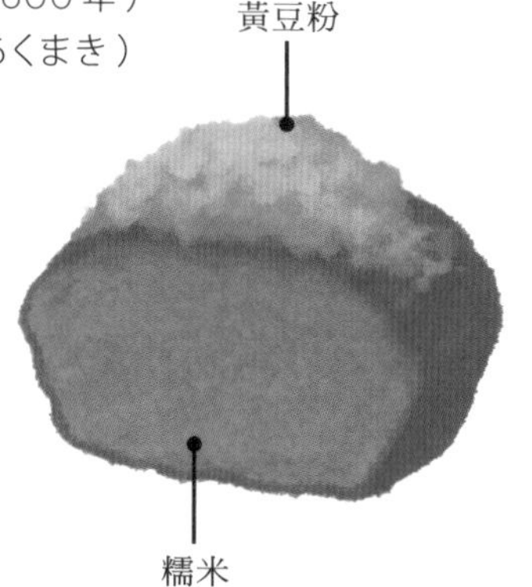

黃豆粉

竹皮與灰汁都具有優異的殺菌力，這是為了讓食材在高溫潮濕的鹿兒島能延長保存時間。

糯米

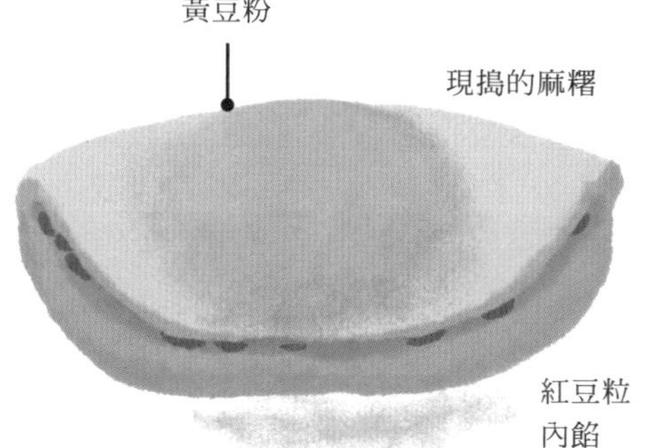

黃豆粉

現搗的麻糬

紅豆粒內餡

【八十八夜的麥代餅】

立春後的第八十八天被稱為八十八夜，只要過了八十八夜霜害會逐漸減少，是農家開始播種的基準日。自古以來，麥代餅是提供農民種田時休息時間的點心，當稻米收成後，農民會用五合的麥子來交換兩個麻糬，因而演變出麥代餅之名。從麥代餅可見當時以物易物的情形。

位於京都桂離宮前的中村軒，全年販售以古早製法製作而成的麥代餅，大約在三十年前開始販售迷你尺寸的麥代餅。

六月 水無月（みなづき）

吃紅豆和菓子消災解厄，祈求平安度過夏天

▼芒種　夏至

日本人自古以來會透過「祓」的儀式來淨化身心，例如天武天皇五年（六七六年）舉行的「大解除」儀式即是如此，以往只有在重要的祭典前或瘟疫流行時才會舉辦，但自從大寶元年（七〇一年）後，就固定在每年六月與十二月的晦日（農曆每月的最後一天）舉辦大祓式。六月晦日的大祓式被稱為「夏越祓」，古代人會將一整年分為正月到六月、七月到十二月兩個時期，在過了整年一半日子的六月時，日本人會透過夏越祓儀式來淨化上半年的污穢或災厄，祈求平安度過下半年。

這個時候京都人會有吃水無月（參照P29）的風俗習慣，長崎人會吃夏越饅頭、滋賀人會吃以野薔薇葉子包覆糰子的水無月糰子。

【初夏來臨，和菓子的菓銘多為梅雨季節的鮮豔植物】

持續下著梅雨的六月，鮮豔的紫陽花在雨水的洗滌下，更顯繽紛光澤。此外，六月也是梅子熟成的時期，在這個季節能品嚐到流露初夏風情的各類和菓子。

紫陽花

曾被《萬葉集》歌詠的花，在江戶時代甚至有出版傳授紫陽花栽培方法的書籍，深受世人的喜愛。

青梅

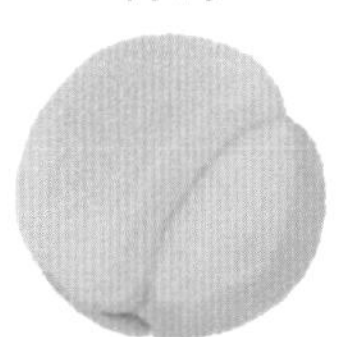

在梅子尚未完全成熟的綠色階段加以採收，在近世時代，青梅也經常被當成俳句的夏季季語。

青楓

楓樹的嫩葉，也稱為和楓。吉田兼好看到美麗的青楓為之讚嘆，在隨筆《徒然草》寫道：「楓樹嫩葉之美，絲毫不輸給其他花朵或紅葉。」

早苗

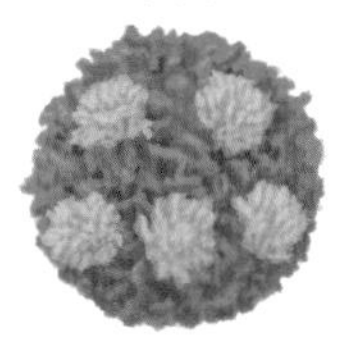

綠油油的秧苗。在農曆五月，氣候溫和適合插秧，因此也被稱為「早苗月」。

鮎

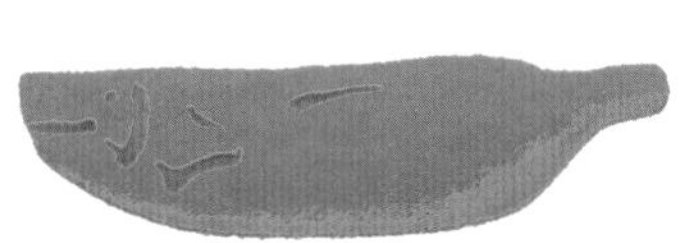

在春天孵化的香魚逆流而上長大的姿態，是初夏的風物之一。在古代，香魚也是和歌的題材之一。

水牡丹

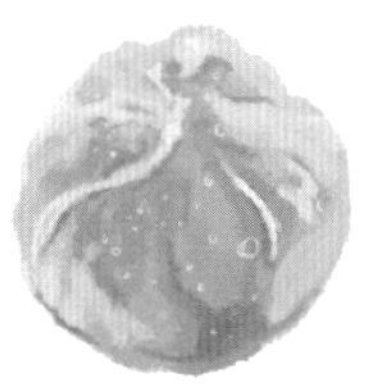

以四～五月盛開的牡丹（參照P20）為概念，使用葛粉製作的和菓子，展現初夏的氣息。

【冰室節與冰室饅頭】

冰室饅頭（參照 P30）與六月一日的冰室節有所淵源，包括冰室饅頭的顏色也大有學問，據說白色代表淨身、紅色代表消災解厄、綠色代表健康。

【吉祥菓子·朔日饅頭】

日枝神社（富山）舉辦山王祭時，當地人會在六月一日早上吃朔日饅頭，據說能避免腹部產生疾病，帶來無病消災的庇佑。

【夏越祓與水無月】

紅豆具有驅邪的含義。

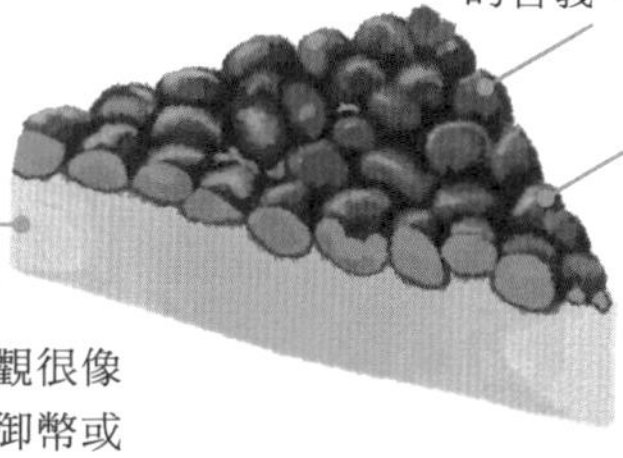

在農曆六月的晦日，神社會舉行「夏越祓」祭典，藉此淨化身心在半年來累積的污穢。明治時代以後，在此時期的京都能吃到水無月和菓子。

外郎糕（參照 P119）

三角形的外觀很像是祭典中的御幣或冰室節的冰。

【嘉定的儀式是「和菓子日」的由來】

六月十六日為「和菓子日」，是源自在農曆六月十六日舉行的嘉定（嘉祥）儀式。

楊洲周延〈千代田之御表 六月十六日嘉祥之圖〉（1897 年）

【六月一日的冰室節與冰室饅頭】

在江戶時代，加賀藩會在六月一日將儲存在冰室（存放冬天所收集的雪或冰之場所）的冰獻給幕府（冰室節）。為了祈求能將冰塊平安運到江戶，因此向神明供奉以麵粉製成的麥饅頭，又稱為冰室饅頭。

祈求無病消災

加賀藩第五代藩主前田綱紀（任期：1645～1723年）在任時期，會舉辦冰室節，以及吃麥饅頭的習慣，祈求無病消災，冰室饅頭也延續至今。

據說冰室饅頭是由菓子屋道願屋彥兵衛，在享保年間（1716～1724年）發明的，現今大多為使用酒麴發酵製成的饅頭，通常在七月一日品嚐。

從明治時代以後固定為白、紅、綠三色。

用來存放雪冰的冰室。

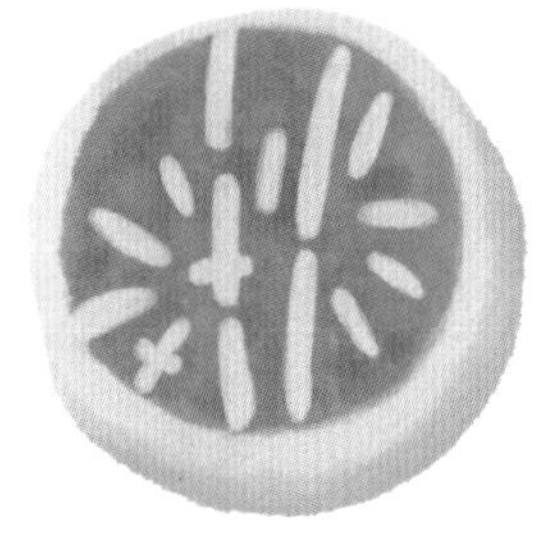

加入甘酒揉製的麵皮

內餡為紅豆泥

【富山的吉祥菓子朔日饅頭】

在舊藩時代，日枝神社是位於富山城下，供奉總產土神（土地的守護神）的神社，每年的五月三十一日至六月二日此地會舉辦山王祭。當地人會在六月一日早上吃朔日饅頭，據說能避免腹部產生疾病，帶來無病消災的庇佑。從前會有小孩子在一大早拿著朔日饅頭，喊著「來買饅頭呀」四處叫賣。

甘酒饅頭

由創業於安永年間（1772～1780年）的竹林堂製作，受到藩主的喜愛成為御用菓子。在寬政2年（1790年）第八代藩主前田利謙對甘酒饅頭下賜「竹林堂」稱號，流傳至今。

富山的總產土神

山王祭起源於元祿3年（1690年），第二代藩主前田正甫捐贈兩座神轎後，開始在城下結隊遊行。

日之神社創建時間不明，在14世紀時已經擁有廣大的社地。

【六月十六日「和菓子日」是源自嘉定的儀式】

每年六月十六日的和菓子日，是源自農曆六月十六日的嘉定（嘉祥）儀式。在室町時代，武士們為了避暑，會在這天舉行楊柳弓射箭大會，輸家要花十六文嘉定通寶（宋錢）購買食物送給贏家。由於嘉定的諧音跟獲勝相近，受到武士的喜愛，在江戶時代演變為將軍將和菓子下賜給諸大名的儀式。

朝廷也曾舉行下賜儀式

天皇曾下賜嘉祥米一升六合，公卿以下的官員會將米送到二口屋等和菓子屋，換取和菓子。

饅頭 3 入裝	196 份	總數 588
羊羹 5 入裝	194 份	總數 970
鶉燒饅頭 5 入裝	208 份	總數 1040
阿古屋 12 入裝	208 份	總數 2496
金飩 15 入裝	208 份	總數 3120
寄水 30 入裝	208 份	總數 6240
平麩 5 入裝	194 份	總數 970
熨斗禮籤 25 入裝	196 份	總數 4900
	總數 1612 份	

直到第二代將軍德川秀忠之前，將軍都會下賜和菓子給諸大名。之後由於制度改變，將軍會在儀式途中離席，改由諸大名各自上前領取。

下賜哪些和菓子？

根據紀錄江戶幕府儀式內容的《德川禮典錄》的記載，將軍下賜的和菓子如左圖，並且會派人將這些禮品排在江戶城的大廣間二之間與三之間。饅頭、羊羹、鶉燒饅頭、寄水、金飩、阿古屋是元龜 3 年（1572 年）三方原之戰時，家臣獻給將軍的點心，嘉定儀式也沿用此習俗。

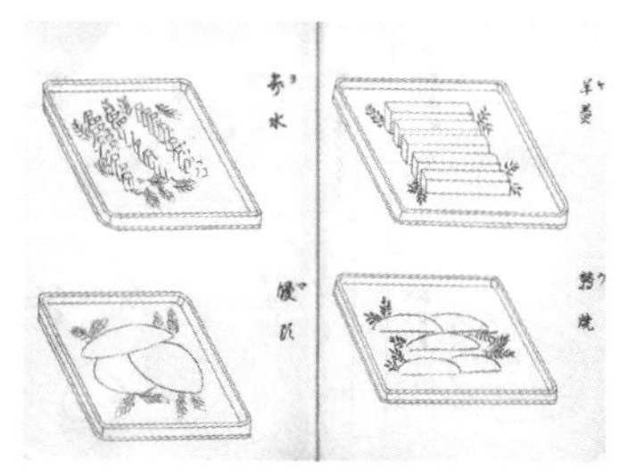

刊登於《德川禮典錄》的嘉定菓子圖。

【穿越茅草環以消災解厄嘉定的儀式】

在舉行夏越祓祭典時，各地的神社還會舉辦穿越茅草環的儀式。根據《備後國風土記》的記載，有位名叫蘇民將來的人物曾經招待武塔神住宿一晚，武塔神數年後再次來訪時，請蘇民將來把茅草環戴在身上，因而避免了疫病之災。

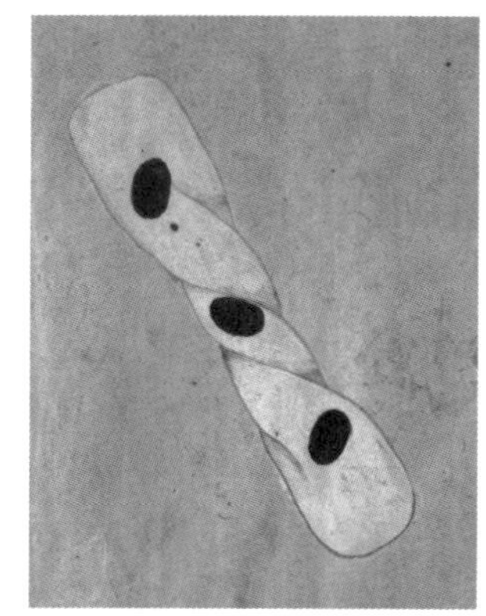

虎屋伊織的〈御蒸菓子圖〉，在江戶時代，當神社舉行夏越祓時，人們會吃以麵粉製成的蒸餅。蒸餅的外形分為扭曲形或圓形等，有各式各樣的造型。

舉行穿越茅草環儀式時，神職人員會唸著「行水無月之度夏祓，能延千歲命」，依序從左邊、右邊、左邊跨過三次茅草環，據說能消災解厄，避免疾病纏身。

七月 文月（ふみづき）

在七夕吃索餅，期望牛郎與織女相會與技藝精進

▼小暑 大暑

七月七日的七夕為日本五節日之一，七夕源自「中國流傳的牛郎與織女傳說」、「透過乞巧奠儀式向星星許下精進裁縫技術的願望」，同時也跟「日本自古以來的棚機津女信仰※」有深厚的關係。

七夕原本是貴族才過的節日，到了江戶時代，平民階層才開始盛行將竹籤綁在竹枝上的風俗習慣，七夕也就此於民間普及。

在平安時代，每到七夕會吃索餅（參照P34）點心，索餅為素麵的原型，現今在奈良縣還可以品嚐到與索餅有淵源的「麥繩菓子」。

※據說每到七月七日，巫女會在水邊搭建織屋，並將自己關在屋子裡使用織布機編織神衣獻給神明。《古語拾遺》（八〇七年）就曾記載「棚機姬神編織神衣」的傳說。

【體驗七夕、充滿季節性的撫子與葫蘆】

江戶時代並沒有根據七夕節日而發想的和菓子，是到了近年才陸續出現。像是在夜空中的銀河或星星等等，充滿了各種別出心裁的設計。

天川

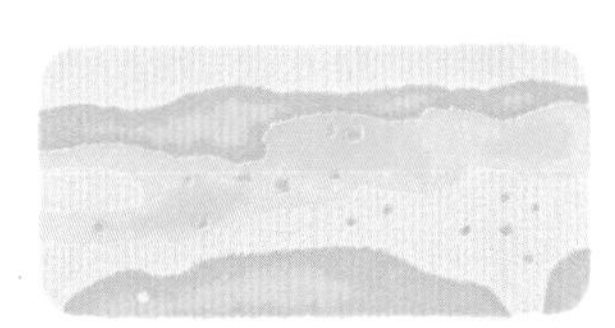

在牛郎星與織女星之間流動的天川（銀河），在《古事記》與《萬葉集》等作品中也可看到天川之名。

許願竹（願い笹）

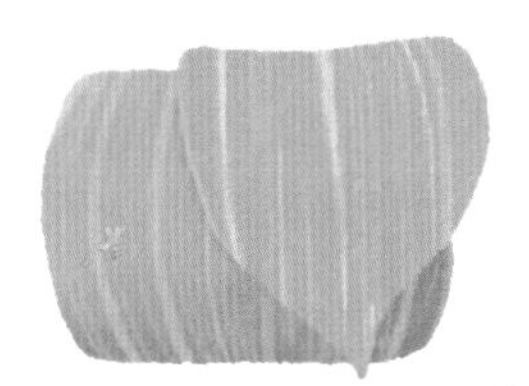

從江戶時代起便有將短箋綁在竹枝上的風俗習慣。

糸卷

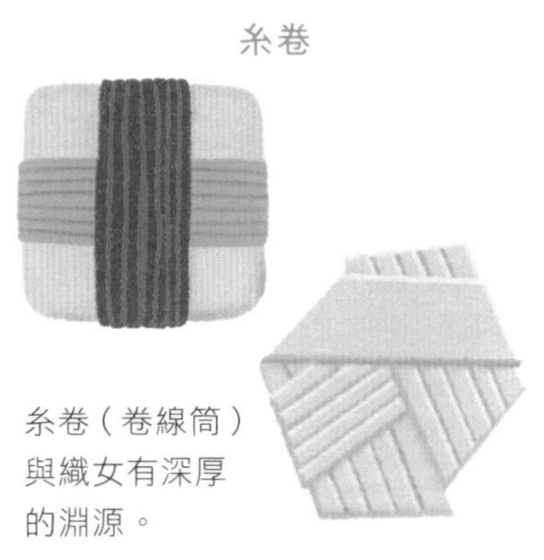

糸卷（卷線筒）與織女有深厚的淵源。

撫子

撫子（石竹）是秋天七草之一，在夏天盛開的可愛姿態，自古以來是常見於和歌的題材。

岩清水

夏天的季語，表現在岩縫間流動的冷冽清水。

葫蘆（ひさご）

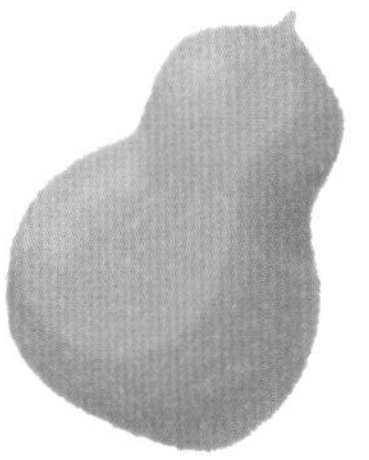

口小肚大的圓潤葫蘆，是吉利的夏天作物。

【進貢給御所的水仙花扇】

文政 10 年（1827 年），虎屋曾進貢「水仙花扇」和菓子給御所。日本世族門閥近衛家曾在七夕時進獻花扇給御所，花扇也是牛郎與織女離別有關的物品。

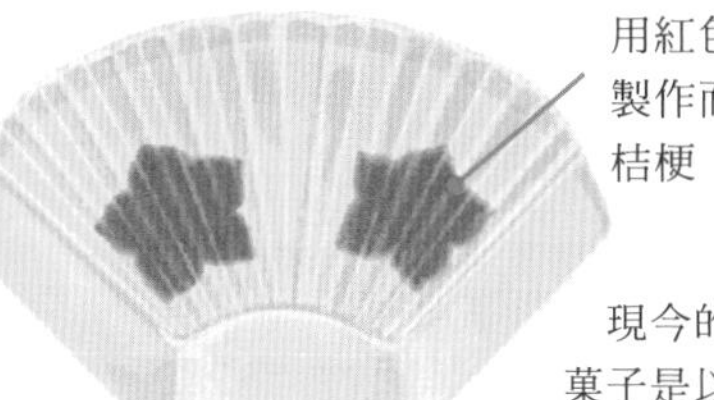

扇子造型的琥珀羹

現今的花扇和菓子是以琥珀羹（寒天製）製作而成，不是以水仙（葛粉製）製成。

【仿照毛線球外形的珠玉織姬】

松屋藤兵衛（京都）的「珠玉織姬」，是第七代店主在戰前發明的和菓子，藉此緬懷江戶幕府第五代將軍德川綱吉的生母桂昌院。

桂昌院出生於紡織品聞名的西陣，為了祈求故鄉繁榮發展，桂昌院下令在今宮神社建造祭拜栲幡千千姬命的織姬社。栲幡千千姬命是教授織女如何使用織布機的祖神。

宛如線櫃的木箱中，裝有仿照西陣織毛線球製作而成的五色乾菓子。

【吃索餅祈求驅除疾病】

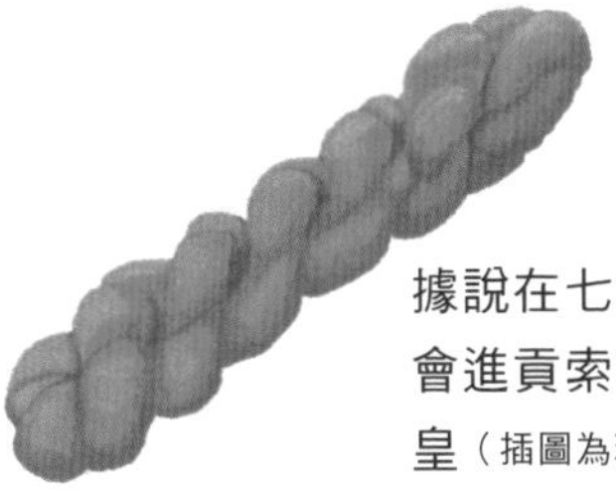

據說在七夕時也會進貢索餅給天皇（插圖為現今索餅的造型）。

楊洲周延〈千代田之大奧 七夕〉（1896 年）。

【在七夕時吃索餅祈求祛除疾病】

根據平安時代《延喜式》的記載，公卿在七夕時會進貢索餅點心給天皇。索餅是在奈良、平安時代由中國傳入的唐菓子之一，據說在七夕時吃索餅能祛除疾病。

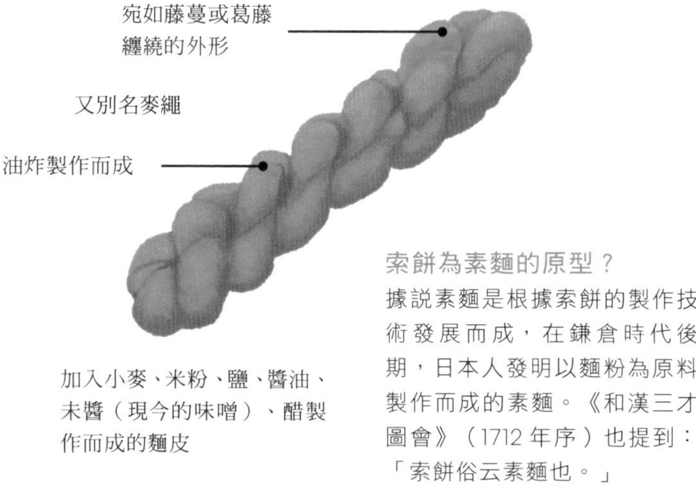

索餅為素麵的原型？

據說素麵是根據索餅的製作技術發展而成，在鎌倉時代後期，日本人發明以麵粉為原料製作而成的素麵。《和漢三才圖會》（1712 年序）也提到：「索餅俗云素麵也。」

【在土用之日吃土用餅】

土用為立春、立夏、立秋、立冬前的十八天期間，近年來的土用之日多指夏季之土用丑日。日本人會在季節交替的時期吃能增加精力的食物，在土用之日會吃土用餅（以紅豆餡包住麻糬的餡衣餅）。

在七夕時互贈素麵

在江戶時代，日本人會在七夕吃素麵、烏龍麵、柿子、水梨、栗子、芋頭、西瓜、小麥糰子、麻糬等食物（《諸國風俗問狀答》），素麵更是受到重視，德川將軍家會將素麵列為七夕的食譜，町人也會在這天吃冷素麵，並有互贈素麵的風俗習慣。

土用餅也曾在江戶時代的茶會中登場

金森宗和（江戶時代初期的茶人）於慶安 4 年（1651 年）六月四日的茶會，曾經招待土用的紅豆餡衣餅。

吃土用餅預防中暑

紀錄江戶時代前期的京都儀式文獻《日次紀事》（1676 年序）記載，在土用之日吃紅豆餡衣餅可以預防中暑，據說紅豆帶有驅邪的含義，並具有高度營養價值，能補充身體所需的營養。

土用餅成為夏天的風物

在江戶時代，各地逐漸養成吃土用餅的習俗。尾張國的商人菱屋平七在紀行文《筑紫紀行》（1802 年序），留有在播磨國與但馬國國境的茶屋吃撒上砂糖的土用餅紀錄。有些地區則會在土用丑日吃艾草餅或黃豆粉餅。

【在七月七日的乞巧奠儀式祈求技藝精進】

古代的女性會在七月七日的傍晚，供奉點心、水果、瓜果等七色供品祭拜織女，祈求精進技藝技術。在奈良時代，宮廷會舉辦乞巧奠儀式，到了平安時代則固定成為宮中儀式（《江家次第》，1111 年）。

天川（道明寺）

鞠（落雁）

有果實／ありの実
（梨子的別稱，由於梨子的日文發音與「沒有」相近，因忌諱而改稱為「有」。薯蕷饅頭）

對切瓜／瓜つぶり（外郎）

索餅（求肥）

星之餞別是江戶時代起的夏天季語

江戶時代前期的俳諧書《毛吹草》（1645 年）寫道：「星手向（祭祀牛郎與織女之意）。」「星之餞別」因而成為江戶時代起的夏天季語。

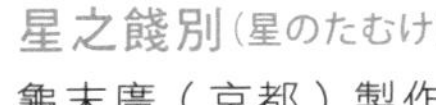

星之餞別（星のたむけ）

龜末廣（京都）製作的「星之餞別（乞巧奠）」，為前代店主（第六代）根據戰後的乞巧奠供品所發明的七夕限定和菓子。

構樹葉／梶の葉（粉無）

祈願之線／願いの糸（葛粉）

小知識

吃「う」開頭的食物，預防夏天精疲力竭

從奈良時代起，日本人便有在夏天吃鰻魚以增強精力的習俗，到了江戶後期，日本人會在夏天最初的土用丑日吃蒲燒鰻魚。在土用丑日吃鰻魚的習俗，據說是由蘭學家（熟知洋學的學者）平賀源內所發明的。以前人們在燒烤鰻魚時，會用鐵串插入整隻鰻魚，因外觀很像蒲穗葉而有蒲燒之名。

十返舍一九〈寶船桂帆柱〉（1827 年）。

八月 葉月（はづき）

準備麻糬、糰子、落雁等祭品迎接祖先靈魂

▼立秋 處暑

盂蘭盆節是迎接祖先靈魂後加以祭拜，再送走祖先靈魂的節日，原本會在農曆七月十五日前後舉行，現在很多地區則延到新曆八月中舉行。

有關於盂蘭盆節的起源，有一說是來自釋迦牟尼的十大弟子之一目蓮，為了拯救在惡鬼道受苦的母親，他依照佛陀指示，在七月十五日將百種食物放入盆中，供養大量僧人，以度化母親的罪業，這就是佛教中盂蘭盆節的由來。

另外，日本自古以來也會舉辦祖靈祭，將供品放在盆中，可見盂蘭盆節與祖靈祭有共通之處。

用來迎接祖先靈魂的盆壇中，除了擺放季節農作物，還有麻糬、糰子、米飯等食物，和菊花、蓮花、茄子、南瓜、掛金燈等造型的落雁和菓子。

【透過和菓子呈現夏日祭典、花火、盂蘭盆節等夏季節慶儀式】

雖然新曆已經接近秋天，但盛夏依舊持續。和菓子的造型與圖案表現出延後一個月舉行的盂蘭盆節，以及花火大會、夏日祭典等各種節慶儀式。

朝顏（牽牛花）

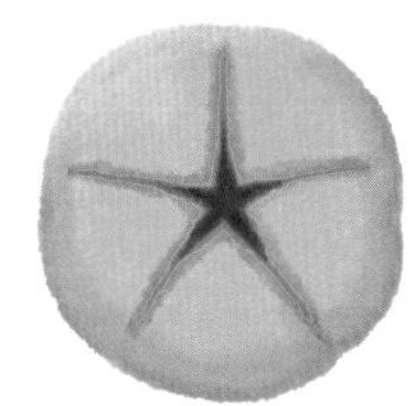

奈良時代從中國傳入的牽牛花，在江戶時代誕生各式各樣的顏色。

藤袴

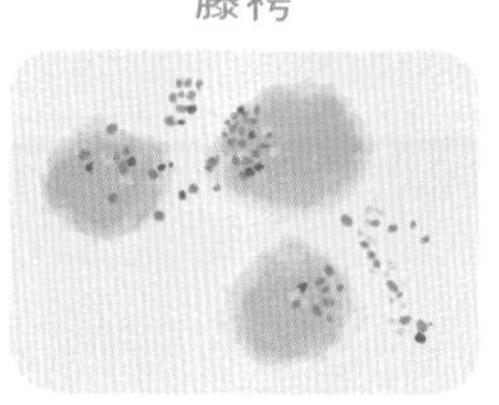

藤袴是秋天七草之一，是在夏末盛開的花。從奈良時代開始被當成和歌的題材，也是《源氏物語》第三十帖的卷名。

菊

奈良、平安時代傳入日本的菊花，被當作藥物用途。據說菊花具驅邪作用，也是盂蘭盆節落雁供品的題材之一。

蓮

蓮花在佛教中是在極樂淨土盛開的花，也是盂蘭盆節落雁供品的造型之一。

送火（送り火）

在盂蘭盆節的時期，京都的和菓子店會推出描繪「五山送火」的和菓子。

花火

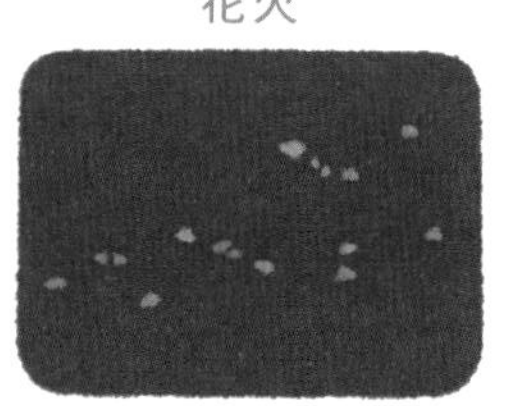

夏季的風物之一，據說花火是在16世紀中期傳入日本，在江戶時代開始盛行花火大會。

【在炎夏中展現涼爽的氣氛】

夏天是溫度與濕度都相當高的季節，在這個季節裡，和菓子店發明了各種使用葛粉或寒天製成的和菓子，給人沁涼的感受。

加入以練切製成的金魚，展現夏季風情。

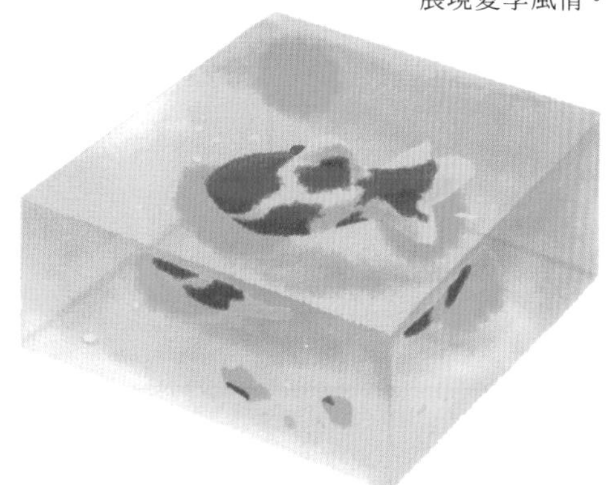

錦玉羹
在煮到溶解的寒天中加入砂糖或麥芽糖等，將水份煮乾後倒入模具凝固。江戶時代的和菓子食譜中就記載了「金玉糖」的製法，不久之後則演變為「錦」這個字。

葛饅頭

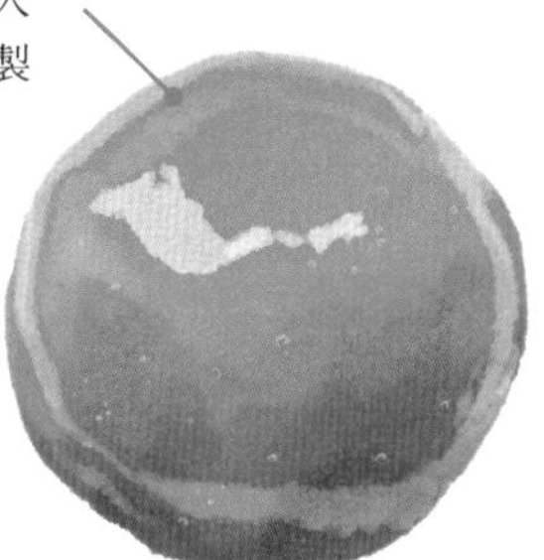

在葛粉中加入砂糖等材料製成的麵糰

紅豆內餡

由於吉野葛粉自古以來遠近馳名，葛饅頭也被稱為吉野饅頭（《古今名物御前菓子圖式》，1761 年）。

葛饅頭的衍生做法
包入以豌豆製成的綠色內餡後，即可表現夏天的綠葉或清水中的青苔等，是看起來十分清涼的和菓子。葛饅頭有各式各樣的衍生做法。

曾出現在鏡花與馬琴的作品
泉鏡花在《卵塔場的天女》（1927 年）作品中描述，在隅田川沿岸的路邊攤，有一間葛饅頭屋。瀧澤馬琴在天保時期（1830 ～ 1844 年）的日記中，也有葛饅頭的記載。

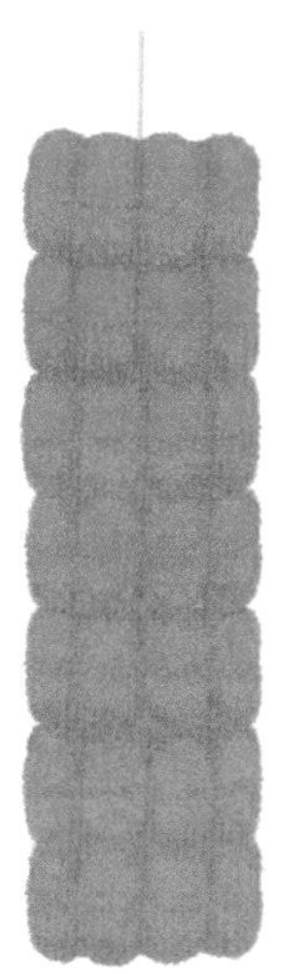

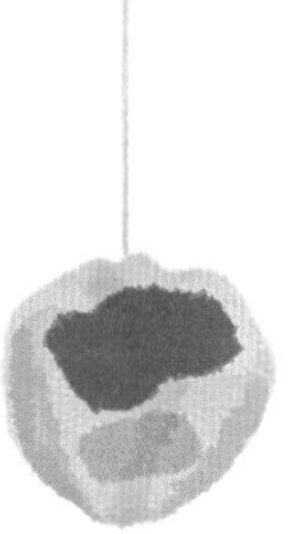

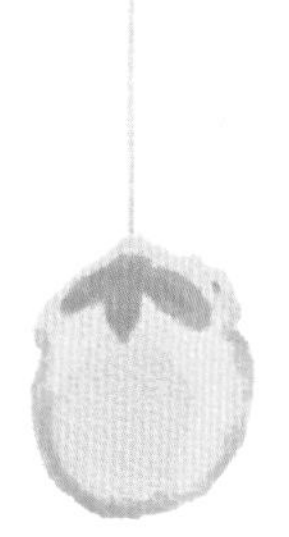

盂蘭盆節的「吊飾」──佛壇菓子
在山形縣庄內地區等地，於盂蘭盆節時會在佛壇掛上夏天特有的掛金燈、茄子、瓜果等造型乾菓子。其中以最中製成的野玫瑰花形和菓子，還會用絲線串成念珠當成供品。

【還有許多替夏天妝點不同色彩的經典和菓子】

從 17 世紀的文獻，也能看到相關記載的夏天名物菓子。

葛燒餅(葛焼き)

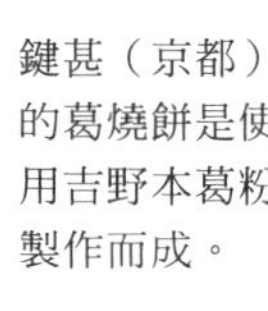

鍵甚（京都）的葛燒餅是使用吉野本葛粉製作而成。

「葛燒餅」是京都夏天經典的和菓子，在江戶時代初期的料理書籍《料理物語》（1643 年），也能見到有關於葛燒餅的記載。古代的日本人會將葛粉、水、砂糖混合後，在鍋中抹少量的油，放入混合的材料烘烤，而且沒有加入紅豆。

葛切

從《（古今名物）御前菓子圖式》（1761 年）可見「水纖葛切」的記載，由此可見葛切（葛切り）在古代被稱為「水纖（仙）」，古文獻記載葛切為「黃白二色」（《料理物語》），加上很像水仙花而得名（《貞丈雜記》）。在品嚐葛切時，也會沾添加砂糖的黃豆粉（《精進獻立集》，1824 年）。

現存最早的茶會記《松屋會記》中，在寬永 12 年（1635 年）六月十三日的食譜可見「葛切」二字。

鍵善良房（京都）的葛切，使用的是 100% 吉野本葛粉。

【擺放在盂蘭盆節佛壇的各類供品】

根據《日本書紀》齊明天皇 3 年（657 年）七月十五日條，可見「辛丑。作須彌山像於飛鳥寺西。且設盂蘭盆會。」這是有關於「盂蘭盆節」的最早記載，到了平安時代中期，盂蘭盆節固定變成貴族的年中節日。盂蘭盆節的供品包括糰子、水果、蔬菜等，以及菊花、蓮花、水果等造型的落雁。

金貨餅(きんかもち)

外形近似打火石，又被稱為甜餃（ひゅうず）。

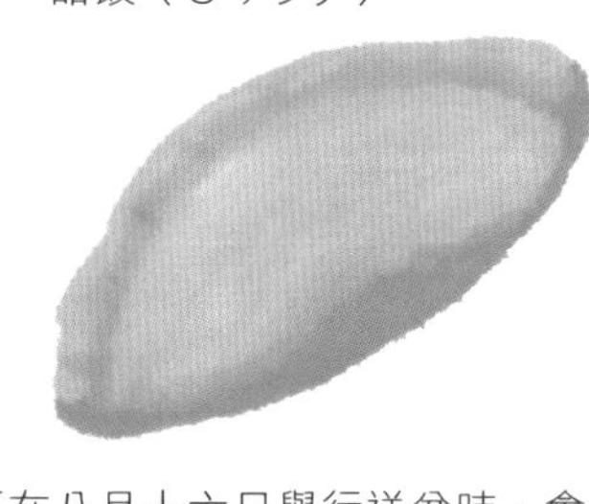

岩手縣南部地區在八月十六日舉行送盆時，會在佛壇擺放名為金貨餅的點心。金貨餅是以麵粉外皮，加上黑糖、核桃、味噌混合的餡料，包成半月形後煮熟。由於黑糖在古代屬於昂貴材料，因而有「金貨餅」的名稱。

〈日本風俗圖繪〉之「盂蘭盆節」（1914 年）。

小知識

父母健在的話要請他們吃魚？

盂蘭盆節還有一項名為「生見玉」的習俗，這是孝敬在世父母的儀式。根據藤原定家的日記《明月記》，天福元年（1233 年）七月十四日條的記載，在江戶時代的陸奧國白川領，家中子女會在盂蘭盆節這天外出抓魚，煮魚給健在的父母吃（《諸國風俗問狀答》，1815 年）。現今於奈良縣與兵庫縣等地，父母健在的家庭，依舊保有在盂蘭盆節吃鹽烤鯖魚的習俗。

【八朔的捏麵馬糰子】

農曆八月一日為八朔，又稱為「田之實節」，在這一天會舉行儀式祈求秋天豐收。由於「田之實」的日文音近「拜託、依靠」的意思，這時候也會送禮答謝平常承蒙照顧的恩人，也被稱為「依靠節」。

八朔的慶賀儀式

在中世時代，送禮的行為是為了加強武士社會的主從關係。在江戶時代，德川家康會在八朔這天進入江戶城，八朔被視為重要的節日，諸大名也會前往將軍家宣達祝賀詞。

十返舍一九著，喜多川歌麿畫〈青樓繪本年中行事〉（1804 年）。吉原也會在八朔這天舉行儀式，遊女們身穿小袖迎接客人的到來。

男兒節與捏麵馬

在香川縣西讚岐地區，當年有男孩出生的家庭中，娘家會在農曆八月一日贈送捏麵馬（しんこ馬），祈求小孩健康成長，又稱為「馬節供」。

安政 2 年（1855 年）各藩頒布儉約令，下令「八朔馬僅限一匹，粉僅限一升，無須人偶或船等物品。」可得知八朔是規模盛大的節日。

女兒節與獅子駒

在岡山縣牛窗地區，家中有女兒初次度過八朔節日時，家人會製作捏麵獅子駒（ししこま）。獅子駒是使用米粉製成的糰子，捏成鯛魚、蝦子、桃子等造型，再將獅子駒擺在雛壇上，或是「出借」給鄰居的孩子。「出借」的涵義是「如果對方家中有生女兒，就要歸還獅子駒」。

《守貞謾稿》

小知識

捏麵師是緣日的招牌人物

在文化年間（1804 ～ 1818 年），使用上色的米粉，製作出動物或花朵捏麵的「捏麵師」開始出現，作為緣日或街頭表演的雜耍技藝大為流行。

九月 長月（ながつき）

在重陽節擺放菊花裝飾除厄，在滿月時供奉糰子對豐收表達感謝之意

▼白露　秋分

農曆九月九日為重陽節，根據古代中國的信仰，在奇數重疊的這天陽氣最旺，因此要擺放具有高靈力，並且被視為生命力象徵的菊花，或是喝加入菊花花瓣的菊花酒，藉此趨吉避凶，並祈求健康長壽。此習俗也傳入日本，到了江戶時代，重陽節已成為五大節日之一。

農曆八月十五日夜晚的滿月，日本人稱為中秋的名月，在這天會供奉糰子或收成的作物，並舉辦賞月大會。由於這個時期也是芋頭的盛產季，人們也會供奉芋頭，因而也被稱為「芋名月」。在某些地區，小孩可以在中秋節的夜晚偷吃糰子等供品，父母會當成是無影無蹤的神明吃掉供品，只要家中的供品被吃掉，就是一種吉利的象徵。

【透過和菓子來表現月亮或秋天七草等秋天風情】

藉由和菓子來表現農曆十五的賞月、秋天七草等九月風情題材，古代人還會對於颱風離去的隔日，感到特殊的情懷。

月

象徵中秋的名月。

桔梗

山上憶良在《萬葉集》歌詠的秋天七草「朝顏」，其實就是桔梗。

萩

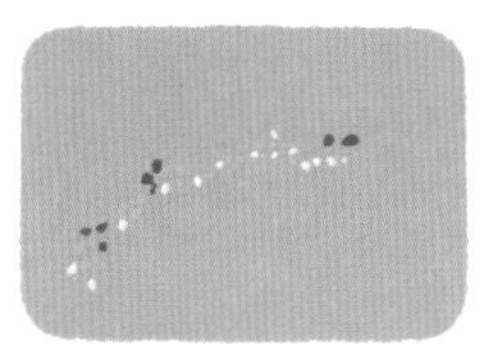

萩為秋天七草之首，也曾在《萬葉集》的第一四一首登場。在奈良時代，萩是深受世人喜愛的花。

菊（參照 P36）
撫子（參照 P32）

芒草

秋天七草之一，芒草（すすき）是豐收之神的化身，因此在中秋節也會供奉芒草。

女郎花

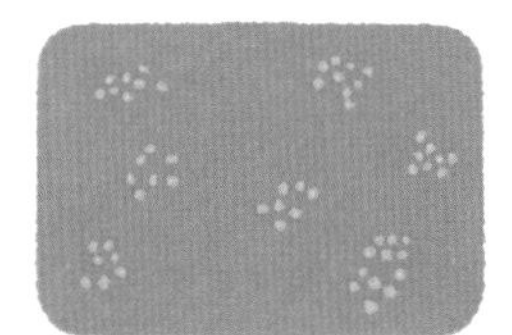

秋天七草之一，平安時代前期的《古今和歌集》，也有「女郎花」的記載。

野分

野分指的是秋天的強風，《枕草子》的作者清少納言，在颱風過後的隔天早上欣賞美景後，寫道：「別有一番情趣。」

【在五節日中特別值得慶賀的重陽節】

農曆九月九日重陽節為五節日之一，又被稱為「菊花節」。陽數（奇數）在古代中國被視為吉祥數字，尤其是最大的九重疊之日，被稱為「重九」，是特別值得慶賀的日子。在這天可以品嚐各種與重陽有關的和菓子，透過和菓子展現別出心裁的菊花意象。

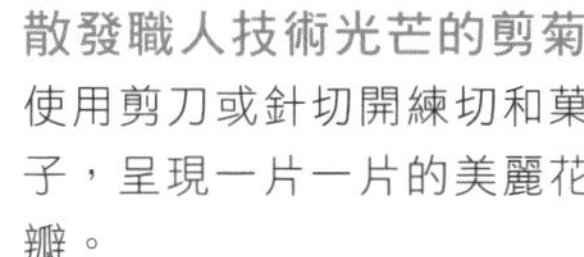

散發職人技術光芒的剪菊

使用剪刀或針切開練切和菓子，呈現一片一片的美麗花瓣。

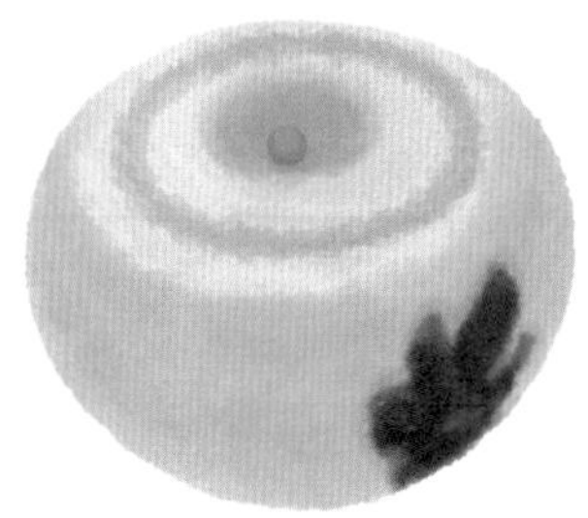

源自尾形光琳的光琳菊

與「光琳菊」有關的和菓子，僅透過圓圈與點點圖案來表現菊花，也有光琳梅或光琳松。江戶時代中期的琳派畫師尾形光琳的作品，經常被運用於和菓子的圖案設計。

源自神秘風俗習慣的「棉菊」和菓子

在平安時代，傳說在重陽節的前一天，要將絲棉覆蓋在菊花上，吸取香氣與露水後，在重陽節的清晨用絲棉輕拂身體，就能延年益壽，這個習俗稱為「棉菊」（着せ綿）。透過和菓子展現絲棉覆蓋菊花的優雅習俗。

以白豆沙絲餡來表現絲棉的外觀。

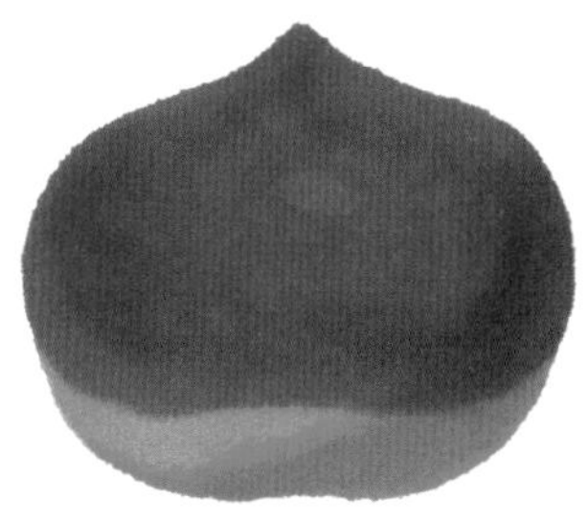

在重陽節吃栗子

《日本歲時記》（1688 年）寫道：「要在重陽節吃栗子飯。」《馬琴日記》則記載天保 5 年（1834 年）時，瀧澤馬琴的長女女婿與次女女婿，在九月九日送他一升的栗子。由於重陽節也是栗子的產季，因而又有「栗子節」的別稱。

各類盛開的菊花

在九月可以品嚐各種與菊花相關的麻糬或饅頭，菊花的別名為千代見草、主草、優雅草、乙女草等，都可用來當作和菓子的菓銘。

【其他與重陽相關的飲食風俗習慣】

重陽節的習俗是在奈良時代傳入日本，原本在宮中會舉辦「菊花宴」，到了平安時代正式成為宮廷儀式。

歌川國貞〈豐歲五節句遊〉「重陽節」，1843～1846 年。

喝菊酒祈求延年益壽

在江戶時代，人們會在江戶城舉辦祝賀儀式，將菊花泡酒後引用，據說菊酒有延年益壽的功效。

花牌中的「菊上盃」，是源自重陽節的菊酒。

吃具有驅邪作用的紅豆

紀州藩士江戶勤番酒井伴四郎於萬延元年（1860 年）九月九日的日記寫道：「今天收到他人送的少許紅豆湯與紅豆，拿來煮紅豆飯，味道恰到好處。」由此可知當時的人們在重陽節會吃紅豆飯。

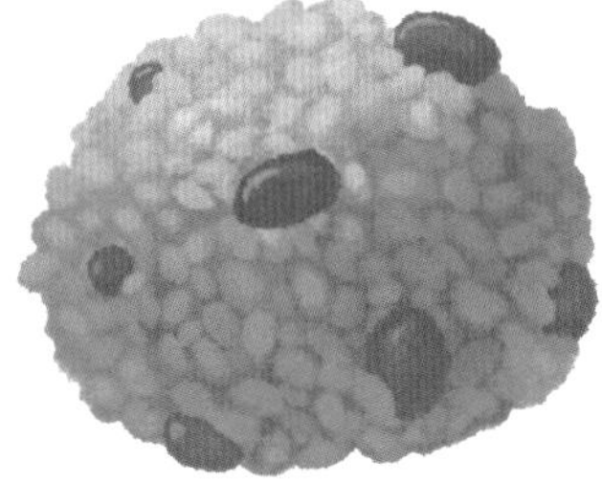

據說紅豆具有驅邪作用，因而產生在重陽節吃紅豆飯的習俗。

西川祐信〈繪本都草紙〉之「重陽」（延享 3 年，1746 年）。描繪京都女性將絲棉覆蓋在菊花上的習俗。

【源自江戶時代的月見糰子】

在農曆八月十五日與九月十三日的滿月之日供奉糰子的習俗，起源於江戶時代後期。除了糰子，還會供奉芋頭、栗子、柿子、梨子等季節水果，以及仿照稻穗的芒草（僅江戶地區）。

〈江戶風俗東錦繪〉之「東都名所遊觀葉月高輪月見糰子」。在十五月圓之夜供奉糰子後，隔天烤來吃。有某首川柳曾寫道：「十六夜，飄來醬油焦香。」

日本東西地區的月見糰子外形各有不同

江戶地區為圓形

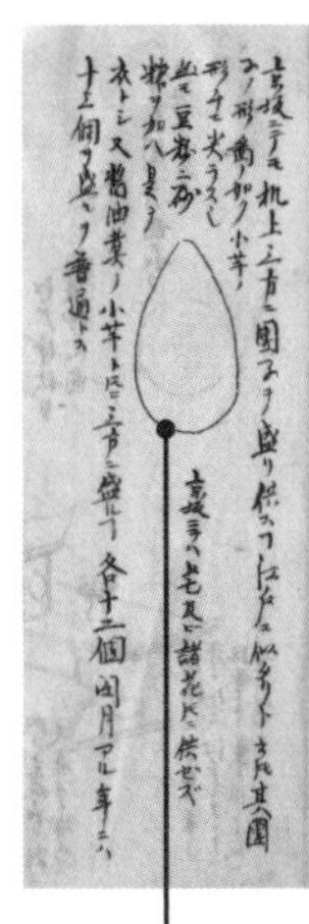

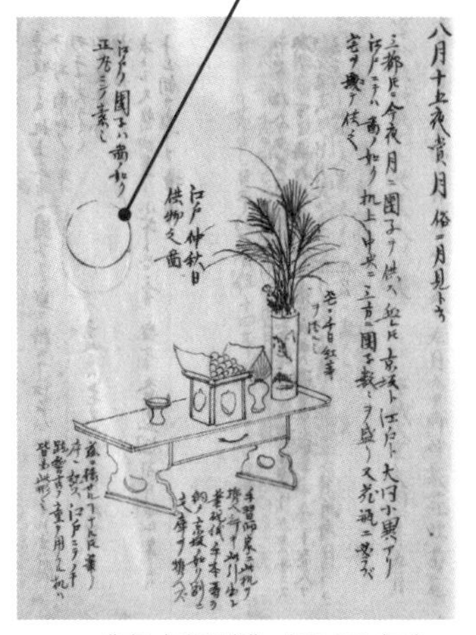

《守貞謾稿》（1853 年）。

京阪地區為小芋頭形

京阪地區的月見糰子，會在外皮撒上添加砂糖的黃豆粉，和以醬油熬煮的小芋頭一同擺放在三方（日本神道中擺放供品的木製供台）上。

賞月原本是成人的儀式？

在江戶時代，公家會在農曆六月十六日的滿月夜晚舉行成年儀式，縫起成年人和服的八個開口，由於是在滿月之日舉行，又稱為「月見」。人們在這天供奉珍饈百味祭拜月亮，並且用手指挖空饅頭，透過孔洞賞月。

小知識

等待月出

據說在農曆七月二十六日的夜晚，阿彌陀如來、觀音菩薩、勢至菩薩會隨著月光現身，如果能目睹佛祖現身，就會獲得幸福。因此，江戶人從這天的傍晚到深夜，會來到高輪或品川海邊賞月。

〈東都名所高輪二六夜待遊興之圖〉，從畫中可見海邊攤販林立，眾人一邊享用美食，一邊等待月亮出現。

十月 神無月（かんなづき）

在十三夜的「後名月」供奉當季的栗子或大豆

▼寒露 霜降

在農曆九月十三日眺望月亮，被稱為「後名月」，這是日本獨有的風俗習慣。

如果賞完十五夜（農曆八月十五日）的月亮後，再賞十三夜的月亮，被稱為「二夜月」；如果只欣賞到其中一晚的月亮，則是「片月見」，被視為不吉利的現象，因此受人忌諱。日本宮廷在延喜十九年（九一九年）九月十三日於清涼殿舉行賞月宴會，開啟了賞月的習俗（《躬恒集》）。

此外，由於會在這個時期供奉當季的栗子或大豆，也被稱為「栗名月」或「豆名月」，其他供品還有月見糰子、芋頭、柿子等。

另外，因為日本人會在十三夜透過占卜預測小麥的收成狀況，有些地區則會將這天稱為「小麥名月」。

【透過和菓子傳達秋天豐收的風情】

十月是稻米等農作物豐收的季節，這個時期的和菓子以大自然的恩惠為主題。近年來也有業者推出以十月三十一日萬聖節為主題的上生菓子。

山路

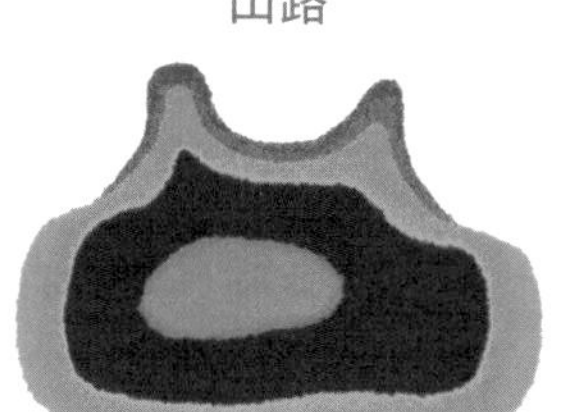

表現栗子掉落在秋天山間小徑的景象。

雁

在晚秋歸來的雁鳥，如同《萬葉集》所描述的情景，響徹在秋空的雁鳥啼叫聲，被和歌當作象徵寂寥的題材。

稻

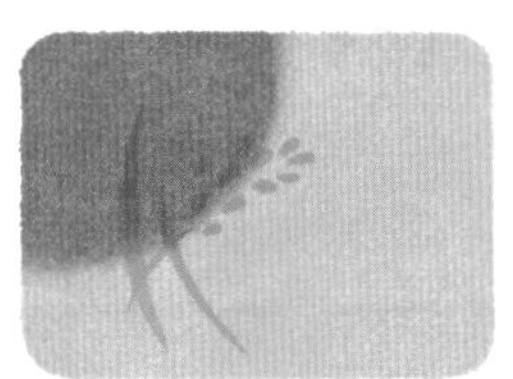

迎接秋天稻米的收成時期。

柿

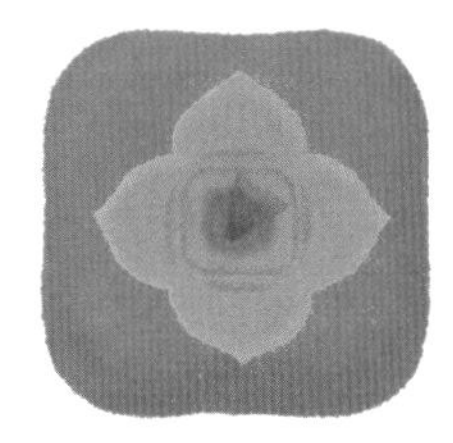

雖然較少出現於和歌中，但成熟的紅色柿子經常被當成陶器的題材，因此別有一番風趣。依照日本傳統習俗，在採收柿子的時候，會在樹上留下一顆柿子，名為「木守」，祈求隔年也能結實纍纍。木守也被當成和菓子的菓銘。

村雨

驟雨之意，《萬葉集》的秋天之歌詠道：「村雨落庭草，聞蟋蟀鳴聲，秋天已來到。」

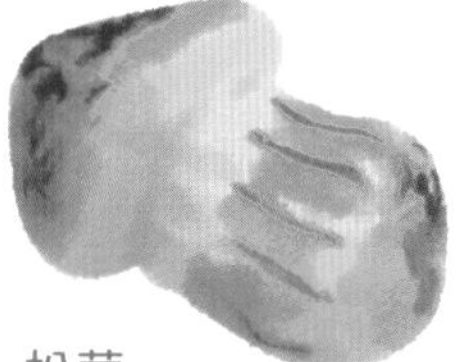

松茸

秋天的味覺之王，以薯蕷饅頭或乾菓子製作出松茸的外形。

【令人期盼已久的栗子季節】

日本人從繩文時代起開始栽種栗子，也是《萬葉集》歌詠的題材之一，自古以來受到世人的喜愛。

栗金團

在栗子餡中混入栗子顆粒，再用茶巾擠壓成栗子的形狀。栗金團（栗きんとん）是岐阜縣中津川市的銘菓。

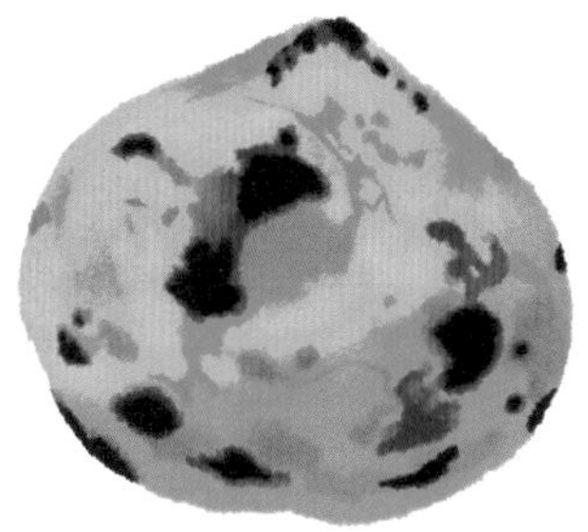

烤栗子（やき栗）

用栗子餡包住栗子，再烘烤表面。

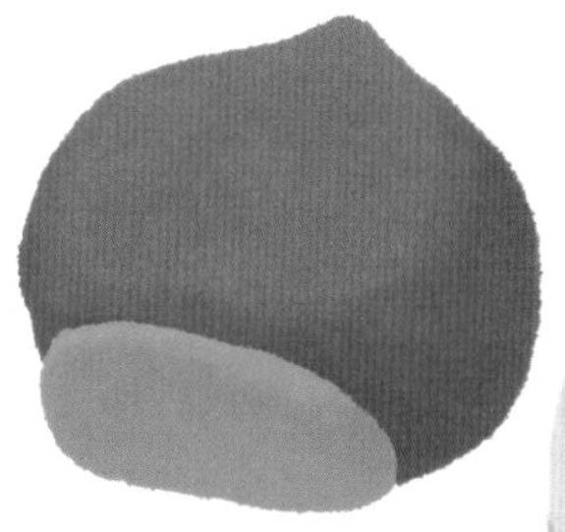

山苞

山苞（山づと）為來自山林的贈禮之意，透過和菓子來表現山珍栗子。將栗子餡揉成筒狀，再用蒸熟的山藥皮將內餡捲起，最後切開以呈現剖面。

栗粉餅

在麻糬表面撒上栗子粉，曾在室町時代的茶會登場。現今在岐阜縣中津川市的菓子店仍有製作這款和菓子。

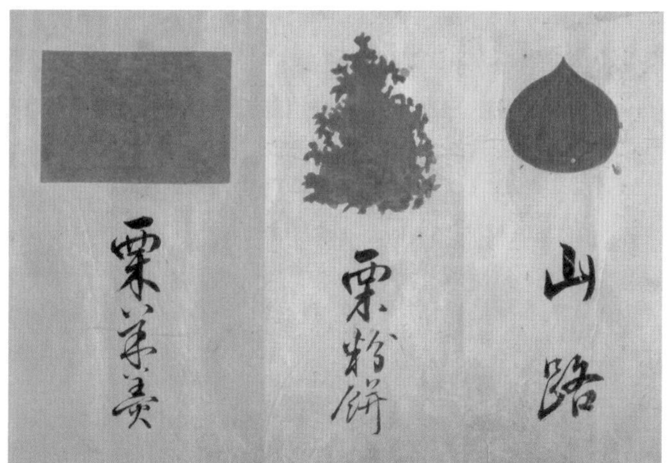

江戶時代的和菓子型錄《御蒸菓子圖》，從左至右為栗羊羹、栗粉餅、山路。

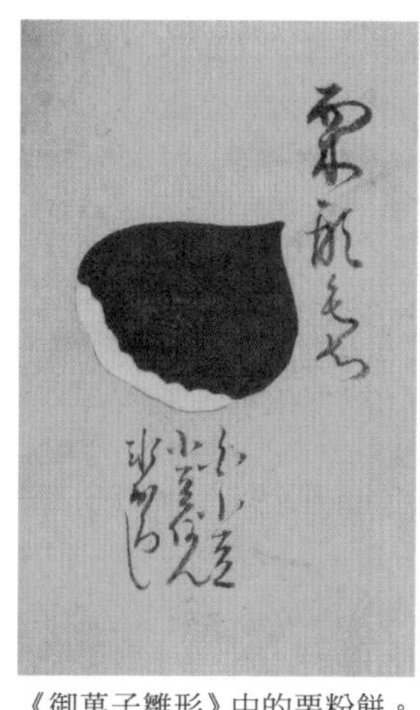

《御菓子雛形》中的栗粉餅。

【十三夜又被稱為栗名月】

農曆九月十三日的賞月儀式叫做「十三夜」，有關於十五夜與十三夜，《徒然草》寫道：「月色清明之日，乃賞月之良夜。」由此可見古代日本人便有在十五夜與十三夜賞月的習俗。日本人會在十五夜與十三夜供奉點心與食物，由於還會供奉當季的栗子，因而又被稱為「栗名月」。

樋口一葉在小說《十三夜》（1895年）描述了十三夜時，受人招待栗子與毛豆的景象。

【在秋天收成祭典用來祝賀的和菓子】

古代日本人會為稻作舉行祭神的儀式，在神的庇佑下才能豐收，因此各地會在秋天舉辦感謝五穀豐收的收成祭典。在這個時期，和菓子屋會推出以黃金稻穗為題材的上生菓子。

群雀（むらすずめ）

以麵粉與雞蛋製成的麵糰

紅豆粒內餡

倉敷地區在夏天會舉辦豐年祭，當地人會戴著斗笠跳舞，由於舞者的姿態很像是在稻田中成群的麻雀，因而也被稱為群雀。橘香堂（岡山）從斗笠的外形與金黃色的稻穗得到靈感，於明治10年（1887年）發明「群雀」和菓子。

鳴子

鳴子是別有一番巧思的秋天和菓子，鳴子是在木板上裝設小型竹筒等物品，並放置稻田中，利用搖動鳴子發出的聲音來驅除麻雀，可說是秋天的風物詩之一。

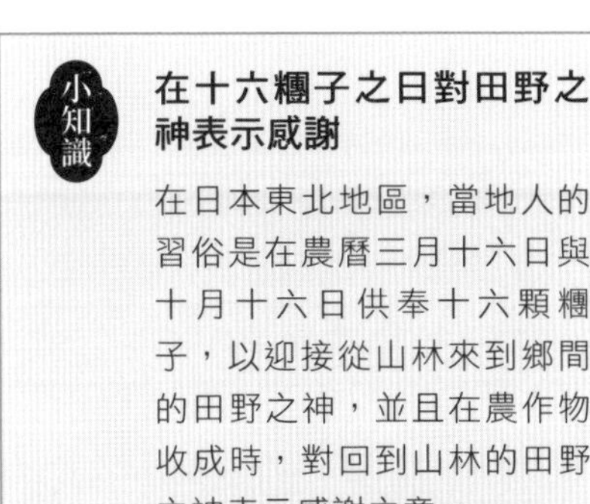

小知識

在十六糰子之日對田野之神表示感謝

在日本東北地區，當地人的習俗是在農曆三月十六日與十月十六日供奉十六顆糰子，以迎接從山林來到鄉間的田野之神，並且在農作物收成時，對回到山林的田野之神表示感謝之意。

【惠比壽講與惠比壽神手持的鯛魚吉祥物】

東日本地區會在農曆十月二十日舉行惠比壽講儀式，祭拜惠比壽神祈求生意興隆（現在某些地區會在十一月二十日、十二月二十日舉行）。回溯惠比壽講的歷史，起源於中世時代末期，到了江戶時代變成盛大的慶典活動。人們在舉行儀式時，會供奉惠比壽神隨身攜帶的鯛魚、帳本、鏡餅等物品。

在江戶時代，每到農曆十月十九日，商人會在日本橋開市，販售魚類等惠比壽講供品，其中最受歡迎的是米麴醃蘿蔔（べったら漬け），現在每年於日本橋還會舉辦米麴醃蘿蔔市集。

鯛魚造型的吉祥菓子

某些地區會供奉以練切或砂糖製成的鯛魚造型和菓子。

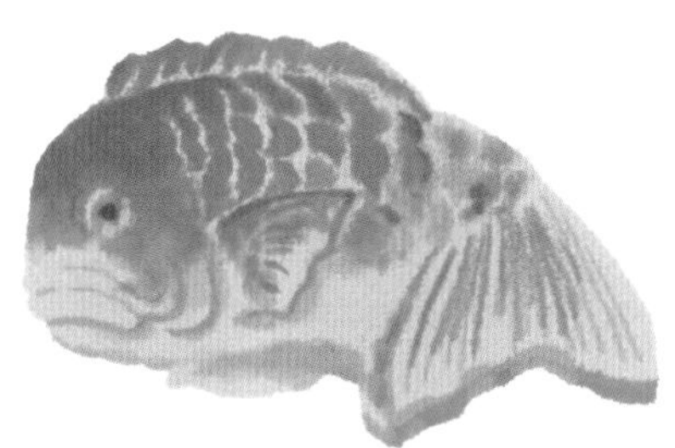

據說起源於明治時代的禮籤糖。

吉祥的禮籤糖

每年正月十日於西日本地區舉行的「十日戎」，是知名的祭典之一。十日戎類似東日本地區舉辦的酉之市，參加祭典的民眾可獲得福笹幸運竹枝。在和歌山縣內的神社，則有販售庇佑長壽的扭曲禮籤糖（のし飴）。

小知識

十月為何被稱為神無月？

農曆十月別名「神無月」、「神在月」，有一說為全國的神明此時會齊聚於出雲（島根）因而得名（《奧義抄》），在眾神齊聚的出雲地區，將十月稱為「神在月」。另一方面，關於神無月之名，兼好法師在《徒然草》寫道：「每逢十月，諸神社皆無舉辦祭典，所以才有神無月之名吧！」

《大社緣結圖》。全國的神明在九月的晦日起從各地出發，在十月的晦日回來。

十一月 霜月（しもつき）

在亥日的亥時吃亥子餅，祈求無病消災

▼立冬　小雪

在農曆十月的亥日亥時，西日本地區會舉行亥子收成祭※。人們深信在亥日吃亥子餅，就能無病消災，如同繁殖力旺盛的山豬，能讓家族人丁興旺。

此外，據說山豬是愛宕神社（京都）火伏神的使者，這天也是舉行茶道開爐儀式的日子，於是會使用亥子餅當作茶會點心。

在十一月十五日，兒童會身穿正裝和服前往神社參拜，這是名為「七五三」的節日活動，當天每個人要去買符合自己歲數的糖果「千歲飴」，千歲飴起源於江戶時代。

※現在大多會在新曆十一月舉行亥子收成祭，東日本地區則在十月十日的十日夜舉行（收成祭，田野之神回歸山林之時）。

【紅葉變色後迎接冬天，如同色彩繽紛的絹織】

來到晴朗的秋季，樹葉鮮豔動人，和菓子也換上秋裝。到了秋天下旬，隨著落葉紛飛，開始降霜，冬天正式到來。

紅葉

晚秋是欣賞紅葉的最佳時期，紅葉與雪月花都是自古以來相當重要的和歌主題。

龍田川

龍田川是位於奈良縣西北方的河川，在很早以前便是紅葉名勝，曾經在《古今和歌集》登場。

嵯峨野

《枕草子》寫道：「原野，是嵯峨野。」嵯峨野是具有美麗秋草與紅葉的風景勝地。

初霜

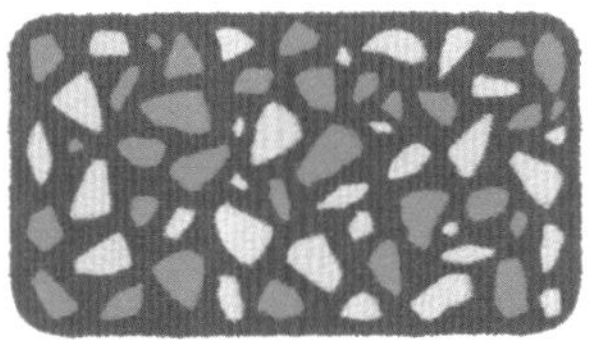

仿效降霜的景象，農曆十一月也被稱為霜月。

風匯聚（吹き寄せ）

風將樹葉或果實集中吹到一處的景象。

銀杏

銀杏（イチョウ）在室町時代被當作藥物與食物。

【紅葉狩是晚秋的風情之一】

於平安時代，在深山欣賞紅葉的「紅葉狩」，是宮廷或貴族的風雅活動。在江戶時代，紅葉狩也在町人階層普及，江戶的品川海晏寺或向島的秋葉權現等，都是知名的紅葉名勝（《江戶名所花曆》）。

紅葉 有以紅葉模具壓製而成的乾菓子，也有以絲狀菓子表現出紅葉遠景的各式種類。

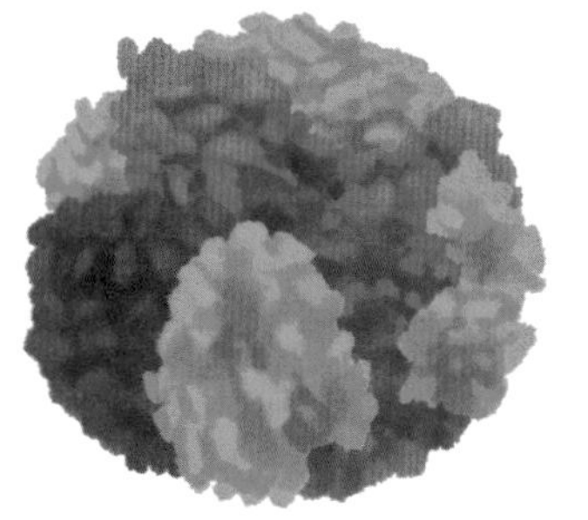

唐錦

以中國傳入的紅絹織品來比喻紅葉。

〈江戶自慢三十六興〉之「海案寺紅葉」。

【十一月儀式的多彩和菓子】

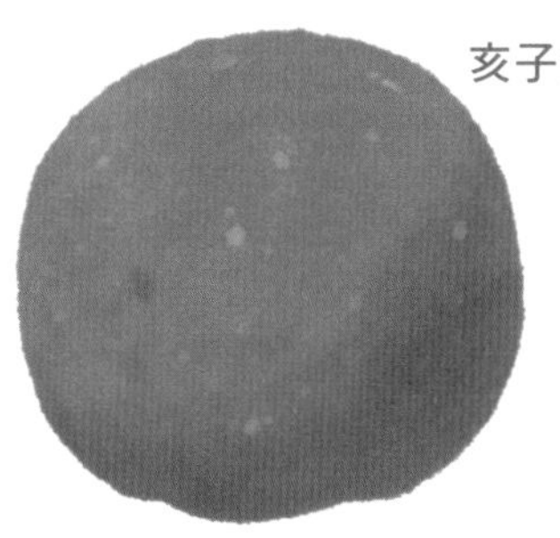

亥子餅

火焰寶珠烙印

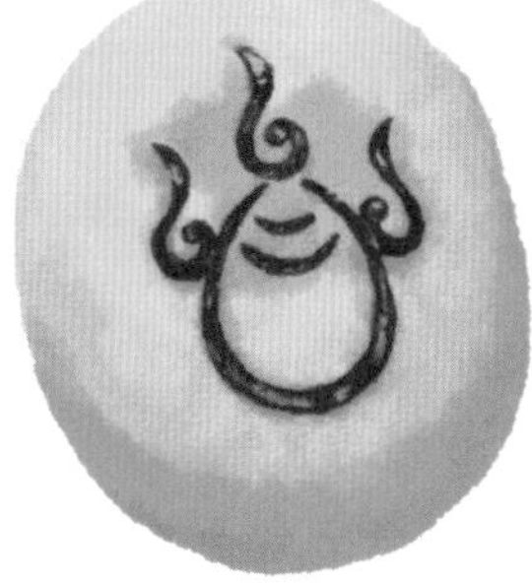

以麵粉製成的外皮

火焚饅頭（お火焚き饅頭）

據三島由紀夫的《春雪》描述，男主角清顯不遠千里來到奈良的月修寺，欲見聰子一面，當天十一月十八日是御所的火焚日，書中可見寺院供奉饅頭與橘子的情景。

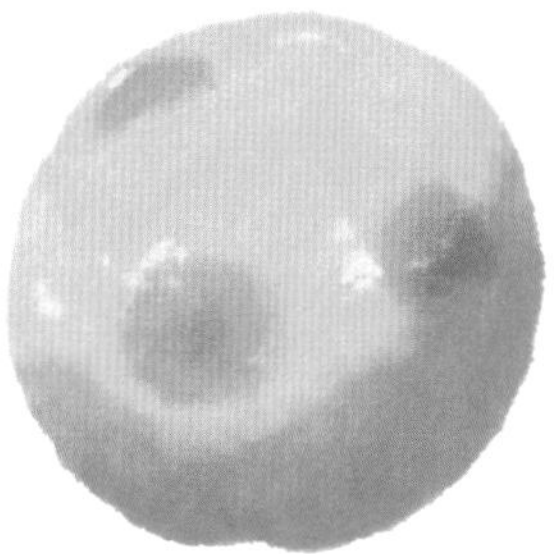

銀杏餅

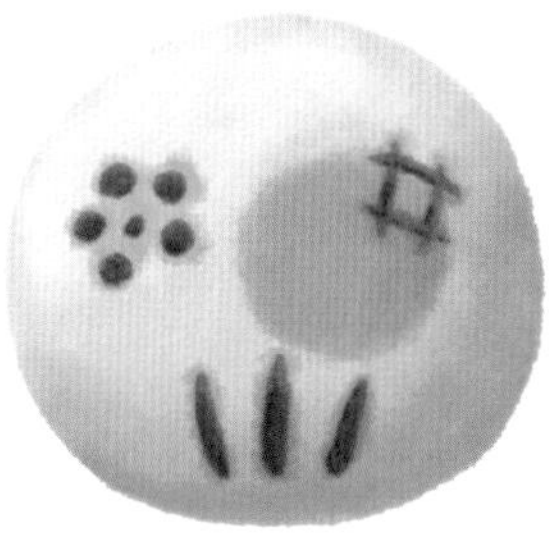

織部饅頭

十一月是茶道的開爐日、宗旦忌、上亥日等節日，京都各神社會舉行火焚祭（向神明感謝收成並除厄），可以看到各式相關主題的和菓子。

【茶室的開爐儀式所不可或缺的和菓子】

在十一月（農曆十月）的上亥日，茶室會舉辦打開地爐生火的開爐儀式，這與愛宕神社（京都）火伏神使者的山豬有深厚的淵源。在當天舉行儀式時，會使用亥子餅與織部饅頭當作茶菓子。

吃亥子餅祈求無病消災

「在農曆十月的亥日亥時吃亥子餅，就不會罹患疾病」，亥子餅是根據傳統信仰而誕生的點心。在平安時代，亥子餅的材料為紅豆、大豆、豇豆、栗子、柿子、芝麻、糖（麥芽糖）（《二中曆》）。

內餡為紅豆泥。

〈日本風俗圖會〉之「亥子」（1914 年）

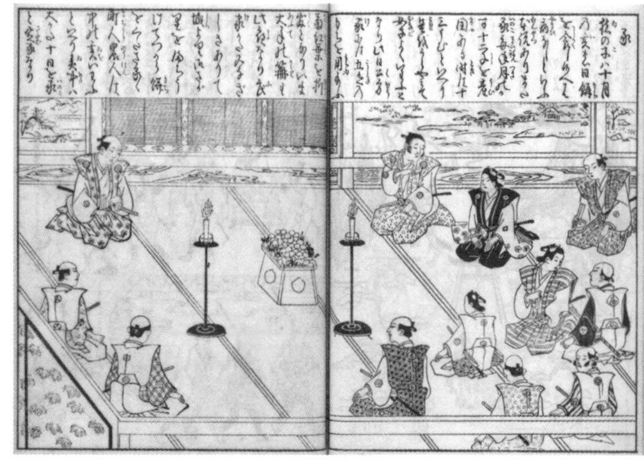

在《源氏物語》登場的亥子餅

《源氏物語》寫道：「那一晚，送來了亥子餅。」在室町時代，吃亥子餅也成為了武家儀式；江戶幕府時，將軍還會下賜紅白色的亥子餅給大名與旗本。

呈現織部燒圖案的織部饅頭

在開爐的口切儀式中，「三部」是必須出現的三樣器具，其中包括織部燒的器物，因而也衍生出織部饅頭。據說織部饅頭起源於江戶時代後期。

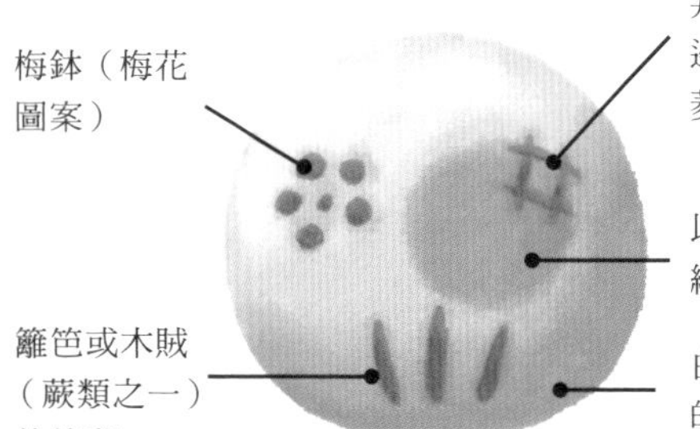

大膽運用嶄新設計的古田織部

古田織部為戰國時代的武將，也是一位文人，曾向千利休學習茶道。在江戶時代，他曾向大名傳授茶道。在慶長年間（1596 ～ 1615 年），織部在美濃傳授陶器燒製的技術，並將陶器命名為織部燒，其特徵是運用各種顏色與圖案的嶄新設計。

【緬懷裏千家第三代家主的銀杏餅】

在京都茶道表千家與裏千家的庭院，可見千利休之孫千宗旦親手種植的銀杏，歷經三百年的歷史，至今依舊開花結果。川端道喜在製作時，使用這些銀杏製成銀杏餅，作為十一月十九日裏千家宗旦忌茶會的主要點心。在這個時期，街上的和菓子屋也會陳列各式各樣的銀杏餅。

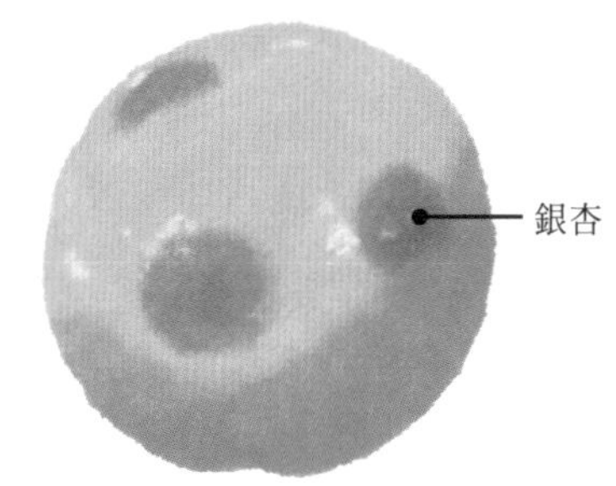

【七五三與千歲飴】

每年十一月十五日，各地的神社會舉行七五三的儀式，三歲、五歲、七歲的男孩女孩會到神社祭拜氏神。由於古代兒童的死亡率較高，因此透過七五三的儀式來消災除厄。

在平安時代，七五三包括「髮置（開始留長並整理頭髮）」、「袴着（男孩第一次穿上袴）」、「帶解（女孩繫上成人用的腰帶）」儀式，到了江戶時代，幕府明定七五三的年齡與舉行日期，並普及於町人階級。

〈七五三節慶圖〉三代歌川豐國（1844 年）

千歲飴

千歲飴起源於元祿、寶永年間（1688 年～ 1711 年），淺草有一位名叫七兵衛的賣糖商人，開始販售「千歲飴（壽命糖）」（《還魂紙料》）。

祝賀用途的紅豆飯饅頭

於信州伊那谷地區，在開學典禮或七五三等節日時，當地人會贈送以紅白饅頭外皮包住紅豆飯的紅豆飯饅頭。

【栗餅曾經是酉之市的名產】

於每年十一月的酉日，在鷲神社（東京）等地會舉行酉之市，現場可品嚐名產「切山椒」（將砂糖與山椒粉加入上新粉中混合蒸熟，再切成長條狀，據說吃了切山椒就不會得到感冒），這是起源於明治時代的風俗。栗餅在江戶時代曾經是酉之市的名產，由於其顏色很像金色的金幣，又被稱為「金餅」或「黃金餅」。

〈十二月之內霜月酉之市〉豐國（1854 年）

十二月 師走（しわす）

在歲末製作歲神附體的鏡餅

▼大雪　冬至

江戶地區會在農曆十二月八日，上方地區（江戶時代對於大阪、京都為中心的稱呼）在十三日，從這天起準備各種儀式，以迎接新年的歲神。家家戶戶會清掃煤炭或灰塵，前往山上採伐歲神附體象徵的門松裝飾用松木，或生火用的木柴。

此外，在二十六日左右要供奉鏡餅迎接歲神，為了供奉餅給其他的神明，還要進行搗餅的儀式。由於二十九日的九與「苦」日文發音相同，在三十一日搗製的餅被稱為「一夜餅」，會被神明視為不敬，因此人們會避開這天搗餅。

在江戶時代，照慣例由長屋管理者將餅分配給住在長屋的庶民，由於許多商家在年終時十分忙碌，通常會委託搗餅店製作麻糬。《東都歲時記》也寫道：「此時可見大街上處處搗餅，熱鬧非凡。」

【描繪美麗的雪景與嚴冬的詩情】

十二月開始下雪，冬天正式到來。如同道元禪師所詠的和歌：「春花秋月夏杜鵑，冬雪寂寥溢清寒。」雪為代表冬天的情景，也是常見於和菓子的題材。

寒風

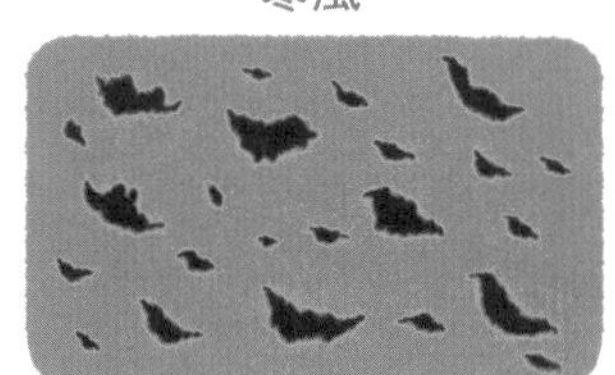

寒風（木枯らし）是在冬天吹來的寒冷北風，在室町時代後期成為初冬的和歌季語。

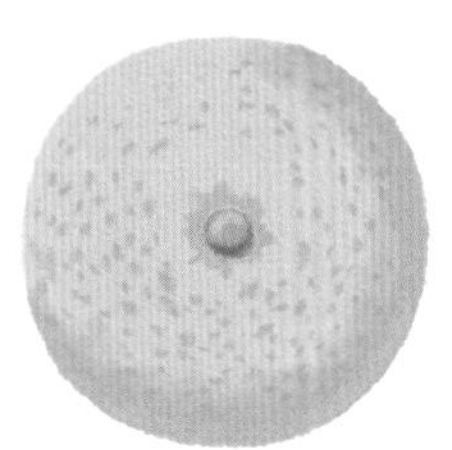

柚子

在江戶時代，人們習慣在冬至泡柚子湯，藉此預防感冒。

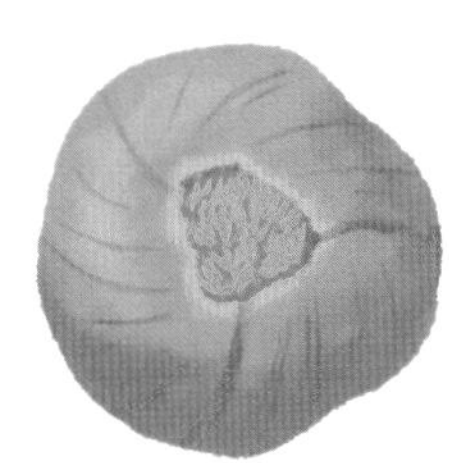

寒牡丹

會在嚴冬時節開花。《花譜》（1694年）也曾記載。

16世紀從葡萄牙傳入日本，明治時代以後，日本人在冬至有，吃南瓜（カボチャ）的習慣。

初雪

《萬葉集》歌詠的題材之一，也是十二單衣中襲色的配色之一。

冬籠

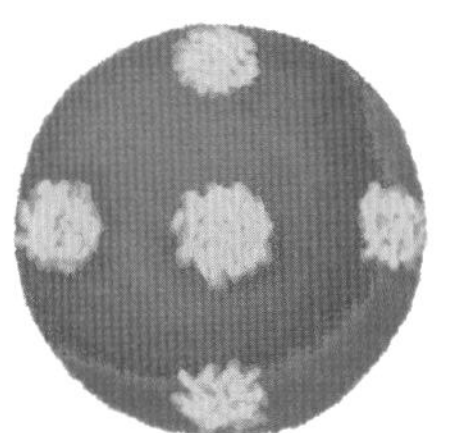

透過和菓子表現草木棲息於雪地下面，等待春天的到來。

【以和菓子表現冬天的情景】

包括宛如白雪的雪餅及雪圖案饅頭等，在這個季節品嚐和菓子，一邊體驗冬季的風俗與儀式。

雪餅

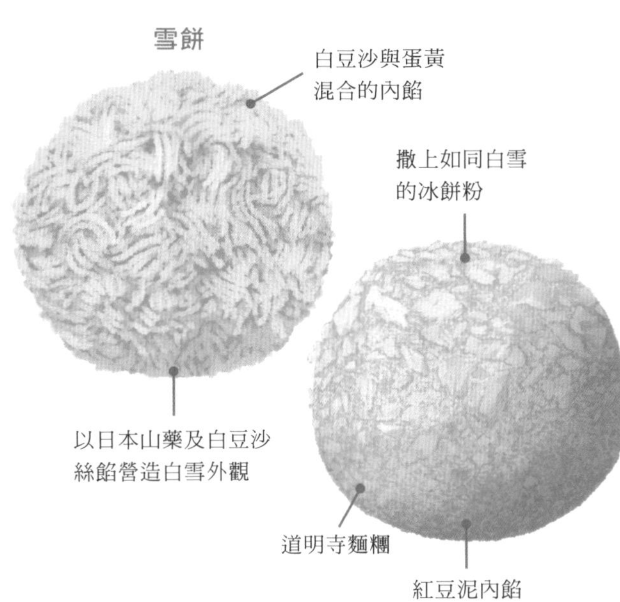

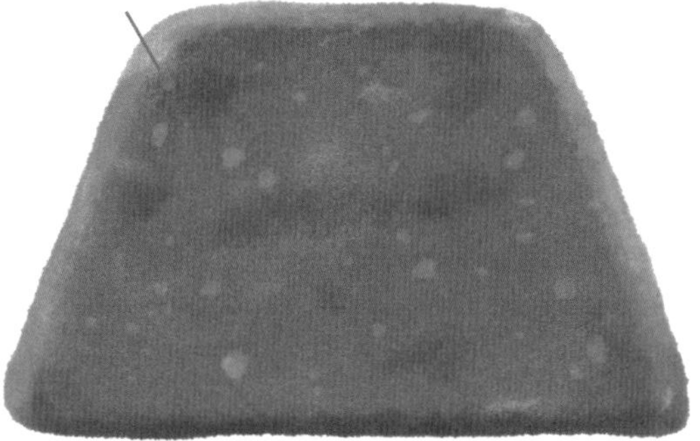

在大掃除日吃袴腰餅

在江戶時代，日本宮廷會於十二月十三日舉行掃煤灰儀式（大掃除），協助大掃除的女官（緋袴）、公家（黃袴）、六丁町眾（白袴）會獲得和服袴腰板造型的袴腰餅（底邊約二十公分的梯形）。到了現代，在製作袴腰餅時會把餅折起來，作為十二月茶會使用的主菓子（川端道喜）。

風花

表現在晴天冬日飛舞的細雪。

白色薯蕷饅頭

與歌舞伎有關的「顏見世」

顏見世是每年於十一～十二月舉行的歌舞伎儀式，在江戶時代，由於歌舞伎演員一年簽一次契約，簽約期間到十月為止，因此會在每年十一月舉行顏見世，讓接下來一年要演出的演員對外露臉，藉此宣傳。鍵甚（京都）製作的顏見世和菓子，呈現歌舞伎演員和服袖子的造型，是第三代店主於 1990 年發明而成。

【清除整年的污穢以迎接歲神】

三代歌川豐國〈冬之宿嘉例之掃煤〉，（1855 年）。在掃除整年的煤灰後，商家會舉辦宴會宴請幫傭，感謝一整年的順遂平安。在宴會的最後，眾人一同將老闆往空中拋，以驅除厄運。

在江戶時代，每年十二月十三日會舉行掃煤儀式，清掃家中整年的煤灰。由於要在正月迎接歲神，透過儀式可去除身上的罪孽與污穢。清掃煤灰後吃煤餅，是主要的習俗（《東都歲時記》1838 年）。

【在河川淨身的朔日吃川渡餅】

在農曆十二月一日，各地會舉行水神祭（河川淨身），會選在早上人煙稀少的時刻將身體泡進河裡，或是將餅或糰子放入河中祭拜水神。此儀式是為了在正月到來前洗滌身心，據說在這一天吃餅能避免水難。俳句辭典《清鉋》（1745 年）記載：「川浸為本朝風俗，為祭神之意。在此日供餅祭拜水土之神。」

永祿 4 年（1561 年）川中島之戰的前一晚，上杉謙信發餅給士兵吃，藉此提振士氣，士兵因此渡過千曲川而擊敗武田信玄。此為川渡餅的由來。

川渡餅

每年十一月三十日與十二月一日，上越地區的當地人會吃川渡餅，祈求消災解厄。

【正月事始的鏡餅】

十二月八日（江戶地區）、十二月十三日（上方地區）為正月事始之日（為了迎接新年所做的各項準備），人們會在這段期間入山砍伐松樹（迎松），以擺放新年門松做裝飾，或是清掃家中的煤灰，徒弟也會送禮給老師。在技藝的領域中，照慣例由徒弟贈送事始餅給老師；在京都祇園，藝伎會帶著鏡餅送給傳授技藝的老師或茶室，並獲得扇子回禮。

柿串
柿子為長壽的象徵，從柿子的日文「かき」也衍生出招福（福をかき集める）與除厄（厄をかきとる）的諧音含義。

裏白
蕨類植物之一，由於葉子背面為白色的，象徵潔白與長壽。

橙
橙的日文「だいだい」與代代的發音相同，藉此祈求代代相傳。

讓葉
長出新葉時舊葉落下，象徵子孫繁衍。

【用來祭拜山神的御幣餅】

山神為女神，由於在一整年產下十二位小孩，被稱為「十二神」。十二月十二日等與十二有關的日子，是山神的祭日，古代人會避免在這天入山，並祭拜餅、神酒、虎魚等食物。在日本中部地區，會供奉御幣餅。

供奉御幣餅祈求豐收
據說御幣餅（五平餅）是源自中部地區山間的鄉土食物，在江戶時代中期，已經有吃御幣餅的習俗。御幣餅被當成祭拜山神的供品，祈求隔年農作物豐收。在山上工作的人會在山神祭的前夜，吃御幣餅祈求萬事平安。

御幣餅名稱的各種由來
有關於御幣餅名稱的由來，有此一說是由於長得很像用來供奉神明的御幣紙條；另一種說法為有一位名叫五平的神社工匠，曾經把味噌塗在飯糰上烘烤，演變成為五平（御幣）餅，其名稱有各式各樣的說法。

和菓子的歷史

受到各國的影響，在日本逐步發展

和菓子是為了與西方的洋菓子加以區別，在戰後才有的名稱。在江戶時代以前，日本人僅稱之為「菓子」。

樹果或水果是和菓子的起源，現代的水果被稱為「水菓子」，就是從古代留存的名稱。在繩文時代末期至彌生時代，當中國的稻作文化傳入日本後，手工製作的餅（參照P148）與糰子（參照P152）陸續登場。這些食物原本是祭拜神明的供品，以祈求農作物豐收，但如同奈良時代正倉院文書所記載的「紅豆餅」、「大豆餅」，餅與糰子逐漸成為日常生活的零食點心。

這類古代的原始和菓子，其實深受唐菓子或點心（在早餐與晚餐時段之間食用的零食或小點）、南蠻菓子等外來食物的影響。

在飛鳥時代至奈良時代，從中國唐朝傳入的唐菓子，是以米粉或大豆等粉類揉捏成

從「果實」到「和菓子」的變遷

繩文時代	彌生時代	奈良時代	平安時代	鎌倉、室町時代
吃栗子、柿子、五葉木通等天然的樹木果實。	從中國傳入稻作文化，人們製作餅或糰子祭拜神明，祈求農作物豐收。	唐僧鑑真和尚從中國引進砂糖，遣唐使也傳入唐菓子。	在年間儀式或婚喪喜慶等場合，開始有吃餅的習俗。	禪宗僧侶從中國傳入饅頭及羊羹等點心。

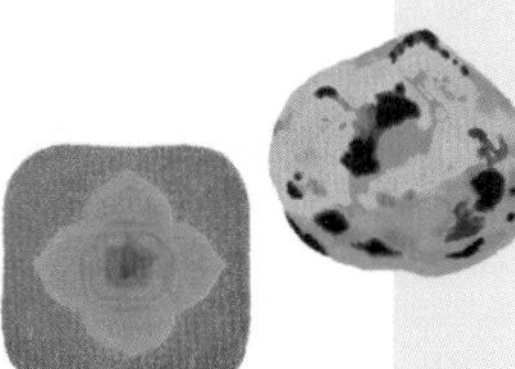

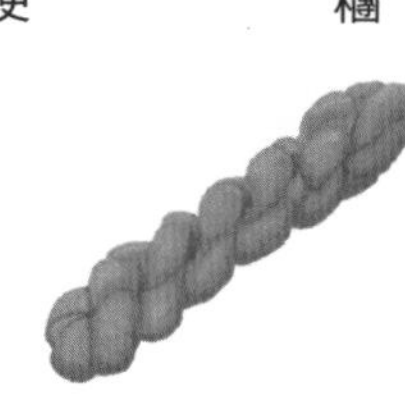

麵糰，再將麵糰油炸製作而成。到了現代，神社在舉辦祭典時也會供奉餢飳饅頭（參照P111）；在江戶時代，索餅（參照P33）則是七夕儀式的食物之一。

接著到了鎌倉、室町時代，禪僧從中國傳入現今饅頭（參照P150）與羊羹（參照P153）的原型點心。在室町時代，從葡萄牙等國家傳入以當時相當珍貴的砂糖（參照P82）製成的金平糖（參照P141）、有平糖（參照P141）、卡斯特拉（參照P140）等點心，這些點心使用了當時日本人不太容易吃到的雞蛋，為日本的飲食文化帶來重大的變革。

之後進入江戶這個太平的時代，日本的菓子文化也開花結果。在十七世紀後半時期，誕生了許多優美造型或菓銘的上等菓子，在京都集大成，並普及至江戶與全國各地。此外，在十八世紀後半時期，隨著日本國產砂糖的普及，和菓子店的數量逐漸增加，平民也終能輕鬆享用這些美味的和菓子。

室町時代

透過日本與中國明朝的貿易往來，引進砂糖。

從歐洲傳入南蠻菓子。

安土桃山時代

千利休是茶道的集大成者，茶會上的茶菓子陸續發展。

江戶時代

- 在元祿年間（一六八八～一七〇四年），京都的和菓子店製作添加白砂糖的「上菓子」。
- 參考自然風物或古典文學，開始替和菓子取菓銘。
- 在十八世紀後期，國產砂糖普及。
- 十八世紀時，誕生了使用寒天製成的練羊羹。
- 文化、文政年間（一八〇四～一八三〇年），江戶的大福及櫻餅名產菓子普及，和菓子成為平民日常生活中的食物。

明治時代

從各國傳入各種「西洋菓子」，為了與洋菓子區別，日本在地生產的點心被稱為「日本菓子」或「和菓子」。

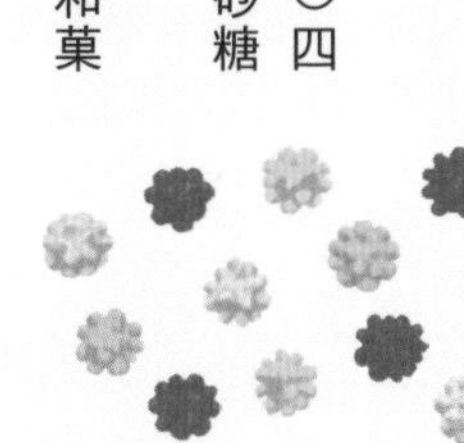

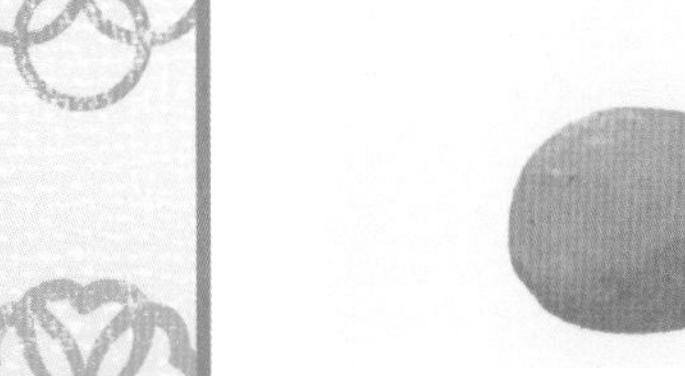

和菓子相關用語集① あ行～さ行

あ

紅豆（あずき）
豆科植物，種子是和菓子內餡的原料之一。大顆的紅豆叫做大納言，由於大納言的特色是表皮耐煮不易破裂，就像是古代宮廷中不會受到切腹處罰的大納言高官，因而得名。

揚物（あげもの）
油炸麵糰製成的點心。

甘葛（あまずら）
古代的甜味料，以常春藤等樹液熬煮而成。

飴物（あめもの）
以砂糖製成的點心。

鶯餡（うぐいすあん）
以豌豆製成的綠色餡料。

打物（うちもの）
將材料倒入模具中定形製作而成的點心。

岡物（おかもの）
沒有經過熱加工，組合各種材料製作而成的點心。

押物（おしもの）
將材料放入模具中壓實製作而成的點心。

か

掛物（かけもの）
淋上糖蜜的點心。

寒天（かんてん）
將石花菜煮汁冷凍與乾燥製成的凍狀物。

寒梅粉（かんばいこ）
將蒸熟的糯米炒乾磨成粉，也被稱為微塵粉。

黃豆粉（きなこ）
將黃豆炒至變色後再磨成粉狀。

京菓子（きょうがし）
在京都集大成的和菓子總稱，於江戶時代後期，上菓子被稱為京菓子（《皇都午睡》）。

金團（きんとん）
在球餡表面撒上絲狀餡料的點心。

葛粉（くずこ）
從葛根萃取澱粉後乾燥製成，奈良縣的吉野葛特別有名。

黑砂糖（くろざとう）
將甘蔗榨汁熬煮後製成的砂糖，也被稱為黑糖。

紅豆泥餡（こしあん）
將紅豆去皮後製成的餡料，也被稱為練餡。

粉無（こなし）
內餡加入麵粉等材料蒸製而成。

麵粉（こむぎこ）
將小麥磨成粉，依據蛋白質含量分為高筋、中筋、低筋麵粉，製作和菓子主要使用的是低筋麵粉。

さ

棹物（さおもの）
細長棒狀的點心。

粗目糖（ざらめとう）
顆粒結晶較大的高純度砂糖，還有無色透明的白粗糖、加入焦糖上色的中粗糖等。

粢（しとぎ）
將米磨成粉，再加水揉捏成糰。作為祭拜神明的供品。

上菓子（じょうがし）
上等的和菓子，或是進貢給皇宮及幕府的點心。

上白糖（じょうはくとう）
上等的白砂糖。

薯蕷（じょうよ）
圓山藥或大和山藥等山藥。

白玉粉（しらたまこ）
將糯米浸泡一夜後瀝乾，再一邊加水混合磨打，脱水後將麵糰碾碎，最後經過晾乾製成的粉類。早期製作白玉粉時，會在嚴寒時期將糯米泡在清水裡，因而又有寒晒粉的別稱。

白小豆（しろあずき）
紅豆品種之一，種子是白色而得名。又叫做泡泡豆。

白餡（しろあん）
以白小豆或四季豆製成的內餡，本書又稱白豆沙餡。

新粉（しんこ）
以生梗米磨成的米粉，顆粒較細的稱為上新粉或上用粉。

毛豆泥餡（ずんだあん）
將煮熟的毛豆磨成泥。

第二章

人生的重大階段與和菓子

婚禮

長生不老的樂園、森羅萬象的風景……，以鮮豔的祝賀和菓子，替吉日增添色彩

在人生重大階段的節慶中，婚禮應該是最為盛大而華麗的大事吧！日本現代的婚禮，又可分為神前式、佛前式、教會式等各種形式。

很多人認為神前式婚禮是歷史悠久的儀式，其實是從明治三十三年（一九〇〇年）的大正天皇婚禮（當時還是皇太子）才開始的，歷史尚淺。隔年，一般民眾也在現今的東京大神宮舉行模擬神前式婚禮，神前式婚禮因此逐漸普及。

精緻的祝賀和菓子，是在婚禮場合中送給客人的謝禮，除了紅白饅頭，還有在大饅頭中包入五顏六色小饅頭的蓬萊山……等，都是適合在喜慶場合展示的吉祥和菓子。

又被稱為帶子饅頭的蓬萊山

饅頭的外型是以長生不老仙人所居住的蓬萊山仙境為概念，又被稱為帶子饅頭（子持ち饅頭）。

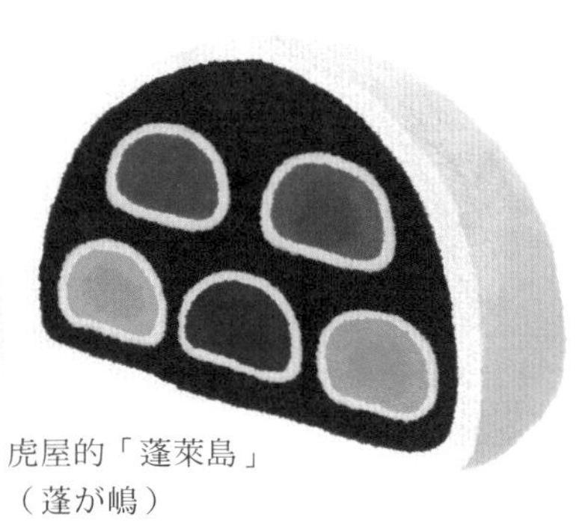

虎屋的「蓬萊島」（蓬が嶋）

象徵在山海日月中的五色生菓子

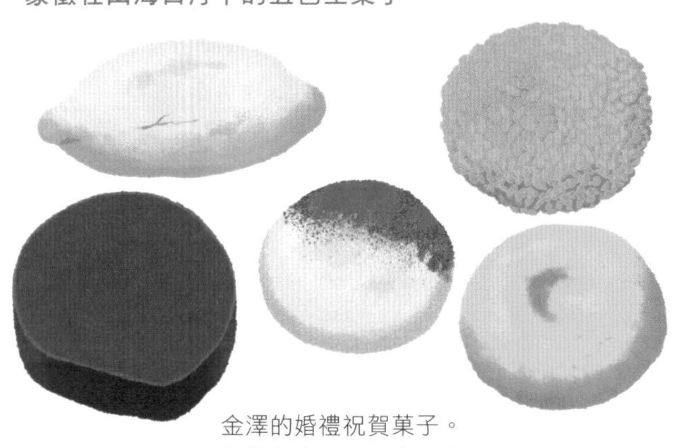

金澤的婚禮祝賀菓子。象徵在山海日月中的森羅萬象景物。

以糖蜜繪製的「壽」字

紅白雙色的壽煎餅

金澤的婚禮祝賀菓子，也會被當作新春的祝賀菓子。

婚禮謝禮所不可或缺的三盛菓子

放在折箱（折疊薄木片製成的木箱）中的三盛菓子，初次現身是在江戶時代後期（《守貞謾稿》1853 年），直到明治時代，才演變為婚禮盒裝菓子的形式。

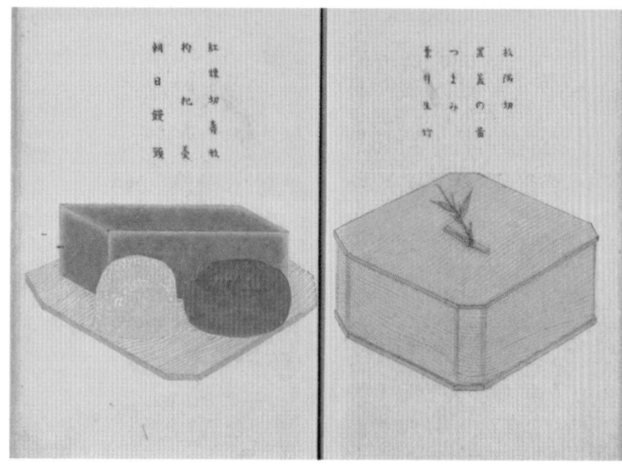

《船橋菓子的雛形》，明治 18 年（1885 年）。東京深川佐賀町的船橋屋織江繪製的三盛樣品圖畫集。

五色的彩球霰米菓「おいり」

在西讚岐地區，「おいり」（oiri）被當作新娘的嫁粧之一。

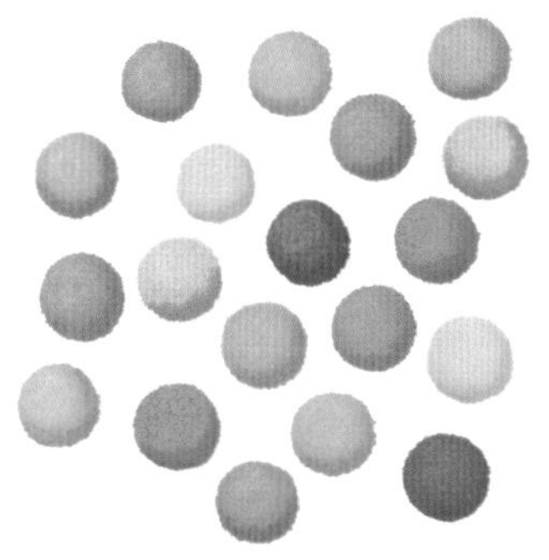

在喜慶之日吃「おしもん」

「おしもん」（oshimon）是源自三重縣伊賀市的鯛魚或白鶴造型乾菓子，由於伊賀為盆地地形，難以捕獲海鮮，當地人因此以おしもん為替代品。在江戶時代以前，由於砂糖彌足珍貴，おしもん是武士階層限定的和菓子，到了明治、大正時代，才開始普及於平民階層。

新娘贈送給鄰居的「麩燒」（ふやき）

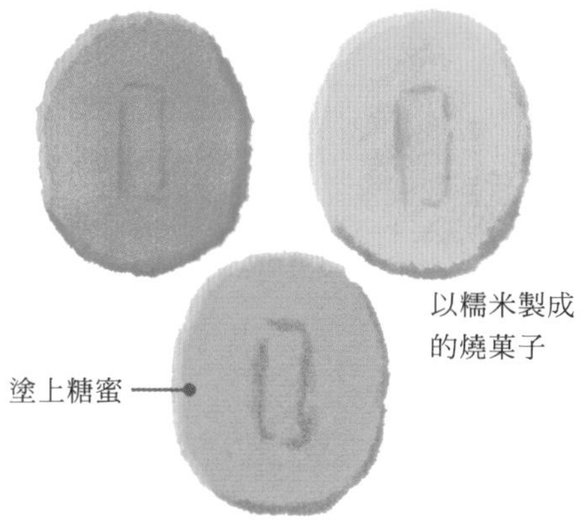

當新娘嫁到婆家後，會先拜訪左鄰右舍贈送麩燒菓子，這是德島的風俗習慣。現今多作為婚禮謝禮用途，也被當成盂蘭盆節或彼岸節的供品。

由於鶴與烏龜是長壽的象徵，而鯛魚的日文諧音與「恭喜」相近，這些造型的和菓子便成為婚禮場合的謝禮菓子。在文化 6 年（1809 年）舉行的德川家慶與樂宮（喬子女王）婚禮儀式中，可見在菓子台上擺放了蓬萊山、鶴、烏龜、松竹梅等造型的和菓子（〈家慶公姫君御婚禮御式正御次第繪形〉）。

【宛如仙境的蓬萊山】

藉由饅頭表現在古代被視為不老仙境的蓬萊山，由於是在大饅頭中包入數個小饅頭，也被稱為「帶子饅頭」。蓬萊山是用來祈求子孫繁衍的喜慶菓子，也常作為婚禮中的謝禮。

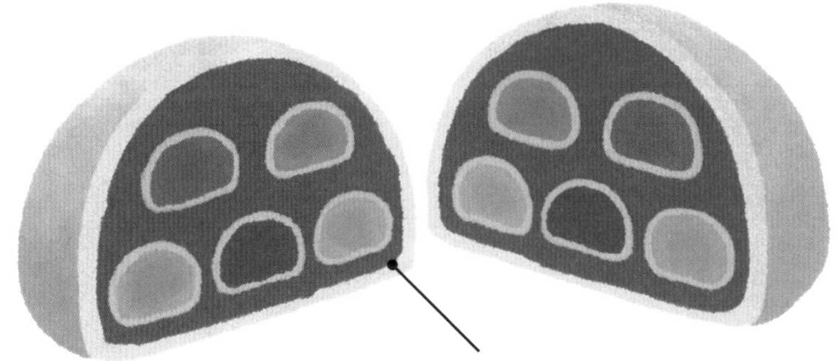

吉祥的象徵

《紫式部日記》（1010 年）記載：「在御前的眾多檜扇之中，特意選出繪有蓬萊山圖案檜扇，想必有其用意。」在平安時代，貴族會在賀宴上擺放蓬萊山造型的點心台等，都是吉祥的象徵。

虎屋的「蓬萊島」

虎屋製作的「蓬萊島」，是在寶曆 12 年（1762 年）由攝政近衛內前所命名。當時使用了包有栗子粉（或是栗子餡），或白豆沙餡的大饅頭，裡面再放入二十顆包有小倉紅豆餡的小饅頭。現代的虎屋蓬萊島，是採用包有御膳餡（紅豆泥餡）的大饅頭，裡頭則包入五色餡的小饅頭。

將蓬萊島送給妻子

根據慶應 3 年（1867 年）文獻記載，公卿近衛忠熙（內前的曾孫）曾送蓬萊島（應為虎屋製作）給福井藩主松平春嶽（慶永），春嶽將它轉送給正室妻子勇姬。

【婚禮嫁妝「おいり」】

在西讚岐地區，五色的彩球霰米菓「おいり」被當作新娘出嫁的嫁粧之一。おいり源自 16 世紀末期，丸龜城主生駒親正的女兒出嫁時，某位農民將餅花炒過再經過染色，製成五色霰米菓，進獻給丸龜城主。「おいり」之名應該是源自出嫁的日文「お入り」或是炒（お煎り）。

據說以前只有紅白兩色。

古代人在舉行婚禮時，會用盆子承裝おいり，招待賓客。現在おいり成為婚禮的謝禮，或是放在霜淇淋上的配料。

【金澤特有的婚禮菓子】

在金澤地區，當有人舉辦婚禮時，親戚會贈送祝賀菓子，這是當地的習俗。

依據古代習俗，在結婚時會將生菓子放入重箱漆盒中，事先擺放在玄關前面，等待婚禮結束後發給親戚或鄰居。到了現代也會被當作婚禮的謝禮。

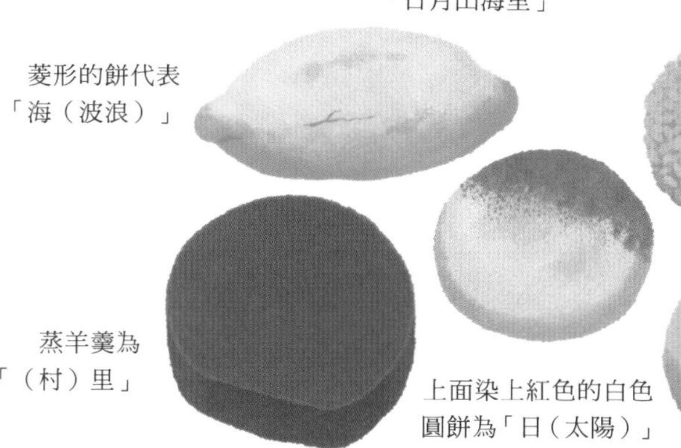

五色生菓子「日月山海里」

菱形的餅代表「海（波浪）」

撒上黃色糯米的餅為「山」

蒸羊羹為「（村）里」

上面染上紅色的白色圓餅為「日（太陽）」

白色饅頭為「月」

在婚宴登場的壽煎餅

壽煎餅（寿せんべい）源自天正 11 年（1583 年）前田利家進入金澤城時，百姓進貢的「龜甲煎餅」。以前的壽煎餅為黃色與白色，分別代表金與銀；到了 19 世紀變成紅色與白色。在舉辦婚宴時，會在上菜前提供壽煎餅給賓客享用。

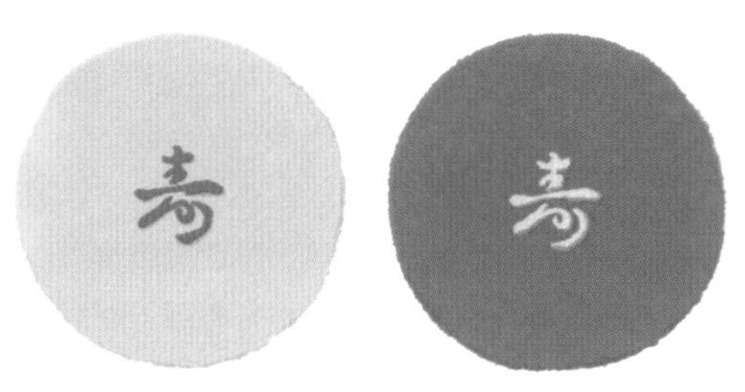

加賀藩主舉辦婚禮時提供的五種生菓子

慶長 6 年（1601 年），加賀藩第三代藩主前田立常，與江戶幕府第二代將軍德川秀忠之女珠姬舉辦婚宴時，由加賀藩御用菓子屋樫田吉藏設計了此款生菓子。

【在名古屋舉辦婚禮時有撒出嫁菓子的習俗】

在愛知縣名古屋市等地，當新娘從娘家出發時，其習俗是會在二樓或屋頂撒駄菓子（用雜糧、麥芽糖製成的廉價零食）。在新娘出嫁時，鄰居會依照往例進行阻撓，為了讓鄰居讓路，而形成撒點心的習俗。

在江戶時代以前的婚禮都走簡樸風格

名古屋人的婚禮以講究排場與奢華而聞名，但在江戶時代受限於藩訂下的結婚規定（嫁娶之定），舉辦婚禮時要遵守簡樸的原則。到了大正時代，婚禮才漸漸走向奢華風格。

束帶祝賀順產（帯祝い）

在圍上腰帶祈求順產的節日，贈送嬰兒或腹部造型的餅菓子

孕婦在懷孕第五個月或第七個月的戌日，會在腹部圍上名為岩田帶的腰帶，祈求平安分娩，稱為束帶祝賀順產。十六世紀末的國語辭典《匠材集》寫道：「所謂的岩田帶，是圍在女性腹部的腰帶。」因此可見束帶祝賀順產，是自古以來的習俗。

在江戶時代以後，會選在戌日舉行束帶祝賀順產儀式，因為狗（戌）多產，且生產相對輕鬆。在江戶時代以前，則是會選擇多產的老鼠，也就是在子日進行束帶祝賀順產儀式。

在這一天用來送禮的和菓子，像是滋賀縣的懷孕餅（はらみ餅）、石川縣的圓滾滾餅（ころころ餅）等，大多是用來祈求順產的和菓子。某些地區的當地人也會贈送名為束帶餅（帯かけ餅）的紅白餅。

【贈送懷孕餅以分享喜氣】

在滋賀縣，孕婦在懷孕第五個月的戌日贈送懷孕餅給親戚或鄰居，將誕生新生命的喜氣分享給他人。

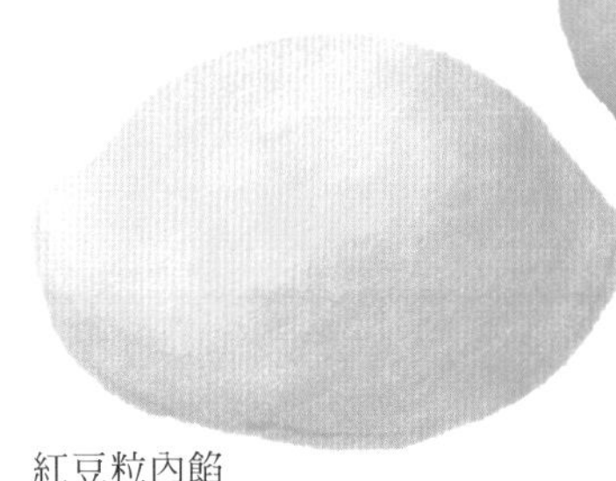

紅白雙色餅

紅豆粒內餡

祈求順產

滋賀縣的和菓子老店「TANEYA」為了傳承傳統文化，在創業時期製作了懷孕餅，透過懷孕餅祈禱在嬰兒出生前的十個月期間，母子均平安健康。

孕婦的娘家需準備懷孕餅，禮籤上的署名也是印上舊姓。

【橫須賀所保留的束帶糰子傳統】

在神奈川縣橫須賀市，當地的風俗習慣是懷胎五月的孕婦，需贈送束帶糰子給鄰居或親戚。以往在須輕谷地區，家族的願望是「孕婦能生出九位孩子」，因此會將九顆束帶糰子放進重箱中。

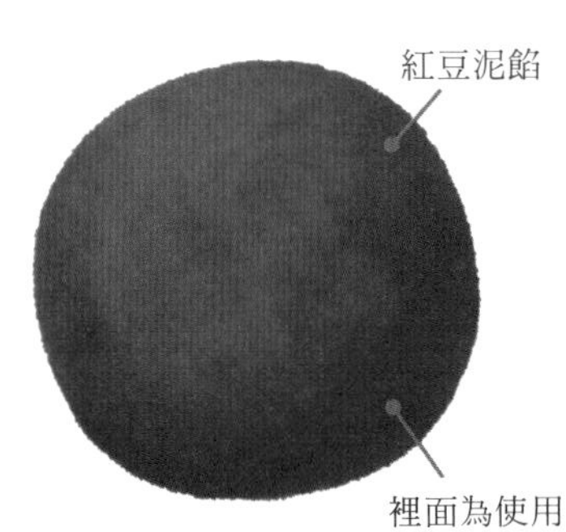

紅豆泥餡

裡面為使用上新粉製作的糰子

【石川縣的圓滾滾餅】

在石川縣金澤市，孕婦為了祈求順產，會在生產一個月前的戌日，贈送圓滾滾餅給親戚。依照習俗，孕婦的娘家也會送圓滾滾餅給婆家，希望孕婦能生出圓滾滾的嬰兒。

白餅代表嬰兒

餅的外形如同即將誕生的嬰兒，吃圓滾滾餅的忌諱是不能烤來吃，避免嬰兒會燙傷，因此會將圓滾滾餅做成年糕湯食用。

圓滾滾餅的日文「ころころ」發音與「五六五六」相近，因諧音的關係，每盒圓滾滾餅的數量通常都是十一個。

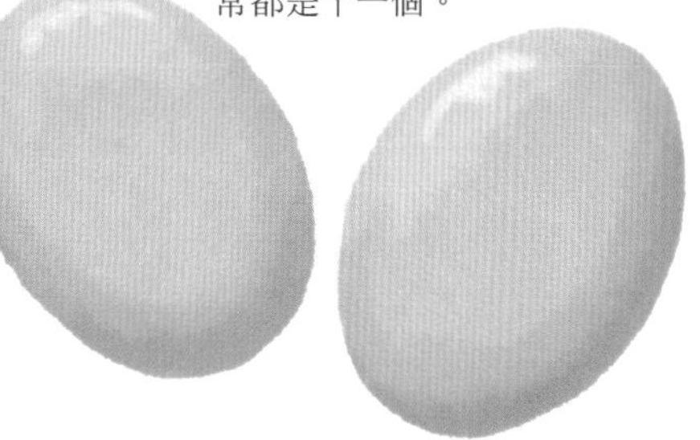

散發微微鹹味，口味純樸。有些地區的人們會透過圓滾滾餅的外形來預測嬰兒的性別。

【與順產之神有淵源的產餅(うぶ餅)】

鎮守於京都市北區的藁天神宮（敷地神社），祭神為木花開耶姬命，傳說祂在一夜之間懷孕，並順利產下三子，因此被世人奉為順產之神祭拜。如果孕婦在預產日前一個月的九日前後前往藁天神宮參拜，就能獲得可促進分泌乳汁的甜酒。這個習俗源自於木花開耶姬命以稻穀製作天甜酒的故事。

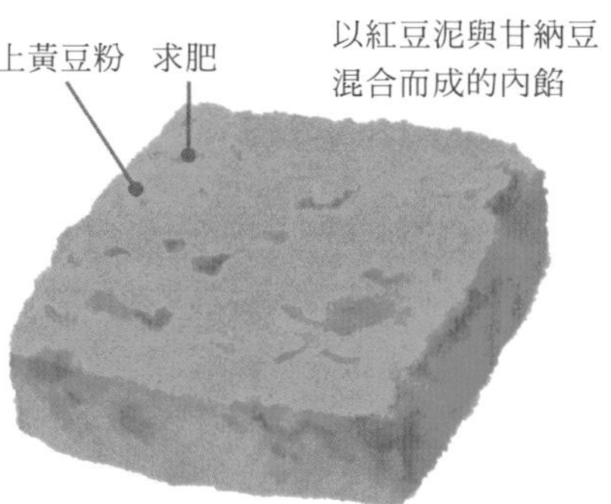

撒上黃豆粉　求肥

以紅豆泥與甘納豆混合而成的內餡

紅豆被視為消災解厄的象徵，加上營養價值高，因此使用了可維持孕婦健康的甘納豆。

位於藁天神宮門前由笹屋守榮製作的產餅，是廣受歡迎祈求順產的名點。

【祈求順產時獲得的紅白落雁】

在束帶祝賀順產日祈求順產時，有許多神社或寺廟會贈與紅白落雁，當作拜完的供品。像是「全家在戌日吃紅白落雁，能獲得神明庇佑」、「觀察獲贈的落雁顏色為紅色或白色，能預測孩子的性別」等，紅白落雁有各式各樣的傳說。

滿三日祝賀（三日祝い）

新生兒初次泡澡、披上有袖子的和服後，還要發送牡丹餅祈求嬰兒健康長大

因為古代的嬰兒死亡率較高，父母會舉行各種儀式，祈禱嬰兒能健康成長。

例如在平安時代的貴族階層，包括嬰兒出生的當天初夜、出生第三天的三夜、第五天的五夜、第七天的七夜、第九天的九夜，都要在這些奇數日舉行「產養」祝賀儀式。

到了江戶時代，只會在七夜（參照P67）舉行儀式，此習俗延續至今；現在仍有某些地區留存嬰兒出生第三天舉行滿三日祝賀的習俗。

在這天要讓新生兒初次泡澡，並套上有袖子的和服，期望孩子能健康成長。

此外，在關東地區還有贈送牡丹餅（ぼた餅）當成回禮的習俗。

【關東的三顆牡丹餅習俗】

在關東地區，當嬰兒出生後的第三天，有發送三顆牡丹餅的習俗，以向親朋好友分享生子的喜悅。由於紅豆與麻糬具豐富的營養，為了調養孕婦的身體，在生下小孩後能分泌足夠的母乳，要請孕婦吃大顆的牡丹餅。

茨城的三顆牡丹餅
要做得越大越好。

夫家的公公婆婆會準備三顆牡丹餅，通常僅限孕婦生下第一位孩子時才會發送。

具驅邪作用的紅豆
吃具有消災解厄力量的紅豆，祈求無病消災。

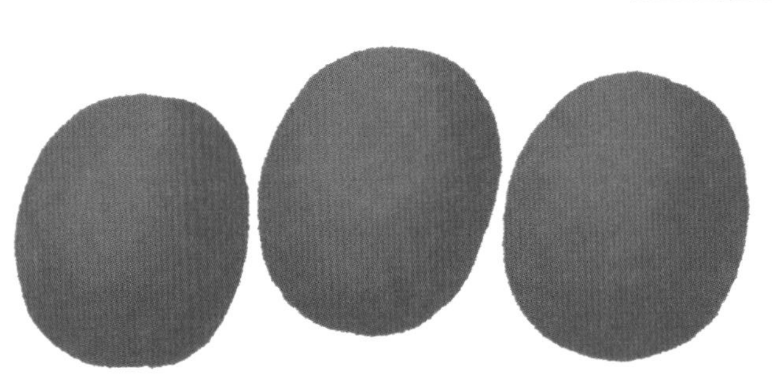

三顆大牡丹餅
有些地區的三顆牡丹餅遠比千葉或茨城的更大。

七夜（お七夜）

在生產之神離去的日子，用餅菓子祭拜神明並食用

在嬰兒出生後的七天內，生產之神會守護嬰兒的健康，但會在第七天的夜晚離開。由於古代有很多嬰兒會在出生七天內夭折，因而有此傳說。

因此，七夜是確保孩子能健康成長的儀式，十分受到世人的重視，這天也是產婦離開產床回歸正常生活的日子。

在七夜這天，父母會在命名紙上寫下小孩的名字，放在神壇祭拜。根據傳統信仰，經過命名後的新生兒被賦予了靈魂，是受到神明認可得以在世上生存的人類。此外，在某些地區，父母會在這天舉辦宴會招待親朋好友。

在江戶時代，要讓產婦吃供奉在神壇的子戴餅，子戴餅為白色（米）、黃色（大豆）、綠色（柚子葉）、黑色（芝麻）、紅色（紅色）五種顏色（《貞丈雜記》一八四三年）。

【作為回禮的鳥子餅】

因外形如同鳥蛋，被叫做「鳥子餅」，自古以來鳥子餅就被當作喜慶場合的點心。用糯米製成的叫做鳥子餅，用「素甘」（すあま。以蒸過的上新粉與砂糖混合製成的餅菓子）製成的叫做鶴子餅，依照材料來區分。在喜慶的場合，會準備紅白色的兩種鳥子餅。除了七夜，像是小孩出生後第一次去神社參拜的「初宮詣」以及慶生等，父母也會準備鳥子餅。

從江戶時代史料所見的鳥子餅

根據臼杵藩稻葉家的祐筆日記（1801～1881年）記載，在農曆十月的玄豬（亥子）日有吃「紅白色鳥子餅」的習俗（《臼杵藩稻葉家年中節日使用的食品、食物》江後迪子）。

在明治時代普及的鳥子餅

根據《東京風俗志》（1899～1902年）的記載，要在初宮詣（參照P68）當天「蒸紅豆飯或是搗紅白鳥子餅（成套的鳥蛋形餅）慶祝。」在明治時代，於慶賀場合吃鳥子餅的習俗逐漸成形。

白

紅

明治天皇出生的時候，父親孝明天皇曾在福岡縣久留米市的水天宮供奉鳥子餅。

五色的鳥子餅

根據南町奉行的根岸鎮衛所著《耳囊》（1784～1814年）記載，在農曆十月的亥日要吃餅祈求無病消災，江戶城的武士就曾獲得將軍贈送的五色（白、紅、黃、芝麻、黃綠色）鳥子餅。

初宮詣（初宮参り）

在初次參拜氏神後，贈送仿照紅豆飯或桃子造型的和菓子

新生兒出生後第一次去神社參拜氏神的行事，稱為「初宮詣」，透過儀式讓孩子獲得神明的認可，成為氏子的一員。

舉行初宮詣的時期大多在男孩出生後的第三十二天，以及女孩出生後的第三十三天前後，某些地區還會在小孩出生後的第一百天，舉行「百日初食宴」（參照P72）。古代人將產婦生產時的出血視為不潔，到了這個時期才算是產期的結束，因而有相關的儀式。前往神社參拜時，由於根據傳統信仰，產婦帶有污穢，無法來到神前，因此會由奶奶代替產婦，抱著嬰兒來神社參拜。

在初宮詣的日子，會選擇紅白饅頭、紅白餅、御目出糖等和菓子當作回禮送給親戚。

在長崎縣舉行初宮詣時，有贈送桃子饅頭或桃子蜂蜜蛋糕的習俗。

【適合喜慶用途的御目出糖】

由創業於元和３年（1617年）的萬年堂（東京。開業時店名為龜屋和泉）所製作的御目出糖祝賀菓子，其原型為高麗餅。因為外觀宛如紅豆飯，到了明治時代中期被命名為「御目出糖」（おめでとう。恭喜之意），是長年來受人喜愛的祝賀菓子。

江戶時代以來的蒸菓子

在元祿年間（1688～1704年），萬年堂持續製作著御目出糖的原型「高麗餅」。

以糯米與紅豆餡揉成的麵糰。

撒上蜜漬大納言紅豆蒸製而成

何謂高麗餅？

高麗餅是鹿兒島的鄉土菓子，在豐臣秀吉第二次出兵朝鮮後（慶長之戰，1597～1598年），薩摩的島津義弘把李氏朝鮮的陶工帶到日本。慶長10年（1605年），這些陶工建造了玉山神社（日置市）以慰藉思鄉之情，在祭祀時會製作高麗餅供奉給神明。

【在長崎有贈送桃子造型和菓子的習俗】

在初宮詣的日子，長崎縣有贈送桃子饅頭或桃子蜂蜜蛋糕的習俗。自古以來，桃子為長生不老的象徵。在江戶時代中期，每逢舉行長崎宮日節（長崎くんち）的時候，當地的習俗是贈送桃子饅頭給親朋好友（《長崎市史》）。

桃子饅頭

由創建於寬永 6 年（1629 年）黃檗宗崇福寺（長崎）的中國僧侶傳入，後演變成為在宮日節等節慶登場的和菓子。

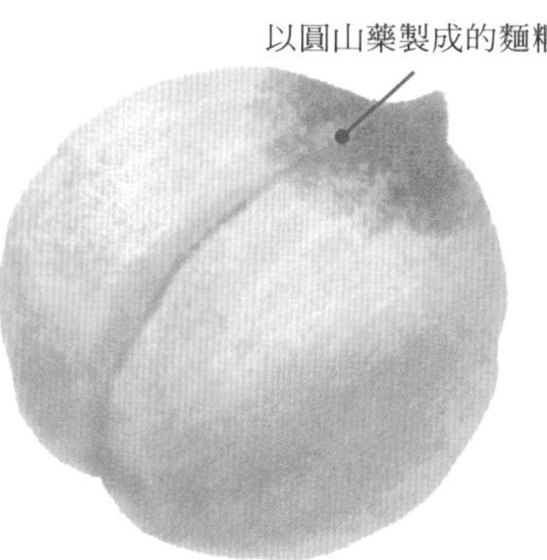

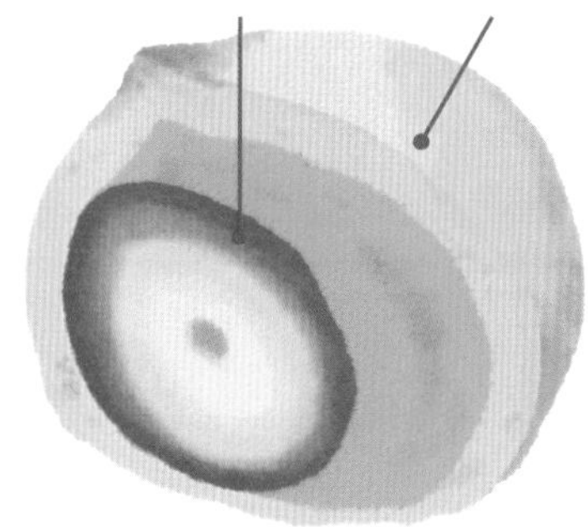

根據長崎商家村上家《獻立帳》（1814 ～ 1846 年）的記載，天保 12 年（1841 年）舉行宮日節時，會準備桃子饅頭以及蜂蜜蛋糕、蝦造型糖、昆布等食物，送給沒獲邀參加宴會的親朋好友。

桃子蜂蜜蛋糕

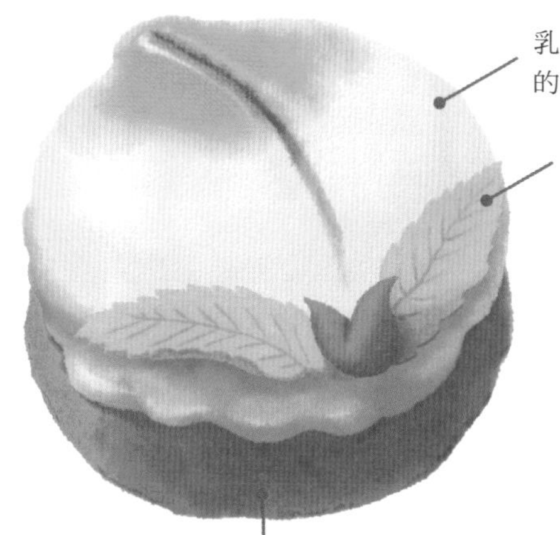

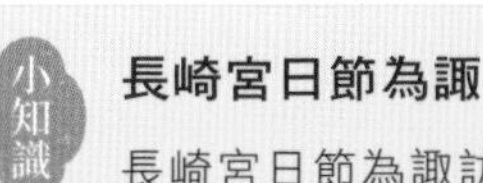

做成桃子外形的和菓子，據說是從宮日節的桃子饅頭演變而成。在長崎舉行初節句（參照 P70）或回禮時，會贈送桃子蜂蜜蛋糕。

小知識

長崎宮日節為諏訪神社的秋天祭典

長崎宮日節為諏訪神社（長崎）的祭典之一，正式名稱為諏訪神社御大祭。寬永 11 年（1634 年）九月七日至九日，是神明出巡與回駕的日子，在這段期間會進行各種技藝表演來敬奉神明。由於適逢農曆九月九日的重陽節，從九月九日的日文諧音演變為宮日節的名稱。

在大祭的前幾天，商店街會將相關道具或祝賀用品陳列在門口，稱為「庭見世」。這時候還會在宗和台上擺放桃子饅頭、栗子、柿子作裝飾。18 世紀的《享保十七年諸事書上長》寫道：「依照慣例，將栗柿饅頭等菓子承裝於台上。」

初節句

慶祝小孩出生後的第一個節日，吃吉祥菓子祈求健康成長

「節句」為一年中的傳統節日之意，古代中國的習俗，與日本自古以來的風俗習慣結合，在江戶時代明定一月七日的人日節、三月三日的上巳節（參照P16）、五月五日的端午節（參照P24）、七月七日的七夕節（參照P32）、九月九日的重陽節（參照P40）為五節日（五節句）。到了明治時代，五節日雖然不是國定節日了，依舊以民俗節日的形式流傳至今。

新生兒在出生後迎接的第一個節日，稱為「初節句」，男孩要過端午節，女孩則是過上巳節。考量到母子的健康狀況，通常會在小孩出生的隔年才會度過初節句。

在此介紹來自各地種類豐富的雛菓子、端午節粽子、柏餅等和菓子。

【富士山形狀的「烏魚子」雛菓子】

在岐阜縣等地區，會在改採新曆法後晚一個月的桃花節，將米粉與砂糖混合的麵糰蒸熟後，再用模具製作出名為「烏魚子」（からすみ）的和菓子。鹽漬鯔魚的卵巢製成的烏魚子，從江戶時代以來被視為寶貝孩子的象徵，在遠海的地區是難以取得的食材，因此才會供奉烏魚子造型的和菓子，以祈求小孩健康成長。

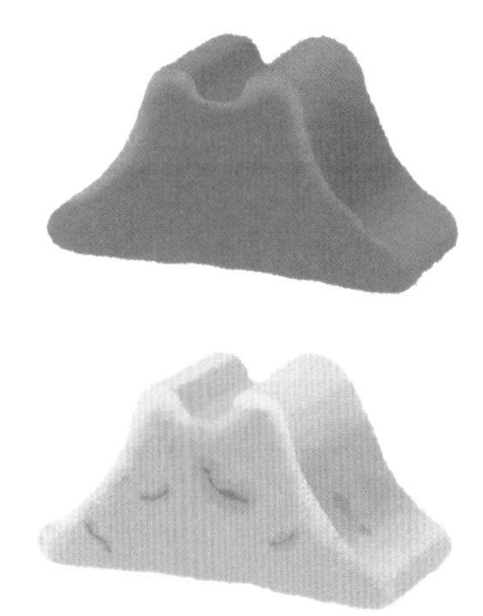

日本第一高山富士山

早期為海參的造型，現在大多採富士山造型的模具製成。透過富士山的造型，希望小孩能成為日本第一幸福的小孩。

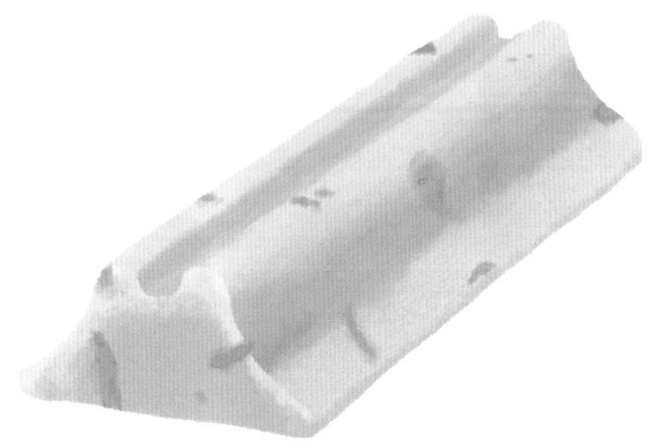

源自於唐墨？

有些烏魚子和菓子麵糰含有黑糖，由於外觀近似中國的唐墨，因而得名。

【源自茨城的太田粽】

太田粽是茨城縣常陸太田市的節句菓子，元祿 6 年（1693 年），人稱水戶黃門的水戶藩第二代藩主德川光圀，其家臣佐佐宗淳（介三郎）奉命前往越後，帶回當地名產竹葉糰子。光圀從竹葉糰子獲得靈感，每年端午節命人使用溪山莊的竹葉製作竹葉饅頭，並發給藩內居民享用。

使用山白竹包住糰子

到了現代，只有創業於明治 8 年（1875 年）的 NABEYA，還有製作與販售太田粽。

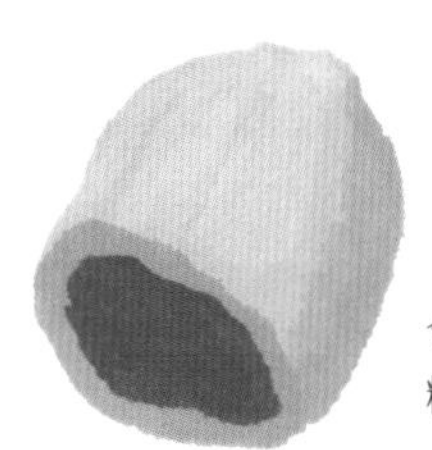

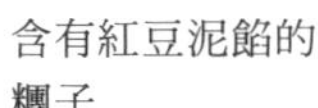

含有紅豆泥餡的糰子

充滿謎團的竹葉糰子根源

關於竹葉糰子的起源，有「在戰國時代作為軍糧用途」、「古代百姓製作而成的鄉土食物」等說法，在明治時代以後才開始製作包餡的竹葉糰子。

【木曾的朴葉餅】

在長野縣木曾地區，由於沒有種植柏樹，會改用朴葉包餅製成朴葉餅，用來慶祝端午節。朴葉的殺菌力強，適合用來保存食物。古代人會用朴葉包米，蒸熟後製成朴葉飯，當作山林工作或農作時的便當。

用來包餅的各種葉子

像是柏餅或粽子等，有許多點心都是使用葉子來包覆。這些植物的葉子具有優異的抗菌及殺菌性，並且能透過氣味來襯托和菓子的風味。於江戶時代，江戶城近郊的八王子地區會在端午節前舉行柏葉市集，熱鬧非凡（《桑都日記》），京都的市集也有販售粽子用的菰葉（《日次紀事》）。

提到柏餅的材料，在日本東北至中部以北地區會使用柏葉，在西日本地區大多使用菝葜。北陸地區使用竹葉，中部地區則使用朴葉（《萬葉集》將朴樹稱為厚朴）。

菝葜(サルトリイバラ)

百日初食宴（お食い初め）

小孩出生後第一次的用餐儀式，還要吃紅白饅頭消災解厄

在小孩出生後的第一百天至第一百二十天期間，會舉行百日初食宴（お食い初め），透過三菜一湯的祝宴讓小孩學習用餐，並祈願「一輩子衣食無虞」。

由於小孩是第一次學習使用筷子，又被稱為「初筷（お箸初め）」或「整筷（箸ぞろえ）」。

在平安時代，父親或外祖父會將餅放入小孩口中，讓小孩含著餅，進行「五十日祝賀」或「百日祝賀」的儀式。這些儀式被視為百日初食宴的起源。

正式的祝宴包含第一套與第二套餐點，第一套包含白飯、湯、含頭尾的烤魚、燉菜、醃菜，第二套餐點為紅白色的餅。在某些地區，還會準備象徵保健牙齒的小石頭，祈求孩子能長出堅固的牙齒。

紅白色饅頭為消災解厄的象徵

自古以來，紅色為驅邪與消災解厄的象徵，白色則是淨身與潔淨的象徵。此外，食用饅頭的紅豆內餡，也具有除厄的作用。

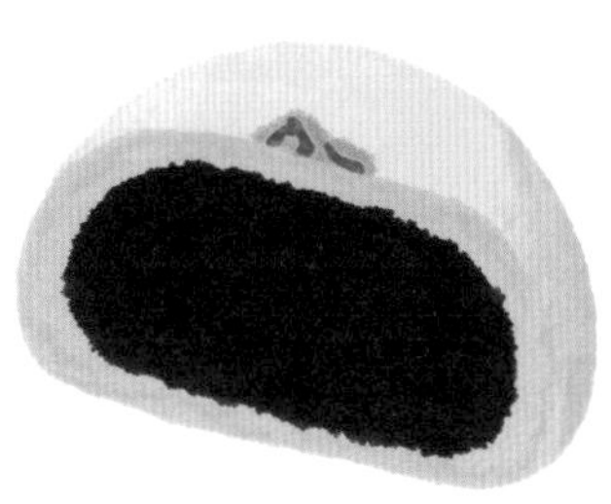

紅白兩色是日本傳統文化中用來祝賀的象徵顏色。

祈求小孩健康成長的祝賀餐

在小孩出生後的第一百天，要準備三菜一湯的祝賀餐，某些地區還會準備象徵保健牙齒的小石頭，以及紅白餅與章魚等食物。

初誕生日

讓小孩背起一升餅，並嘗試站立或是走路

當小孩滿一歲的慶生，叫做初誕生日，自古以來初誕生日是相當盛大的祝賀儀式。根據江戶時代末期《諸國風俗問狀答》的記載，在初誕生日這天，許多地區的爸媽會製作麻糬餅或紅豆飯發送給親戚。

在越後國長岡（現今的新潟縣長岡市），爸爸媽媽會拉著小孩的手走路，從後面揮動簸箕，並用鏡餅假裝拍打小孩的腰，據說這樣能讓小孩健壯長大。

到了現代，大人會用布巾包起一升的餅（麻糬），讓小孩背起一升餅，並嘗試走路，或是讓小孩站在鏡餅上面，稱為「步行慶祝」。此外，也有故意讓步行的小孩碰撞到餅跌倒的習俗。這些儀式是希望小孩能「盡早獨自步行」，也帶有「盡早學會步行，就不會賴在家裡」的含意。

【慶生時讓小孩背起一升餅】

在小孩的初誕生日，會進行讓小孩背起一升（約二公斤）的餅走路的儀式。藉此祈求小孩衣食不會匱乏，一輩子健康與幸福。

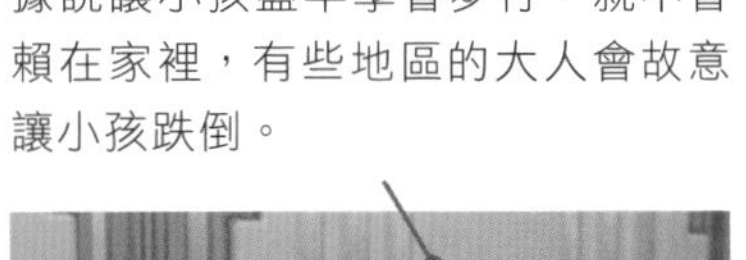
據說讓小孩盡早學會步行，就不會賴在家裡，有些地區的大人會故意讓小孩跌倒。

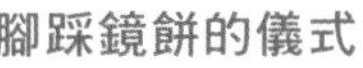
腳踩鏡餅的儀式

在福岡縣等地的習俗，是大人會替小孩穿上草鞋，請他用腳踩鏡餅。讓小孩站在象徵大地的鏡餅上面，期望他能學會腳踏實地。

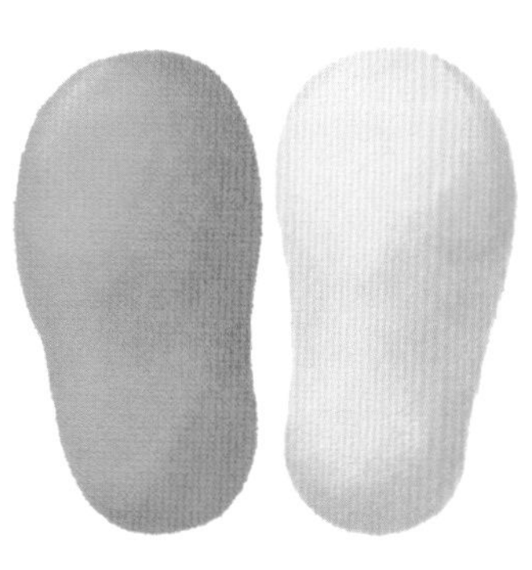

足形餅

在三重縣桑名市多度町等地，會在初誕生日製作足形餅，讓小孩背著足形餅走路。如果能走超過三步，據說小孩就能健康長大。親戚通常會收到滿一歲小孩父母所贈送的足形餅，並且送給小孩鞋子當作回禮。

十三參拜（十三參り）

供奉和菓子祭拜虛空藏菩薩，拜完加以品嚐

虛空藏法輪寺是由行基和尚於和銅六年（七一三年）創建，是京都嵐山的名剎。虛空藏法輪寺的主佛為虛空藏菩薩，祂具備無窮無盡的智慧與福德，並且能傳遞智慧給眾生，實現世人的願望。

由於虛空藏菩薩的緣日為十三日，法輪寺會在三月十三日至五月十三日的期間舉行十三參拜（十三参り）儀式，讓虛歲十三歲的小孩能獲得虛空藏菩薩的智慧。

十三參拜的歷史可回溯至平安時代，要到江戶時代中期以後，才普及於京都的平民階層。

當時人們會在寺內購買十三樣和菓子祭拜虛空藏菩薩，拜完再將供品帶回家請全家人享用。

【在進行十三參拜後要吃的十三智果】

根據創建於寬文 3 年（1663 年）太平寺（大阪）提供的史料記載，從前人們會各自準備十三種和菓子祭拜虛空藏菩薩；現在於太平寺可一次購買十三智果（十三種和菓子），祭拜後即可帶回家品嚐。

和菓子的品項依寺院而異，像是在慶祝小學畢業或國中入學等場合，也會使用紅白饅頭。

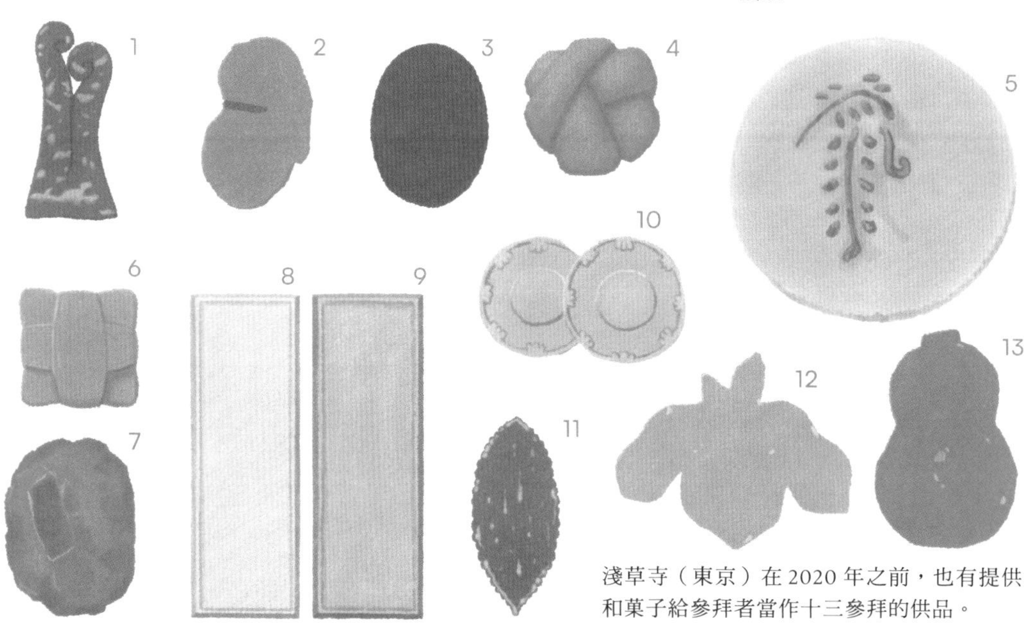

淺草寺（東京）在 2020 年之前，也有提供和菓子給參拜者當作十三參拜的供品。

上樑式（上棟式）

從新造建築的屋頂撒餅，以求消災解厄

在蓋房子的時候，首先會舉行地鎮祭，祈求施工過程平安，以及建築物的安全無虞。這時候要祭拜國土的守護神大地主神，以及在地的神明式神，透過儀式取得神明同意施工。

當建築物的主結構完工後，在安裝固定屋架上部的棟木（主樑）時，要進行上樑式（上棟式。也稱為建前），感謝神明庇佑工程平安進行，祈求建築壽命長久。

這時候主人要站在屋頂，對著聚集於此的左鄰右舍撒餅，撒出祭拜神明的餅供品，能消災解厄，並且代表將福氣傳遞給當地的居民之意。

透過江戶時代的浮世繪，也可見到上樑式的景象，每當舉行上樑式時，規模都相當盛大。

【透過撒餅儀式驅除厄運】

在上樑式準備鏡餅，祭拜氏神產土大神、家屋守護之神屋船久久遲神、屋船豐受姬神、工匠守護神手置帆負神、彥狹知神等，祈求工程平安完工與建築壽命長久。

某些地區進行上樑式時，會投下硬幣，代表與當地人結緣。

香蝶樓國貞〈大工上棟之圖〉

站在屋頂上撒餅以淨化住宅，並且有祭拜土地之神的含意。

除厄（厄払い）

將和菓子或餅分送給親朋好友，以分攤厄運

據說在人的一生當中，每逢某些特定年齡時容易遇到災難，又被稱為厄年。一般來說，男性的厄年為虛歲二十五歲、四十二歲、六十一歲；女性的厄年為虛歲十九歲、三十三歲、三十七歲、六十一歲（依據地區而異）。

男性四十二歲的日文諧音近似「死亡」，女性三十三歲音近「悽慘」，因此被視為「大厄（本厄）」，大厄的前年為前厄，隔年為後厄，通常會進行三次除厄儀式。

有關除厄的方式，除了到寺院或神社參加除厄儀式，也可以招待朋友聚餐、撒豆子，或是發點心給兒童等，各地區有不同的做法。將食物分給他人享用，代表將自身厄運轉移出去的意思。

【紅色為神聖的顏色，要吃紅色食物驅邪】

在江戶時代，疱瘡（天花）等傳染病肆虐，世人認為是瘟神，也就是疱瘡神造成天花的傳播，為了驅離疱瘡神，要立起疱瘡神畏懼的紅色御幣紙條，供奉紅豆飯，或是身穿紅色和服，以及掛起紅色疱瘡畫等。自古以來，紅色被視為神聖的顏色，具有驅邪的力量。

從前被當成探病食物的紅落雁、紅糰子、紅羊羹等

從前經常送給天花患者的探病食物，包括紅落雁、紅糰子、紅羊羹等紅色點心（《進物便覽》1811 年），用來裝點心的袋子也有紅色疱瘡畫的圖案。

歌川國芳〈疱瘡神〉

【吃四十二顆糰子除厄】

虛歲四十二歲為男性的大厄之年，由於四十二歲的日文音近「死亡」，是要特別小心的年齡。逢大厄之年的男性，通常會去神社或寺廟進行除厄儀式，在茨城縣土浦市則有吃四十二顆糰子的習俗。

久月總本鋪（茨城）有販售附紅豆泥餡與御手洗糰子醬汁的除厄糰子。

逢大厄之年的男性，會在節分或生日等節日設宴除厄，請眾人吃糰子以分攤厄運。

【吃慶祝有卦的百味菓子】

在陰陽道中，將吉運的流年稱為「有卦」，據說進入有卦之年後，會持續七年都有好運，自古以來，人會舉行儀式慶祝迎接有卦之年。這時候，日本宮廷貴族會食用百味菓子，如同其名，就是一百種的和菓子。文化 9 年（1812 年）慶祝光格天皇有卦之年時，虎屋曾進獻五十種乾菓子、二十三種數菓子（饅頭或生菓子等）、二十二種棹菓子（羊羹、外郎等），將一百種和菓子裝入百味箱中。

五層結構的百味箱，各層裝有二十個和菓子。

重現百味菓子（虎屋）。

從百味箱可見虎屋至今依舊販售的「春錦」、「御好利木饅」、「菊露」、「千代見草」等和菓子。據說當時的百味菓子，比現在店內販售的生菓子大了三倍。

喪禮

發放喪禮饅頭，替故人積功德

當人過世後，家人要舉辦喪禮祭奠，將往生者的靈魂送到來世。在喪禮場合，喪禮饅頭（葬式饅頭）是最具代表性的和菓子。

饅頭在現代並不是稀有的食物，但在古代由於甜食為奢侈的象徵，饅頭相當珍貴。因此，家屬會用故人的部分財產購買饅頭，發給參加喪禮的人士。發饅頭是為了讓故人安心成佛，由喪家代替故人積功德之意。

此外，在某些地區喪禮結束後，喪家會帶著四十九餅前往寺廟供奉。

佛教認為故人經歷死亡的旅程，會在第四十九天接受審判投胎轉世，因此要透過四十九餅，讓往生者在冥途中沿途丟餅，趕走窮追不捨的野狗等動物。

【關東與關西的喪禮饅頭顏色不同】

發給參加守靈或喪禮之人的饅頭，稱為喪禮饅頭。關東地區的喪禮饅頭為白色與綠色，關西地區為白色與黃色，但根據江戶時代後期的風俗全書《守貞謾稿》記載：「京坂市民舉行祖先週年忌日或法會之時，以白色與黃色饅頭作為引菓子（婚禮、法會等作為贈品的點心），偶爾會將十顆白黃紅饅頭放在杉板上，用杉原紙包裝。在江戶地區，會在薄杉木盒中放入半條練羊羹、一個蒸菓子、一個有平糖。」由此可見，江戶人很少以饅頭當作喪禮點心。

受森鷗外喜愛的食物

文豪森鷗外之女森茉莉曾在散文集《貧乏サヴァラン》寫道，父親森鷗外在參加喪禮獲得喪禮饅頭後，用手將饅頭撥成四塊，把其中一塊放在白飯上，淋上煎茶後食用。

尾崎紅葉的遺言

明治時代的小說家尾崎紅葉辭世前，曾交代遺言要家人去銀座四丁目的菊屋，購買包有碎紅豆餡的紅、綠、白三色米饅頭。

四十九日餅

喪禮後用來供奉的四十九日餅，依宗教或地區而不同，像是將一個大餅放在四十八個小餅上的傘餅，或是排列成人形。

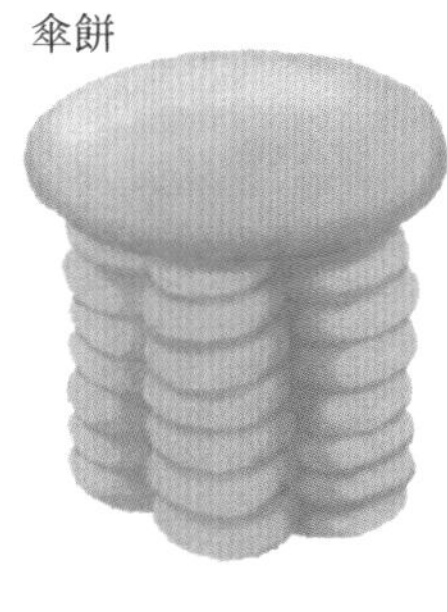

傘餅

春日饅頭

春日饅頭表面有日本花柏（シノブヒバ）葉子的烙印，因為音近緬懷故人（偲ぶ），因此有些地區會將春日饅頭當作喪禮饅頭，別稱緬懷饅頭。

【供奉在枕邊的枕糰子】

通常在人臨終時，家屬會請店家立刻製作枕糰子，因此也叫做早糰子。據說釋迦牟尼的弟子無邊身菩薩，得知釋迦即將涅槃的時候，曾三次獻上香飯，但被釋迦拒絕，並將香飯留在枕邊，這是枕糰子的由來（《大般涅槃經》）。

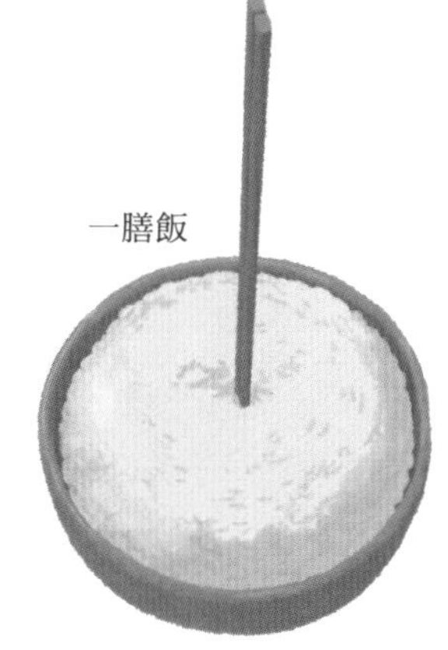
一膳飯

枕糰子的顏色代表壽命？
在東北地區，如果看到枕糰子變成黑色，代表壽命已盡，或是對於現世依舊有一絲留戀。

枕糰子的數量因地區而異
枕糰子的數量大多為六顆，這是基於佛教六道（地獄、惡鬼、畜生、修羅、人間、天上）輪迴的思想。在某些地區則會供奉接續數字六的七顆枕糰子，這是為了讓往生者脫離六道輪迴，以修成正果

枕糰子

水

夏目漱石在長篇小說《彼岸過迄》，描述在原木桌上供奉著日本莽草、白糰子、線香的喪禮景象。

【用來積功德的供養菓子】

供養菓子（粗供養）會在葬禮或法會中，當成回禮發給前來祭奠故人的人士。在古代，世人相信透過施捐的方式能累積功德；近年來大多以羊羹、饅頭、最中、煎餅等耐存放的點心當作供養菓子。

岩崎彌太郎的供養菓子
明治 18 年（1885 年）二月十三日，在三菱集團創始人岩崎彌太郎的喪禮中，不分地位高低，家屬準備了西洋與日式料理款待到場人士，總計準備了約六萬人份的料理與點心（《東京日日新聞》）。

由於河鍋曉齋生前喜歡青蛙，家人在他的墓前豎立了青蛙造型的石頭。

河鍋曉齋的供養菓子
幕末、明治時代的畫家河鍋曉齋於明治 22 年（1889 年）過世，家屬在他的喪禮中準備了六百個燒饅頭款待到場人士，據說當時舉辦喪禮的費用為 18 圓 60 錢，但光是準備饅頭就花了 43 圓 20 錢（《明治開花綺談》）。

和菓子的分類與材料

以製作方式或含水量來分類

和菓子的種類可說是琳琅滿目，可依據製作方式或含水量來分類。

首先是依據製作方式的分類，包括以糲製作而成的「餅物」、以蒸製法製作而成的「蒸物」、將材料倒入模具製作而成的「流物」、以油炸方式製作而成的「揚物」、其他還有「練物」與「燒物」等種類。

另外是依照含水量的分類，水分在百分之三十以上的為「生菓子」、百分之十至三十為「半生菓子」、百分之十以下為「乾菓子」。

以羊羹為例，製作時先將材料倒入被稱為船的盒子裡，等待凝固，因此羊羹被歸類為「流物」，從含水量來分類的話，羊羹則被歸為「生菓子」與「半生菓子」。

由此可知，和菓子的分類會依區分的基準而有所不同。

【含水量的分類】

依據和菓子成品的含水量，可分為三大類。

乾菓子（水分 10%以下）	半生菓子（水分 10%至 30%）	生菓子（水分 30%以上）
打物 落雁等	流物 羊羹、錦玉羹等	餅物 御萩（おはぎ）、柏餅、草餅等
押物 鹽釜（しおがま）、村雨等	岡物 最中、鹿子等	蒸物 外郎、蒸饅頭等
燒物 小饅頭（ボーロ）、煎餅（せんべい）等	練物 求肥等	燒物 銅鑼燒（どら焼き）、金鍔（きんつば）等
飴物 有平糖等	燒物 桃山等	流物 羊羹、錦玉羹等

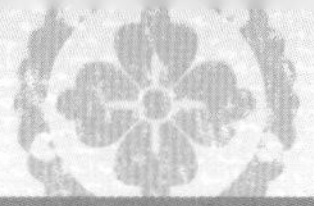

【依據製作方式的分類】

將和菓子依照調理方式或材料來分類時，稱為「某某物」。

分類名稱	內容
餅物	以糯米為主原料，如柏餅與大福等。
蒸物	蒸製而成的和菓子，如蒸饅頭與蒸羊羹等。
燒物	烘烤製成的和菓子，並依據使用工具分為平鍋物（銅鑼燒、金鍔等）與烤箱物（栗子饅頭、蜂蜜蛋糕等）。
流物	將材料流入模具中成形，如羊羹等。
練物	增添餡料或糯米粉的黏性揉捏而成，如練切與求肥等。
揚物	油炸製成，如炸饅頭。
岡物	沒有經過熱加工，組合各種材料製作而成，如最中等。
打物	將材料倒入模具中定形製作而成，如落雁等。
押物	將材料放入模具中壓實製作而成，如塩釜等。
掛物	淋上糖蜜或其他醬料製作而成，如粔籹等。
飴物	加入麥芽糖或砂糖製成的糖狀和菓子，如有平糖等。
棹物	羊羹等細長棒狀的和菓子。因為用來成形的模具被稱為「船」，這類和菓子因而又有「棹」（船槳）之名。

【製作和菓子的主要材料】

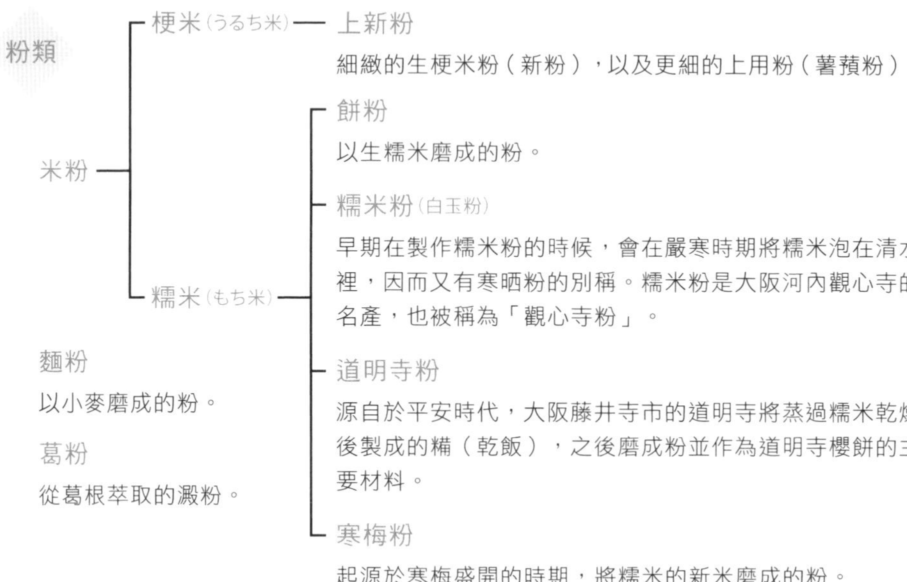

甜味料

砂糖

在江戶時代中期以前，砂糖是從國外進口的高級品，無法於民間普及；到了寬政年間（1789～1801年），九州與四國開始生產砂糖，在江戶時代後期，平民得以品嚐到砂糖的味道。

和三盆

江戶時代於四國生產的糖類，從甘蔗汁精製成細粒砂糖，是糖類的高級品。

豆類

大納言紅豆

大顆的薄皮紅豆，質地柔軟。

白四季豆（手亡豆）

四季豆的一種，用來製作白豆沙餡或味噌餡。

白小豆

用來製作高級上生菓子的白豆沙餡。

豌豆

綠色的豌豆（えんどう豆）用來製作鶯餅內餡，紅色的豌豆用來製作大福的內餡。

甘葛為古代的甜味料

在砂糖尚未普及的古代，會在冬季熬煮爬牆虎的樹液，製成名為「甘葛」的甜味料。清少納言的《枕草子》寫道：「將冰削下再淋上甘葛，裝在新的金屬器皿中。」可知在平安時代，天皇家或部分貴族在吃刨冰時，就會淋上甘葛一起享用。然而，在室町時代以後，由於砂糖進口量增多，甘葛的使用次數也因此變少。

第三章

神佛與和菓子

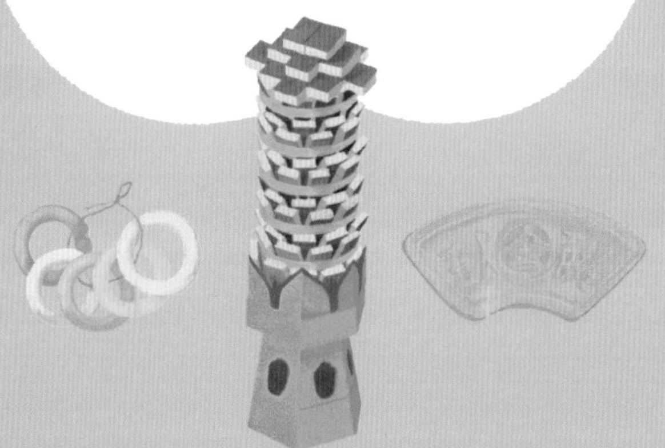

みたらし団子（御手洗糰子）

以前為人形？從神社的冒泡傳說所誕生的糰子

▼下鴨神社（京都）

鎮守於京都市左京區的下鴨神社，正式名稱為賀茂御祖神社，是創建於西元前的神社。

御手洗糰子（みたらし団子）可說是現代和菓子中的常見種類，但御手洗糰子原本是下鴨神社的神饌菓子（用來供奉神明的祭品）。相傳後醍醐天皇（一二八八年至一三三九年）某天駕臨下鴨神社，在御手洗池洗手時，水面突然冒出一個大泡泡，接著又陸續出現四個小泡泡。據說每串御手洗糰子的五個糰子，即是象徵人的五體。

一本介紹日本各地名產的古書《毛吹草》（一六三八年序），將御手洗糰子列入洛外的名產中，御手洗糰子在江戶時代已經是家喻戶曉的門前菓子（在神社或寺院旁邊販售，與神社或寺院有極深淵源，參拜者可以在現場食用或購買當作伴手禮的和菓子）。當時的御手洗糰子，是沾上醬油的烤糰子。

【象徵五體的神饌菓子】

五個糰子象徵五體，最上面的糰子比較大顆，代表人的頭部。以前在舉行夏越祓儀式時，會在神壇供奉象徵人體的糰子誦經，祭拜後將糰子帶回家吃，藉此驅除厄運。

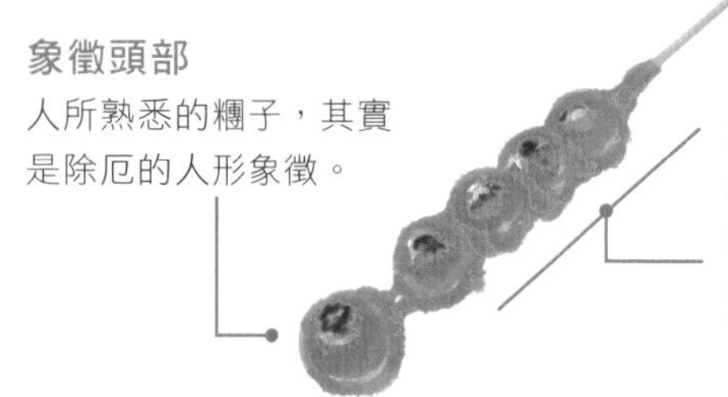

象徵頭部

人所熟悉的糰子，其實是除厄的人形象徵。

象徵身體

在古代，作為氏神子孫的氏子家族負責製作糰子。

創業於大正 11 年（1922 年）的龜屋粟義（加茂御手洗茶屋），將御手洗糰子發展為現今的形式。

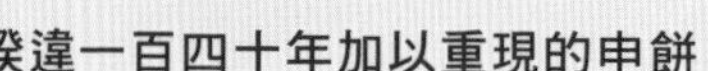

小知識

睽違一百四十年加以重現的申餅

每年的五月十五日，下鴨神社與上賀茂神社會舉行葵祭，在江戶時代之前，每逢葵祭前一天的申日，人們會在神壇供奉用熬煮紅豆的湯汁製成的申餅，但申餅到了明治時代失傳。然而，到了 2011 年，下鴨神社的御用和菓子店──兼氏子的寶泉堂，為了延續這道傳統點心，依據江戶時代的文獻加以重製再現。朱華色（天空因破曉時的光線所呈現的染紅色彩）餅皮即是申餅的特徵。

《出來齋京土產》（1678 年）所描繪的下鴨神社御手洗糰子，右下角為猿屋的申餅。

下鴨神社

創建：西元前 90 年以前 ■ 地址：京都府京都市左京區下鴨泉川町 59

交通方式：搭乘市營巴士於「下鴨神社前」站下車，步行數分鐘即達

玉兎

縮起身體的外形，代表兔子正在反省的姿勢

▼彌彥神社（新潟）

玉兔是源自創建於西元前三九二年的越後一宮彌彥神社的門前菓子，也是在參拜後一定購買的知名伴手禮。

相傳從前有許多兔子棲息於彌彥山，經常下山大肆破壞農地，受到兔子侵擾而感到困擾不堪的村民，前往彌彥神社祭拜伊夜日子大神（天香山命），懇請大神的協助，大神聽到村民的請求後，下令這群兔子不得再來破壞農地，從此以後兔子便沒有在農村現身了。

村民為了感謝大神，製作了兔子垂下耳朵、縮起身體造型的餅，將餅獻給大神。

大神將餅命名為「良幸餅」，其後演變成為現今由各個店家製作的玉兔和菓子。

【受到懲罰的兔子變成和菓子】

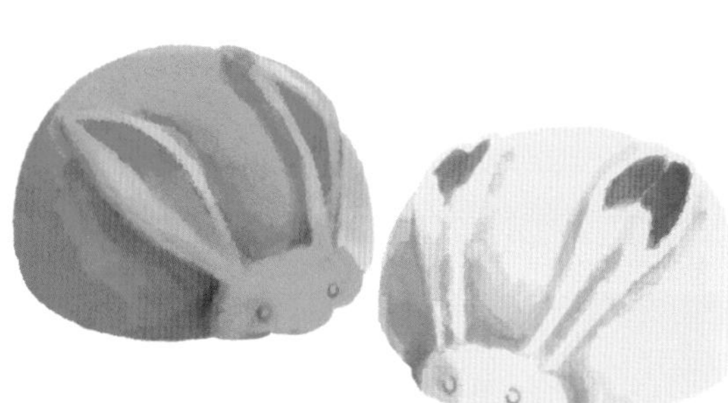

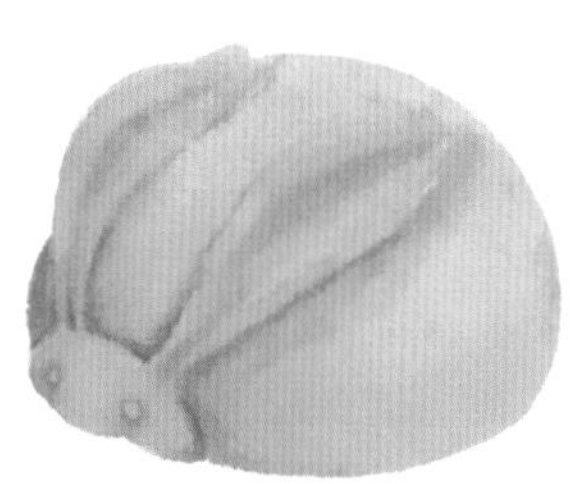

玉兔的造型源自於文政 4 年（1821 年），榻榻米工匠本間貞作製作的玉兔造型饅頭，據說原本為麥饅頭。

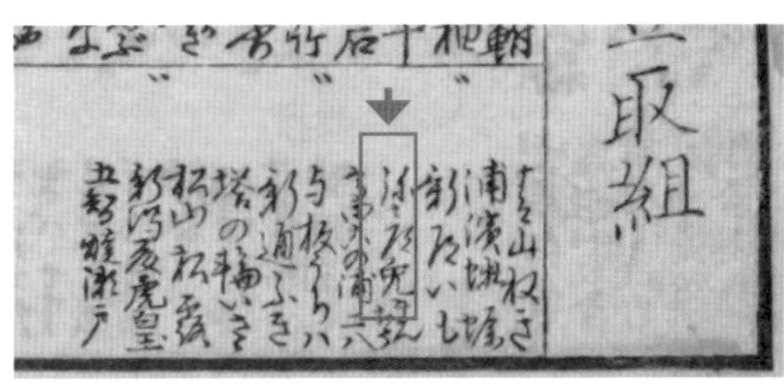

在幕末時期，會津的紀興之所編撰的《越後土產初編》之「精選名產」項目中，可見在開頭記有「彌彥兔饅頭」，可知玉兔是受到歡迎的名產。

在江戶時代誕生的兔子饅頭，到了明治時代演變成加入內餡的米粉菓子，之後又成為以米粉製成的打物菓子。到了現代，可見以和三盆糖製成或是包有內餡的玉兔等，種類繁多。

彌彥神社

創建：西元前 392 年 ■ 地址：新潟縣西蒲原郡彌彥村彌彥 2887-2
交通方式：從 JR 彌彥站步行 15 分鐘

大仏餅（大佛餅）

與日本第一的大佛齊名，是家喻戶曉的名產餅

▼方廣寺（京都）

文祿四年（一五九五年），豐臣秀吉統一日本全國後，為了彰顯自身的威信，命工匠在方廣寺建造約十九公尺高的大佛。

當時在方廣寺門前販售的和菓子就是大佛餅，流傳後世（《都名所圖會》一七八〇年）。

僧人梵舜曾協助創建祭祀秀吉的豐國神社，根據他所撰寫的日記《舜舊記》之慶長十二年（一六〇七年）二月二十八日條記載，豐前小倉藩主細川忠興曾送給梵舜附有一枝紅梅的五十個大佛餅，可知大佛餅在江戶時代初期已經是名產之一。

大佛餅屋之後遷移到誓願寺（京都）門前，生意興隆；但到了第二代也是知名浮世草子（又稱浮世本，日本小說體裁之一）作者的江島其磧，於正德四年（一七一四年）接手後，因營業不善，將餅屋轉讓給姑姑經營。

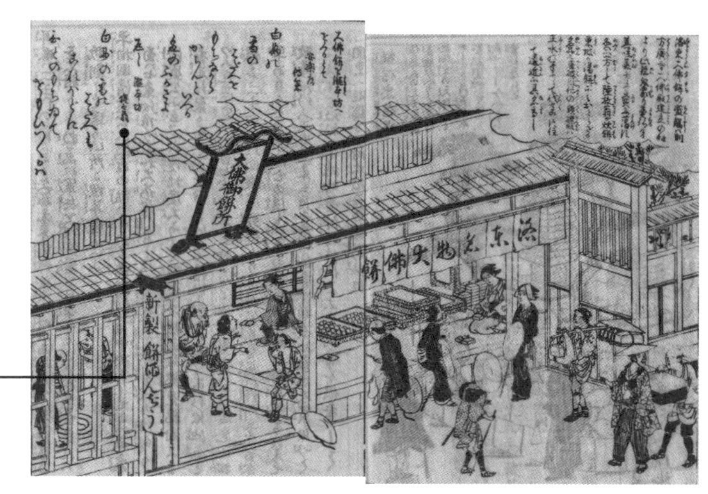

於安永 9 年（1780 年）出版的京都地方誌《都名所圖會》，可見方廣寺門前的大佛餅屋圖畫，呈現熱鬧的景象。百姓買了大佛餅會直接在店裡吃，或是購買盒裝的名產。

誓願寺僧人安樂庵策傳贈大佛餅給松花堂昭乘時，曾附上狂歌一首：「純白色之餅，如同雪白的肌膚，是極為深奧的色澤。」

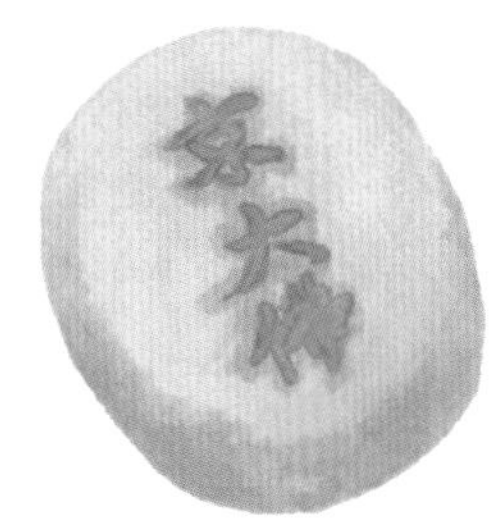

甘春堂（京都）製作包有餡料的錢幣形大佛餅，表面有京大佛的烙印。

【江戶時代的京都名產】

在天明年間（1781～1789 年），江戶淺草地區也有販售大佛餅，據說同樣生意興隆。江戶時代後期的戲作（江戶時代後期通俗小說類的總稱）作者瀧澤馬琴在《羈旅漫錄》（1802 年出版）寫道：「味道甚佳。」

 方廣寺

創建：1595 年 ■ 地址：京都府京都市東山區正面通大和大路東入茶屋町 527-2
交通方式：京阪七條站出站步行 8 分鐘

宇佐飴

營養豐富，能取代母乳的白色母乳糖

▼宇佐神宮（大分）

宇佐神宮創建於神龜二年（七二五年），是日本全國四萬所八幡宮的總本社，祭神為應神天皇（八幡大神）。

白色的宇佐飴是宇佐神宮的人氣參拜名產，應神天皇之母神功皇后隨著日本出兵朝鮮後，帶回了宇佐飴，據說她在養育應神天皇時，曾以宇佐飴來代替母乳，但史料其實並沒有記載這段故事。

有關於宇佐飴最早的紀錄，是元治元年（一八六四年）幕末的旅繪師蓑蟲山人（土岐源吾）造訪土佐地區時撰寫的《蓑蟲山人繪日記》。他描繪了用竹皮包住的長方形宇佐飴，有人認為宇佐飴跟現代的片狀晒飴（さらし飴）極為相似。

【取代母乳的營養補充食物】

宇佐飴在江戶時代便是家喻戶曉的營養食物，許多人從九州各地前來購買。宇佐飴的主要原料為糯米與麥芽，沒有添加砂糖，散發自然的甜味是一大特徵。

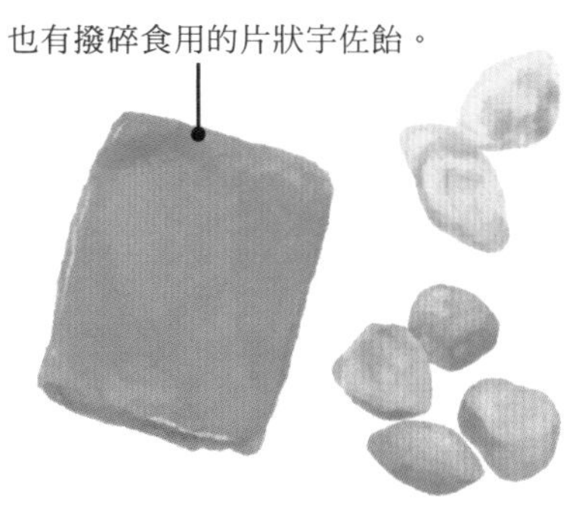

也有撥碎食用的片狀宇佐飴。

由於宇佐飴不含添加物，孕婦及兒童皆能安心食用，也有各式各樣的外形。

小知識

鵜戶神宮名產奶水飴

鵜戶神宮（宮崎）的主祭神為鸕鷀草葺不合尊，傳説祂的母親豐玉姬回到海裡的時候，在岩洞中留下一對乳房，從岩石滴下乳水取代母乳，養育了鸕鷀草葺不合尊，因而產生了奶水飴（おちちあめ）。據説產後的孕婦吃了奶水飴能促進母乳分泌，另外還能保佑健康長壽、無病消災，成為信仰的食物之一。

用熱水沖泡奶水飴，等奶水飴溶解後飲用，奶水飴的材料為岩石乳水、玉米澱粉、砂糖。

鵜戶神宮的御乳岩，在境內的休息處可以喝到用熱水沖泡奶水飴的「奶水湯」。

神社 DATA　宇佐神宮

創建：725 年 ■ 地址：大分縣宇佐市南宇佐 2859
交通方式：搭乘大分交通公車於「宇佐八幡公車站」下車

どら焼き（銅鑼燒）

受東寺的請託發明而成，以銅鑼佛具烘烤製成的僧侶副食

▼東寺（京都）

自從天皇於弘仁十四年（八二三年）詔賜東寺給真言宗開山祖師空海後，東寺成為真言密教的根本道場。每逢每月二十一日的空海大師忌日，東寺會在御影堂（大師堂）舉行御影供，在境內則有弘法市（こうぼうさん）市集。在弘法市的前後三天期間，才有機會買到創業於享保元年（一七一六年）和菓子名店笹屋伊織製作的銅鑼燒（どら焼き）。

當初東寺的僧侶曾請託笹屋伊織第五代店主，製作可當成副食的點心，因此在江戶時代末期誕生了銅鑼燒。為了讓寺院僧侶也能自行製作，使用銅鑼佛具取代鐵板當作烘烤器具，因而得名。用竹皮包覆的銅鑼燒，不但更添香氣，還可以藉由竹皮的殺菌力來增加保存性，這也是為了讓僧侶更方便食用的設計。

【作為僧侶副食的圓柱狀和菓子】

由於是提供給僧侶食用的點心，沒有添加雞蛋等動物性材料，主要材料為麵粉、砂糖、紅豆、麥芽糖等。

在薄皮麵糰放上棒狀紅豆泥餡再捲起來，再用竹皮包住，圓柱狀是一大特徵。

切成圓片狀食用。

現代的銅鑼燒誕生於大正時代

有關於銅鑼燒的起源有各種說法，在江戶時代已經是深受平民喜愛的點心，當時的銅鑼燒外形類似金鍔（《嬉遊笑覽》），到了明治時代才變成圓形。根據兔屋（東京）指出，在大正時代後期，有幾家店所製作的銅鑼燒，外形已跟現代的銅鑼燒相同。

東寺
創建：796 年 ■ 地址：京都府京都市南區九條町 1
交通方式：近鐵東寺站出站步行 10 分鐘

加美代飴

在和傘下販售的和菓子名產，江戶時代起的人氣參拜名產

▼金刀比羅宮（香川）

在江戶時代，民眾經常前往讚岐的金刀比羅宮參拜，就如同伊勢神宮一樣盛況空前，境內有一尊知名的金刀比羅狗，其典故是以往行動不便的人因為難以親自前往金刀比羅宮參拜，便會將願望牌綁在狗的身上，由狗兒代替信徒來到山上參拜。

境內所販售的糖果，是最受歡迎的參拜名產。在高松藩任職的小西可春，曾編撰讚岐名勝與名產的地誌《玉藻集》（一六七七年），首見「金毘羅丸糖」之記載，又名為「金毘羅飴」或「金毘羅寒飴」。

金毘羅丸糖當初是以從金刀比羅宮撤下的白米供品所製成，在戰後演變成現今的砂糖糖果。市面上販售的是圓形的金毘羅飴，但因為有許多類似的商品，在昭和二十五年（一九五〇年）改成扇形的「加美代飴」。「加美代」是由「神代」（神明統治的時代）諧音演變而成的名稱。

【金刀比羅宮的參拜名產，風味純樸的黃金糖】

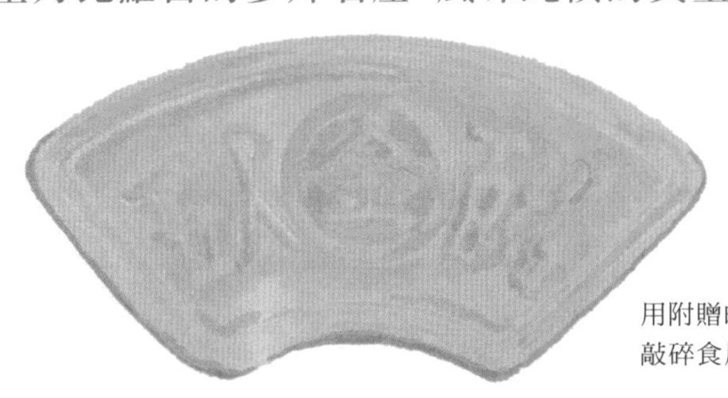

加美代飴的材料為砂糖、麥芽糖、柚子油，原本是使用供奉神宮的米所製成。

用附贈的小榔頭敲碎食用。

由五人百姓負責販售

五人百姓是由五個家族組成，負責金刀比羅宮相關祭神儀式等重要事宜，從鎌倉時代以來，只有五人百姓才有權利販售金毘羅飴。

傘下商人

文化年間（1804～1818年）編撰的《金毘羅山名所圖會》，描繪商人在大門內立起和傘，販售「金毘羅飴」的景象。賣糖的商人被稱為「傘下商人」，至今依舊可見他們在傘下販售的身影。

金刀比羅宮

創建：不詳 ■ 地址：香川縣仲多度郡琴平町892-1

交通方式：JR琴平站出站步行50分鐘

あかだ・くつわ

（阿伽陀與馬轡）

和菓子的起源？
起源於唐菓子的揚菓子

▼津島神社（愛知）

津島神社為日本全國約三千多所天王社的總本社，祭神是牛頭天王，自古以來因身為除厄之神而深受世人信仰，阿伽陀（あかだ）與馬轡（くつわ）是延續至今的神饌菓子。阿伽陀是在平安時代以供奉弘法大師的米製成的油炸糰子，並供奉在津島神社，祈求瘟疫與疾病退散。阿伽陀源自奈良、平安時代傳入日本的唐菓子，據說是和菓子的源頭之一，阿伽陀在梵語中為解毒藥之意，因而得名。另一種說法是和菓子的造型類似於藥師如來藥壺中的藥丸。馬轡也是揚菓子，是起源於天保十一年（一八四〇年）津島神社的穿越茅草環正月祭神儀式，由於形狀類似神馬的馬轡因而得名。

【津島神社的神饌菓子源自於唐菓子】

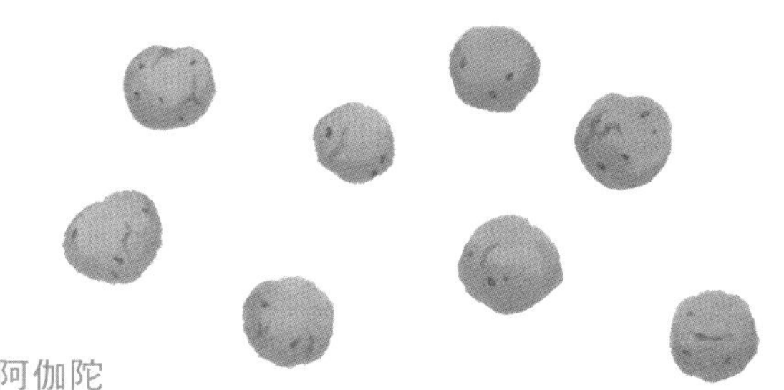

阿伽陀

古代人深信「吃了阿伽陀，夏天的傳染病會快速痊癒」，在江戶時代，代替他人參拜者會買阿伽陀當作伴手禮，送給左鄰右舍。創業於文政13（1830年）的阿伽陀屋清七，至今依舊採取古代的手工製法，持續守護著傳統。

從《尾張名所圖會》（1844年）可見江戶時代販售阿伽陀的店家，沿著整條神社參道林立。

馬轡

將梗米與糯米混合蒸熟後，加入砂糖與黑芝麻，以菜籽油油炸製作而成。

阿伽陀與馬轡在昭和54年（1979年）被選定為津島市「祖先遺產」。

神社 DATA　津島神社

創建：540年 ▪ 地址：愛知縣津島市神明町1
交通方式：名鐵津島站出站步行15分鐘

唐板

在室町時代重現的除厄煎餅

▼上御靈神社（京都）

貞觀五年（八六三年），由於京都疾病橫行，世人傳言是怨靈作祟，為了超渡怨靈，在京都神泉苑舉辦了御靈會，當時在御靈會供奉了唐板，屬於除厄的煎餅，而廣大平民也能獲得除厄煎餅，以求平安。

唐板是奈良、平安時代從中國傳入日本的唐菓子之一，據說是上御靈神社祭神吉備真備從唐朝帶回。唐板在當時被當作護身符用途，因此形狀如同詩籤。

經歷應仁、文明之亂（一四六七年至一四七七年）後，由於停辦御靈會，唐板的製作頓時失傳，到了文明九年（一四七七年），水田玉雲堂（上御靈神社門前）的祖先，參考古書的說明重新製作唐板，得以將其風味流傳至現代。

【具有五百年以上歷史的除厄煎餅】

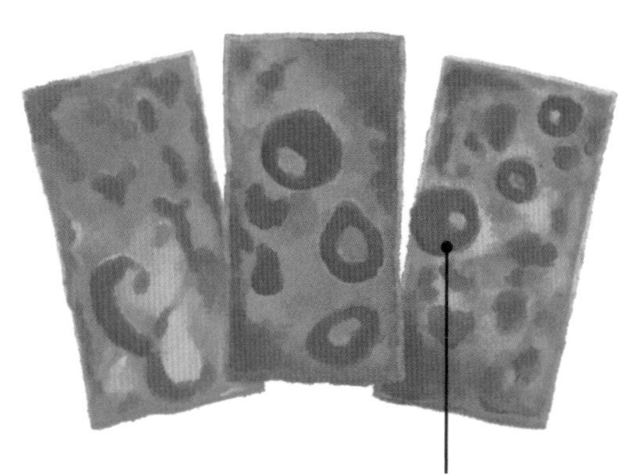

將麵粉、砂糖、雞蛋、鹽混合，把麵糰擀薄後放在銅板烘烤，再切成詩籤狀。

經過烘烤的唐板會跟麻糬一樣膨脹，並產生圓形的烤痕。

上御靈神社的氏子帶小孩參加初宮參拜或七五三參拜後，會購買唐板送給鄰居或親戚。

曾在水上勉的散文登場

水田玉雲堂位於上御靈神社的鳥居前，住在附近的小說家水上勉與出生於京都的隨筆家大村茂（本名大村重子），其散文作品都曾提及唐板。

上御靈神社

創建：794 年 ■ 地址：京都府京都市上京區上御靈前通烏丸東入上御靈豎町 495 ■ 交通方式：地下鐵鞍馬口站出站步行 3 分鐘

藤団子（藤糰子）

宛如藤花的糰子，在江戶時代是珍貴的藥物

▼熱田神宮（愛知）

熱田神宮供奉著日本三神器之一的草薙劍，在古代是由統領尾張地區的尾張氏擔任大宮司職務，到了平安時代則將職位交接給外孫藤原季範，為了慶祝交接，當時請店家參考藤花外形以米粉製作了藤糰子，由神官家進行販售，這也是藤糰子的起源。

原本藤糰子被當作護身符，但在江戶時代位於熱田神宮門前的つくは祢屋（tsukuha-neya，因道路拓寬遷移到現址），由初代店主發明了鮮豔的有平糖藤糰子，並成為熱田神宮的參拜名產。

此外，根據《尾張名所圖會》記載，吃藤糰子能舒緩間歇性發燒，在當時也被當成藥物食用。

【熱田神宮的門前菓子】

清餅總本家的藤糰子

清餅總本家所販售的五色藤糰子，是源自藥丸五色絲線的顏色，象徵五穀豐稔與除厄。

つくは祢屋的藤糰子
以有平糖製作而成的藤糰子，為綠、黃、紅三色，創業至今沒有改變製作方法。

筑羽根
仿照日本武尊（ヤマトタケル）東征時身上攜帶的打火石造型，屬於驅魔象徵的和菓子。つくは祢屋曾在天明元年（1781年）販售。

熱田神宮

創建：113年 ■ 地址：愛知縣名古屋市熱田區神宮1-1-1
交通方式：名鐵神宮前站出站步行3分鐘

長命寺桜餅（長命寺櫻餅）

賞花季節的江戶名產，全年銷售量達三十八萬個

▼長命寺（東京）

江戶幕府第八代將軍德川吉宗，曾推動享保改革（一七一六年至一七四五年），改革的計畫之一，是在隅田川沿岸與飛鳥山等江戶市中心種植大量櫻花樹。

長命寺位於隅田川河堤附近，享保二年（一七一七年），長命寺的守門人山本新六每天在打掃櫻花落葉時，靈機一動，覺得可以利用落葉來製作點心，他發明出以兩片鹽漬櫻花葉包入含有餡料的麻糬，取名為櫻餅，在寺院門前販售，廣受好評而流傳至今。

瀧澤馬琴的作品《兔園小說》（一八二五年）記載，光是在文政七年（一八二四年），店家就用了七十七萬五千片的櫻花葉，也就是在一整年製作了三十八萬七千五百個櫻餅，而且大多數是在賞花季節販售，由此可見櫻餅受歡迎的程度。

【打掃櫻花葉所構思而成的銘菓】

現代的長命寺櫻餅是以二至三片櫻花葉包覆長命寺餅製成，由於江戶時代的餅較小，櫻花葉都是二片。從前的一人份櫻餅大約為七到八個。

現代的櫻餅，是用麵粉製成的麵糰包覆餡料，但根據《嬉遊笑覽》（1830 年）記載：「原本是以梗米製作而成。」「如同柏餅以葛粉製作而成。」可見櫻餅的變遷。

透過〈江戶自慢三十六興〉可見在江戶時代，人們會用竹皮包住櫻餅，再將櫻餅放入名為「烏帽子籠」的竹籠帶著走。

小知識

與車折神社（京都）有淵源的櫻餅

在江戶時代後期，在賞櫻勝地車折神社（京都）的境內，設有販售櫻餅的茶屋。到了明治時代，茶屋遷移到御旅所（日本神社祭禮時的神輿暫停處）旁邊，命名為琴聽茶屋（琴きき茶屋），至今依舊營業著。琴聽茶屋販售的櫻餅，是以道明寺粉製成的白色道明寺餅為主，並分為以鹽漬櫻花葉包覆或以紅豆泥包覆兩種。

神社 DATA　長命寺

創建：1615 年左右 ■ 地址：東京都墨田區向島 5-4-4
交通方式：東武曳舟站出站步行 10 分鐘

梅ケ枝餅（梅枝餅）

獻給菅原道真的一根梅枝與餅

▼太宰府天滿宮（福岡）

太宰府天滿宮創建於延喜十九年（九一九年），祭神為平安時代的公卿兼學者菅原道真。宇多天皇在位時期（八八七年至八九七年），菅原道真晉為右大臣，但因左大臣藤原時平所進讒言，被貶到九州太宰府，在延喜三年（九〇三年）於九州抑鬱而終。

梅枝餅是太宰府天滿公的門前菓子，也是很多人耳熟能詳的和菓子之一。有關於梅枝餅的起源，第一種說法為「有位老婆婆目睹菅原道真被軟禁的悲慘遭遇，於是在梅枝插上餅，透過窗格遞給菅原道真食用」。第二種說法為「菅原道真過世後，悲傷的老婆婆在道真的墓前供奉一根梅枝與餅」。《狂歌西都紀行》（一八〇四年）記載：「右邊的水茶屋林立，販售著梅枝餅。」在江戶時代，梅枝餅是「參拜太宰府」（宰府詣り）的名產，受到世人的喜愛。

【與祭神菅原道真有關的門前菓子】

由於菅原道真喜歡梅花，祭拜道真的神社會使用梅花當作神紋。梅枝餅表面的烙印圖案也是梅花。

梅枝餅的直徑為 75 公釐、厚度 20 公釐，麵糰的混合比例為糯米 8 與粳米 2，烘烤完成後要烙上梅花圖案，這就是梅枝餅的公定製法。

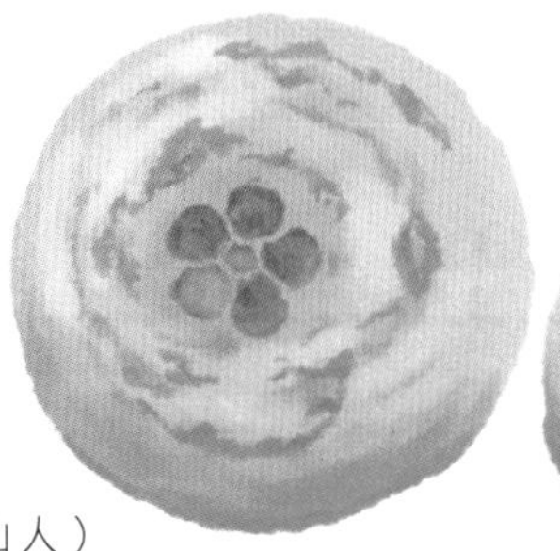

紅豆粒內餡

狂歌師太田南畝（蜀山人）的《小春紀行》（1805 年）記載：「宰府的檢校坊帶了海陸安全御守，與一盒梅枝餅。」可知當時的人們去太宰府參拜後，除了求御守，還會買梅枝餅當作伴手禮。

從江戶時代起便是參拜名產
江戶時代後期的讀本作品《繪本菅原實記附不知火草紙》，描繪了參拜者邊走邊吃梅枝餅的景象。

太宰府天滿宮

創建：919 年 ■ 地址：福岡縣太宰府市宰府 4-7-1
交通方式：西鐵太宰府站出站步行 5 分鐘

赤福餅

奢侈的甜味餡與餅，讓參拜伊勢神宮的旅人忘卻疲憊

▼伊勢神宮（三重）

伊勢神宮（神宮）分為內宮與外宮，神宮管理的宮社總共有一百二十五座，俗稱神宮一二五社，內宮祭祀天照坐皇大御神。在江戶時代，人稱一生之中至少要參拜一次伊勢神宮，因而引起前往伊勢神宮參拜（御蔭参り）的熱潮。據說在文政十三年（一八三〇年），就有多達四百二十七萬人前來參拜。

在餅外頭裹上紅豆泥餡的赤福餅，能讓前往伊勢神宮參拜的人們忘卻路途疲憊，恢復精神與體力。於寶永五年（一七〇八年）出版的小說《美景蒔繪松》，也有記載「赤福」之名。

奢侈地使用大量砂糖製成的赤福餅，同樣受到文人的喜愛，正岡子規曾寫道：「春天來到伊勢旅籠，順道買了餅。」向子規拜師學藝的高濱虛子也留有俳句一首：「春之旅，駐足於赤福餅店門前。」

【藉由伊勢神宮的餡衣餅名產，表現五十鈴川的樣貌】

泉鏡花在明治38年（1905年）的作品《伊勢之卷》，曾描述了茶屋販售赤福餅的景象。

赤福餅表面的三條餡料紋路，代表五十鈴川的水流。

裡面的白色麻糬餅代表川底的小石頭。

赤福餅的名稱是源自「赤心慶福」的頭尾二字，代表「抱持著毫不虛假的心，對於自我與他人的幸福由衷感到喜悅」之意。

當初在販售時使用的是鹽餡，但由於砂糖的流通量增加，在江戶時代中期改成黑糖餡。赤福餅店曾在明治 44 年（1911 年）製作以白砂糖餡製成的赤福餅，獻給皇后陛下（之後的昭憲皇太后）。

小知識

每月更換的赤福朔日餅

「朔日參拜」的習俗，是在每月一號的早上前往神社參拜，祈求新的一個月平安順遂。每到這天，從一大早就有許多人來到伊勢神宮參拜，赤福本店於五月販售柏餅，於六月販售麥手餅，會依季節每月替換「朔日餅」販售（正月除外）。

神社 DATA　伊勢神宮

創建：公元前 4 年（內宮）■地址：三重縣伊勢市宇治館町 1
交通方式：近鐵五十鈴川站出站步行 30 分鐘（內宮）

更多不為人知的
和菓子故事
3

與神佛有關的各種和菓子

自古以來，日本人從大自然獲得許多食衣住相關的恩惠，人們深信是神明授予人類這些自然的恩惠，因而產生相關的信仰，各地也皆有不同的祭典與儀式。

例如在春天舉行祈求豐收的祭典，到了秋天舉行感謝收成的祭典等，在民俗學中，將舉行祭典或儀式日子稱為「晴天之日」（ハレの日）或「節」。

在晴天之日，人們會準備餅或糰子等供品來祭拜神佛，藉此祈求五穀豐稔與無病無災。

此外，在祭典結束後，還要食用祭拜過神明的供品，藉此與神佛產生關聯性，象徵獲得了神佛賜與的恩惠。

【祇園祭的神饌菓子】

在為期一個月的祇園祭期間，業者會販售祇園祭限定的和菓子。

稚兒餅

在祇園祭的稚兒社參（七月十三日）之後，身為神明使者的稚兒會接受款待，要吃以竹串插入麻糬並塗上白味噌烘烤的稚兒餅，據說吃了稚兒餅能消災解厄。京都的地誌《都名所圖會》（1780 年）也曾記載稚兒餅，是從江戶時代存續至今的食物。

行者餅

將麵粉與上白糖混合揉成麵糰，在鍋面鋪上一層薄薄餅皮烘烤，再放上切成四方形的麻糬，與添加山椒粉的味噌餡，將餡料包起來製成詩籤狀點心。其外形宛如修行者身穿的鈴懸（入山修行的法衣）。

千利休的茶會

據說柏屋光貞第十代店主，參考千利休在茶會中經常食用的烤麵麩（麩の焼き）〔參照 P126〕，製作出了行者餅。

於祇園祭宵山限定販售的行者餅

文化 3 年（1806 年）京都瘟疫肆虐，柏屋光貞第四代利兵衛在大峰山（奈良）修行時，依照神明指示製作了餅，供奉於役行者山（祇園祭山鉾），並將祭拜後的供品發給百姓食用，據說吃了行者餅的人不再受疾病所苦。現今行者餅是限定於祇園祭宵山（七月十六日）販售。

神社 DATA　八坂神社

創建：656 年 ■ 地址：京都府京都市東山區祇園町北側 625
交通方式：京阪祇園四條站出站步行 5 分鐘

column

【神明宮的烤餅祭神儀式】

神明宮（石川）於每年五月與十月會舉行烤麻糬除厄的「烤餅祭神儀式」（あぶりもち神事），當初是加賀藩第二代藩主前田利長，為了宣揚神明宮的庇佑所進行的儀式。烤餅分為兩種，分為懸掛於家中當作護身符的烤餅，以及除厄的食用烤餅。

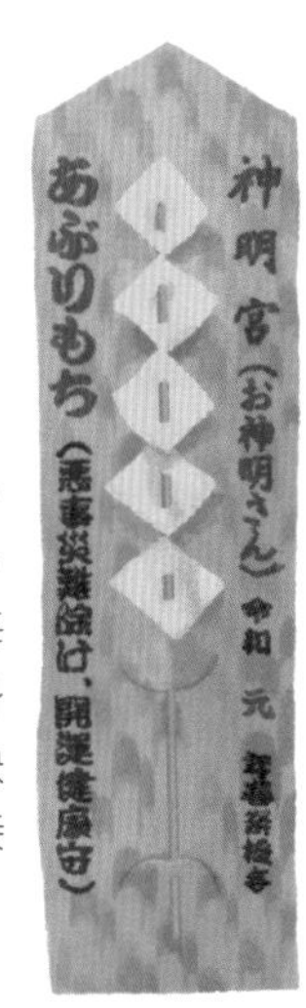

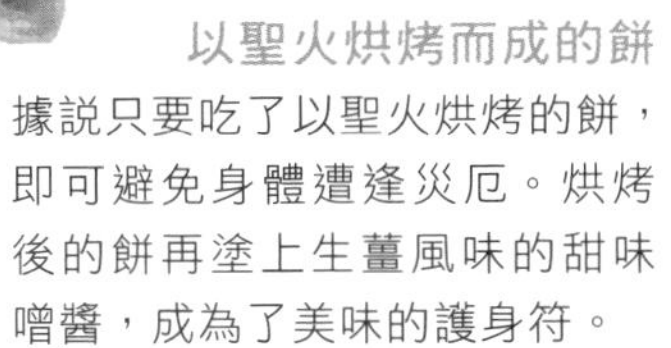

以聖火烘烤而成的餅

據說只要吃了以聖火烘烤的餅，即可避免身體遭逢災厄。烘烤後的餅再塗上生薑風味的甜味噌醬，成為了美味的護身符。

守護家庭之餅

外形類似御幣的竹串烤餅，將它掛在家中玄關的高處，可以避免家中遭遇災難。每半年要換上新的烤餅護身符，如果烤餅出現裂痕或缺角，代表烤餅為家庭代替接受了厄運，是一種吉兆。

值得關注的和菓子專欄

除厄的十糰子為東海道名產

慶龍寺（靜岡）位於東海道險處的宇津之谷，每到延命地藏尊的緣日，會販售除厄的「十糰子」。從室町時代起，十糰子一直都是東海道名產，連歌師宗長在大永 4 年（1524 年）的《宗長手記》也寫道：「十糰子為深具歷史的名物。」十糰子之名，源自於用勺子撈取糰子時，剛好是十顆的數量（小堀遠州《辛酉紀行》1621 年）。在 17 世紀中期以後，十糰子大多被當成除厄的護身符，懸掛在門口或屋簷下。

歌川廣重〈東海道五十三次之內岡部宇津山之圖〉（1842 年左右），畫中描繪了懸掛於茶屋門口的十糰子。

每年到八月二十三與二十四日延命地藏尊緣日，慶隆寺就會販售十糰子。傳說地藏菩薩曾化身為旅行僧，將吃人的惡鬼變身為十顆串起的小糰子，成功收服了餓鬼，十糰子因而被當成護身符。

《神社 DATA》神明宮

創建：不詳 ■ 地址：石川縣金澤市野町 2-1-8

交通方式：搭乘北鐵巴士於「片町」站下車步行 5 分鐘

【與涅槃會相關的和菓子】

各寺院會在釋迦牟尼佛涅槃的二月十五日舉行「涅槃會」法會，藉此追悼釋迦牟尼佛，涅槃會的供品為「花供曾」及「瘦馬」等和菓子。

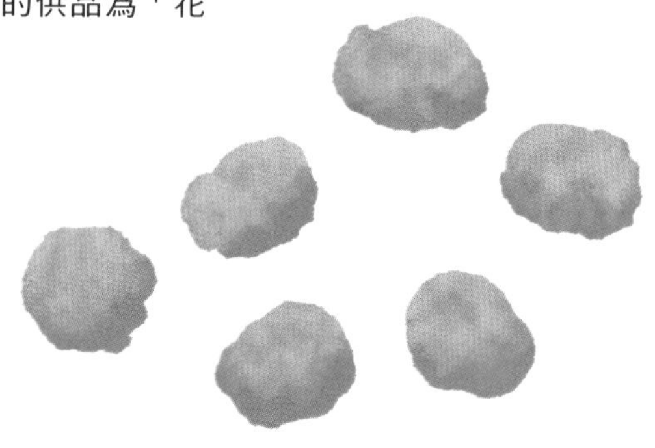

花供曾

將正月的鏡餅做成米果，並塗上糖蜜製作而成。花供曾之名源自獻給釋迦牟尼佛的供品「花供御」。江戶時代前期的年度儀式解說書《日次紀事》（1676 年）記載：「煎餅花供奉佛祖，世人將花供曾誤傳為釋迦之鼻屎。」（花供曾與鼻屎的日文皆為はなくそ）。

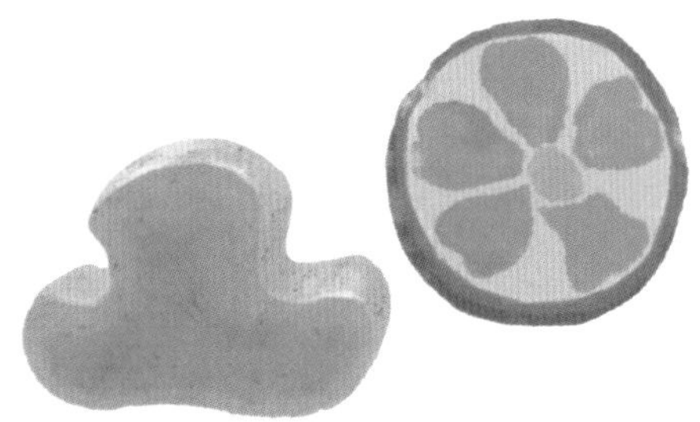

瘦馬（やしょうま）

源自於北信州地區的和菓子，以象徵釋迦牟尼佛「大骨」與「背骨」的米粉製作而成。有關於瘦馬之名，一說為「糰子的外形很像一匹消瘦的馬」，取瘦馬（やせうま）的方言諧音演變而成；另一說為「釋迦牟尼佛涅槃之時，吃了糰子後對弟子邪（やしょ）說真是好吃（うまかった）」，從邪與好吃的諧音演變而成。

撒小狗等動物造型糰子的儀式

石川縣的曹洞宗寺院，會在涅槃會舉行撒小狗或蛇等動物造型糰子的「撒小狗」（犬の子まき）儀式，這是源自牟尼佛涅槃時，急忙奔來的十二生肖動物。據說身上帶著小狗糰子，具有驅魔的作用。

常榮寺

創建：1606 年 ▪ 地址：神奈川縣鎌倉市大町 1-12-11
交通方式：鎌倉站出站步行 10 分鐘

【與日蓮上人有淵源的「留下頸部的牡丹餅」】

在鎌倉時代，幕府抓走日蓮後，原本要將他帶到鎌倉附近的沿海地區斬首，但有位尼姑送給日蓮撒上芝麻的餅，發生奇蹟讓日蓮逃過一劫，由於牡丹餅讓日蓮免受斬首之刑，因而被世人稱為「留下頸部的牡丹餅」，流傳至今。

牡丹餅供養

常榮寺（神奈川）是與獻給日蓮牡丹餅的尼姑有淵源的寺院，每年九月十二日在此舉行「牡丹餅供養」，寺方會款待牡丹餅給參拜者。在刑場遺址所在地龍口寺（神奈川），也會舉行「撒牡丹餅」的儀式。

〈歌舞伎座新狂言日蓮上人真實傳之內高祖自松葉谷龍之口江被引途中老婆棒胡麻迺飯圖〉明治25年（1892年），以日蓮的法難為題材，於歌舞伎座演出的新狂言劇目。

丟牛舌餅為新嘗祭的傳統儀式

水門吹上神社（和歌山）每年在十一月二十三日舉行新嘗祭，並且會將祭拜過的「牛舌餅」供品撒向人們。由於從社殿屋頂丟下的餅，其尺寸宛如牛舌，因而得名；但到了現代，在進行撒牛舌餅儀式時，會事先將牛舌餅切成小塊。

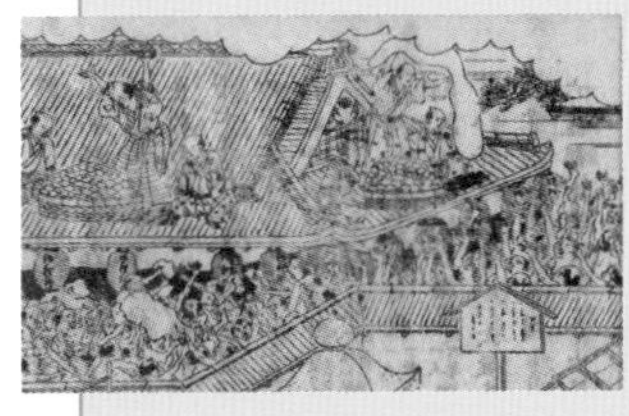

江戶時代後期的紀伊國地誌《紀伊國名所圖會》所描繪的「丟牛舌餅」，可見江戶時代的餅相當巨大。

【除厄的「法螺貝餅」】

昭和25年，聖護院門跡（京都）於節分公開護摩供儀式時，柏屋光貞第九代店主受門主岩本光徹的請託，發明了這道法螺貝餅和菓子，並開始於院門前販售。

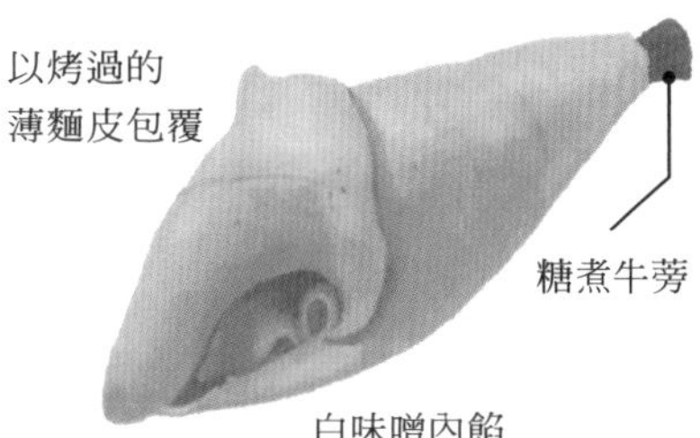

重現法螺貝的造型

法螺貝為山伏（在山中徒步、修行的修驗道之行者）隨身攜帶的道具之一，如果在山上遇到猛獸就會吹法螺貝來驅趕，法螺貝也是除厄的象徵。

龍口寺　創建：1337年▪地址：神奈川縣藤澤市片瀨3-13-37▪交通方式：江之電江之島站出站步行3分鐘

聖護院門跡　創建：1090年▪地址：京都府京都市左京區聖護院中町15▪交通方式：搭乘市營巴士於「熊野神社前」站下車，步行2分鐘

走井餅

以傳說的名水製作而成的大津宿名產餅

▼石清水八幡宮（京都）

位於滋賀縣大津的走井湧水，自古以來就是日本名水之一，相傳第十三代成務天皇（根據《日本書紀》和《古事記》所記載的人物）剛出生時，宮廷也曾使用走井湧水當作產湯，走井餅則是使用走井名水製成的名產。走井餅也曾出現於《東海道名所圖會》（一七九七年）及《東海道五十三次保永堂版》（一八四四年至一八四六年※）等作品，在江戶時代，走井餅與茶屋廣受旅人的喜愛。

明治四十三年（一九一〇年），八幡走井餅老店第六代店主之四男，於石清水八幡宮山腳處開店，而大津本店沒過多久卻宣告歇業，因此走井餅現今已成為石清水八幡宮的門前菓子，並延續著大津名產的歷史。

※以《東海道名所圖會》的插畫為題材所構成的作品。

【從大津到八幡延續至今的名產餅】

源自刀匠傳說的外形
以平安時代的刀匠三條小鍛冶宗近於走井鑄刀的故事為根源，製作出如同刀身外形的走井餅。

國寶石清水八幡宮

〈東海道五十三次〉也曾描繪的走井
從畫的左下角可見清水從走井（清水大量湧出的井之意）湧出的景象，走井餅是以走井的清水製作而成。現今的月心寺，即為茶屋的舊址所在地。

俳人高濱虛子也曾吃過走井餅，寫下「不由自主，吃下兩個真清水走井餅」之俳句。

以羽二重餅包覆紅豆泥餡。

《神社DATA》石清水八幡宮

創建：860 年 ■ 地址：京都府八幡市八幡高坊 30
交通方式：搭乘餐道纜於八幡宮山上站下車，步行 5 分鐘

松風

信長與本願寺的石山合戰中，當時作為軍糧之物變成了門前菓子

▼西本願寺（京都）

日本各地有各式各樣的松風和菓子，其中創業於應永二十八年（一四二一年）龜屋陸奧所製作的松風，具有特別的歷史淵源。元龜元年（一五七〇年）石山本願寺與織田信長爆發石山合戰期間，龜屋陸奧第三代大塚治右衛門春近曾製作燒菓子，取代軍糧以供應本願寺士兵食用。最後，信長和本願寺議和，結束這場戰役。天正十九年（一五九一年），豐臣秀吉將本願寺遷到京都六條（現今的西本願寺），門主顯如上人也移居到六條，他看到庭院的古松，回憶起石山合戰曾吃過的燒菓子時，詠下「聽似海浪的聲音，是在枕邊迴盪的庭院松風。」這也是燒菓子「松風」之名的由來。

當時龜屋陸奧也遷到西本願寺境內，松風也成為其門前菓子延續至今。

【與西本願寺一同在京都寫下悠久歷史】

宛如蜂蜜蛋糕的松風

將麵粉、砂糖、麥芽糖、白味噌混合揉成麵糰，在麵糰表面撒上罌粟籽烘烤而成。根據龜屋陸奧的資料，以前的松風就像是麩燒（參照 P126）般，具有純樸的風味。

曾出現在司馬遼太郎的小說

司馬遼太郎的小說《燃燒吧！劍》曾描寫新選組副長土方歲三於龜屋陸奧吃松風的姿態。《關原之戰》也有描述上杉景勝與直江兼續聊到松風的場景。

小知識　源自各地的各類松風

從室町時代到江戶時代，許多地區皆有製作松風這道和菓子。長崎屋本店（岐阜）的松風是源自寶曆 3 年（1753 年）稻葉山之松樹名勝，特徵是擁有煎餅般的口感。創業於享保年間（1716 ～ 1736 年）的長門（東京）所製作的松風，屬於味噌風味的瓦煎餅，在江戶時代是專門進貢給將軍家的御用菓子。

松風也被當成西本願寺舉行法會時的供品。

神社DATA　西本願寺

創建：1591 年 ■ 地址：京都府京都市下京區堀川通花屋町下本願寺門前町
交通方式：搭乘市營巴士於「西本願寺前」站下車，步行幾分鐘即達

清浄歡喜団（清淨歡喜糰）

祭拜聖天的供品，傳承了唐菓子的歷史

▼山科聖天（京都）等

清淨歡喜糰起源於奈良時代傳入日本的「糰喜唐菓子」，在古代由各寺院製作而成，用來供奉聖天（象頭人身的福德之神），是百姓無法品嚐到的和菓子。

創業於元和三年（一六一七年）的龜屋清永，現在則有製造及販售此道和菓子。

當初是由比叡山的阿闍梨（佛教用語。足以列為弟子楷模之師之意）傳授清淨歡喜糰的製作方法，以麻油油炸而成的清淨歡喜糰，讓人回想起過往唐菓子傳入的盛況。

原本傳入日本的清淨歡喜糰，內餡為栗子或柿子等樹實，添加甘葛（參照P82）調味；但在十七世紀以後，開始使用紅豆餡。據說寺院在製作清淨歡喜糰時，一定要齋戒沐浴。

【祭拜聖天的供品菓子】

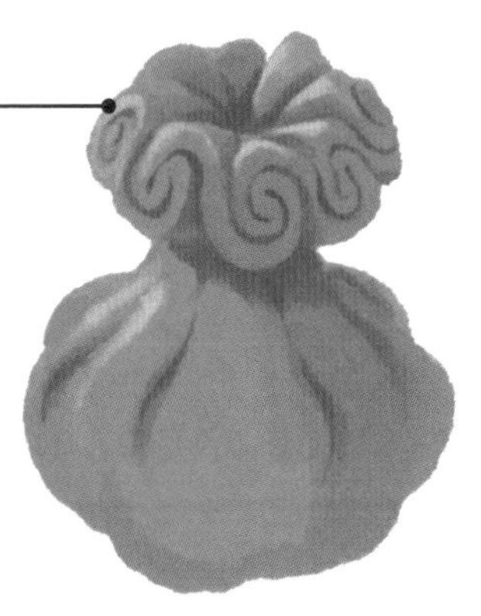

八葉蓮花

巾着（束口布袋）狀的清淨歡喜糰，上面代表「八葉蓮花（佛祖乘坐的台座）」，用麵糰包覆紅豆泥餡料後，將上面折成八個皺摺後收口，以麻油炸二十分鐘。

加入香料揉製而成的餡料

以麵粉與米粉製成的麵糰中，加入以白檀與龍腦等七種香料混合而成的紅豆泥餡，散發獨特的香氣。

被視為庇佑象徵的巾着

清淨歡喜糰的外形模仿聖天的隨身物品「巾着」（砂金袋），巾着是聖天庇護世人的象徵物品，據說能帶來生意興隆與福德等庇佑。

神社DATA　山科聖天

創建：1665年 ■ 地址：京都府京都市山科區安朱稻荷山町18-1
交通方式：地下鐵山科站出站步行15分鐘

厄除だんご（除厄糰子）

受第十三代將軍德川家定喜愛的名產「串糰子」

▼尊永寺（靜岡）

位於靜岡縣袋井市區的法多山尊寺，創建於神龜二年（七二五年），祭神為除厄觀音，自古以來就獲得大量民眾的虔誠信仰。在江戶時代，各藩在每年正月會進獻當地名產與護身符，祈求幕府武運昌隆、天下太平、五穀豐稔。

在江戶幕府第十三代將軍德川家定執政的安政元年（一八五四年），定居於法多山尊寺門前的寺士八左衛門製作了除厄糰子，當作正月的在地名產獻給德川家定，深受家定的青睞，並將糰子命名為「串糰子」（くし団子）。

從此以後，串糰子成為法多山名產，因除厄觀音的緣故，自然而然地被稱為「除厄糰子」。

【吃象徵五體的糰子驅除厄運】

糰子茶屋販售的除厄糰子，從江戶時代開始沒有改變，都是五串糰子為一組。五串糰子代表人的五體（頭部、頸部、身體、手、腳），據說吃了能驅除厄運。

由德川家定命名

寺方獻給第十三將軍德川家定護身符與糰子，祈求武運昌隆、天下太平、五穀豐稔，由德川家定命名為「串糰子」。

袋井名產軟綿綿蒸蛋

法多山尊永寺所在地的袋井地區，當地名產為「軟綿綿蒸蛋」（たまごふわふわ），曾出現於十返舍一九《東海道中膝栗毛》及寛政7年（1831年）升屋平右衛門的《仙台下向日記》。袋井市觀光協會重現了軟綿綿蒸蛋的製作方式，在尊永寺門前的店家可以品嚐到這道料理。

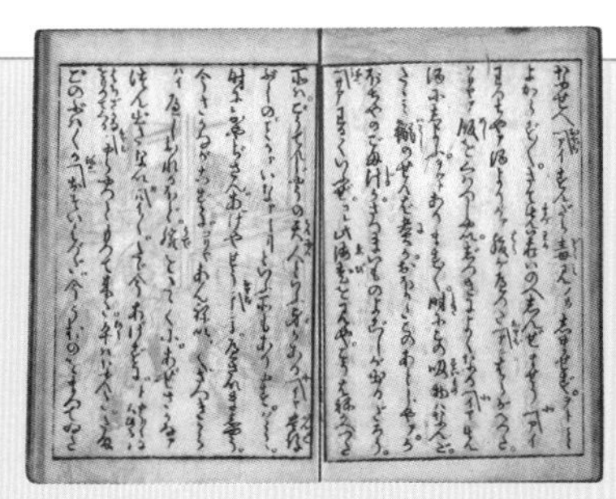

神社DATA 尊永寺

創建：725年 ■ 地址：靜岡縣袋井市豐澤2777
交通方式：JR愛野站出站步行20分鐘

糸切餅

紀念擊敗元寇的餅？由相撲力士發明的餅？

▼多賀大社（滋賀）

鎌倉時代，蒙古大軍曾兩度進攻日本（文永、弘安之役），但傳說日本靠「神風」擊退了蒙古大軍（元寇）。據說糸切餅就是為了紀念戰勝蒙古大軍而製作的餅，由於是用弓弦切餅，帶有「斬斷惡靈」的涵義，因此有糸切餅之名。

有關糸切餅起源的另一種說法，是由一位名叫大海的相撲力士所發明，製作時間不詳，據說大海用米粉製作出長條狀麵糰，象徵延年益壽，再用絲線切割，最後依照大海身上的刺繡兜檔布顏色與妻子「三縞」之名，在餅的表面畫上紅色和藍色三條線後加以販售。

無論是哪種說法，自古以來，因長壽與除厄之神深受當地人篤信的多賀大社下，糸切餅一直受其庇佑傳續至今。

【源自「元寇」的神前菓子】

系切餅的特徵是白色餅皮與表面的藍、紅、藍三線，據説是象徵蒙古軍旗的三色線。

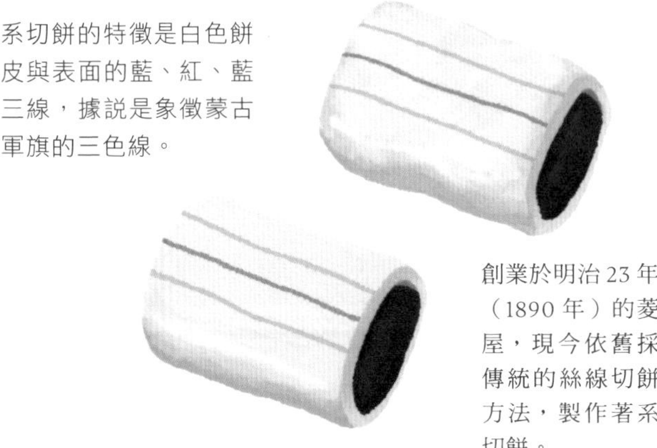

創業於明治23年（1890年）的菱屋，現今依舊採傳統的絲線切餅方法，製作著系切餅。

紅藍線條為蒙古軍的旗印

鎌倉時代後期的〈蒙古襲來繪詞〉，可見元朝、高麗軍軍旗上的三條線旗印。

有關於「糰付餅」的傳說

長崎縣對馬市的小茂田濱神社，在每年十一月的第二個星期天舉行大祭時會販售「糰付餅」（だんつけ餅）。在13世紀，為了防禦元朝大軍入侵，小茂田濱的居民正預先製作包餡餅當作糧食時，因元軍突然來襲，居民只好急忙在麻糬表面撒上紅豆，分送給士兵帶上戰場。

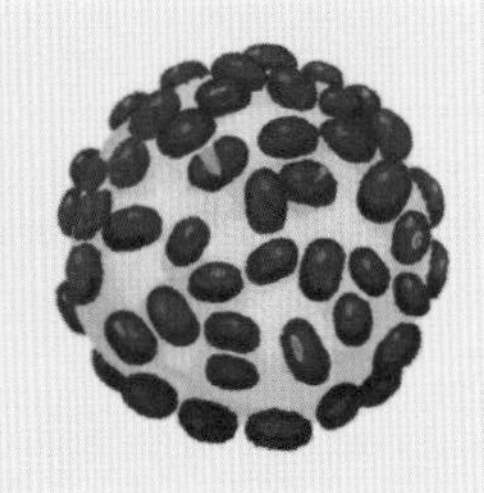

多賀大社

創建：不詳 ■ 地址：滋賀縣犬上町多賀町多賀604
交通方式：近江鐵道多賀大社前站出站步行10分鐘

雷おこし（雷粔籹）

由身穿黑雲與閃電圖案半纏的叫賣商人販售，雷門重建時期所誕生的參拜名產

▼淺草寺（東京）

淺草寺創建於推古天皇三十六年（六二八年），是東京最古老的寺院，淺草寺門前的仲見世商店街，則是在元祿年間（一六八八～一七〇四年）形成。

雷粔籹（雷おこし）是人所皆知的仲見世名產，其名稱源自雷門的風雷神門。根據《淺草寺誌》的記載，雷門於寬政七年（一七九五年）重建時，就已經有販售雷粔籹。

到了江戶時代後期，出現了販售雷粔籹的叫賣商人，他們身穿背部畫有黑雲與閃電圖案的半纏服裝，拿著相同圖案的傘，將雷粔籹放在太鼓形狀的盒子裡，叫賣時還會一邊喊著「天下第一的觀世音，日本第一的大開帳，淺草名物雷粔籹，趕快來買當作避雷護身符」。（《天言筆記》）。

【起源於唐菓子的江戶名產】

江戶時代的地誌《江戶繁昌記》（1832年）記載：「雷門外的雷粔籹，名震四方。」從江戶時代起，雷粔籹就是淺草寺的參拜名產，大受歡迎。

文豪與藝術大師所描寫的雷粔籹

太宰治的《津輕》、小金井喜美子（森鷗外的妹妹）的《鷗外的回憶》、雕刻師高村光雲的《幕末維新懷古談》、創立文學座團體的作家、俳人久保田萬太郎的《雷門以北》等，都曾描寫雷粔籹這道淺草名產。

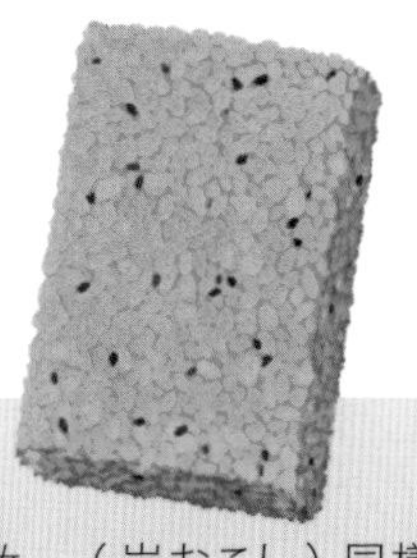

小知識

大坂名產「岩粔籹」

在江戶時代的大坂（大阪舊名），以栗子製成的「岩粔籹」（岩おこし）同樣遠近馳名。據說岩粔籹是由前昆布商人津之國清兵衛，於寶曆2年（1752年）發明而成，江戶時代後期的風俗全書《守貞謾稿》記載：「在近國西國中名聲響亮。」「每月每日使用的黑糖大約二、三百斤，黑糖的用量號稱天下第一。」由於岩粔籹宛如石頭般堅硬，被稱為「栗之岩於古志」。岩粔籹也曾出現於近松門左衛門的淨琉璃作品《生玉心中》、山崎豐子的小說《暖簾》、林芙美子的《飯》等作品。

淺草寺

創建：628年 ■ 地址：東京都台東區淺草2-3-1
交通方式：東武淺草站出站步行5分鐘

あぶり餅（炙餅）

起源於祈求疾病消失所供奉的餅，也曾出現於秀吉或千利休的茶會

▼今宮神社（京都）

正曆五年（九九四年）瘟疫蔓延的時期，神明曾經托夢給一條天皇（在位期間九八六年至一〇一一年），要他在紫野重建瘟神神祠※，當時以蒸熟的糯米當成供品，祈求瘟疫消失，再利用祭拜後的糯米製成炙餅（あぶり餅）。

位於今宮神社門前的一文字和輔，自平安時代以來持續製作炙餅，根據店家表示，豐臣秀吉於天正十五年（一五八七年）舉辦北野大茶會時，一文字和輔曾前往擺攤，該店製作的炙餅，也被當成千利休的茶會菓子。

每年四月，於今宮神社舉行的夜須禮祭（やすらい祭），據說站在餓鬼手持的花傘下吃炙餅，即可避免疾病纏身。

※現今的今宮神社。於長保三年（一〇〇一年）遷移至現址。

【擁有平安時代以來的悠久歷史】

原本作為神社供品的餅，在祭拜後將餅切成小塊分給眾人品嚐，但由於時間一久餅會變硬，於是將餅插入竹串中烘烤。

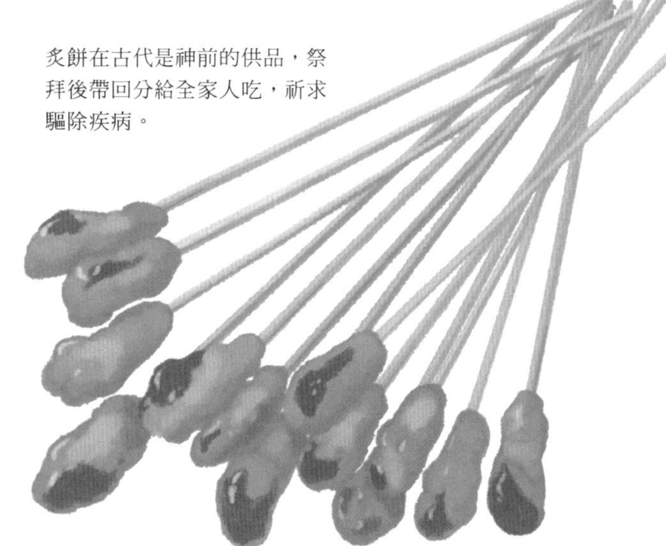

炙餅在古代是神前的供品，祭拜後帶回分給全家人吃，祈求驅除疾病。

可見神饌菓子的歷史痕跡

炙餅所使用的竹串，為傳統祭神儀式的齋串。

曾出現於江戶時代圖繪中的「糰子茶屋」

京都的地誌《都名所圖會》（1780 年）描繪位於今宮神社東門前，懸掛「糰子」旗幟的茶屋風景，這是創業於長和 2 年（1000 年）的一文字和輔（一和）。

神社 DATA　今宮神社

創建：994 年 ■ 地址：京都府京都市北區紫野今宮町 21

交通方式：搭乘市營巴士於「今宮神社前」站下車即達

八壺豆

仿照清澈瀑布的水花造型製成的豆菓子，是參拜多度大社的人氣名產

▼多度大社（三重）

多度大社的社殿，於五世紀中期後的雄略天皇時代建造而成，自古以來為北伊勢地區總氏神受當地人信仰，祭神天津日子根命為驅除水難之神。在江戶時代，常聽見一句俗話：「前往伊勢參拜必定順道去多度參拜，如果沒去多度參拜，只能算是半調子的參拜」。看來當時在參拜伊勢神宮後，照慣例通常都還會去參拜多度大社。

八壺豆是在江戶時代發明而成的參拜名產，據說在淨身聖地的八壺溪谷茶屋附近，有一位老婆婆依照瀑布的水花形狀，製作了八壺豆。

八壺豆的主要材料為大豆，包含節分（參照P12）的撒豆儀式等，都會使用大豆，世人深信大豆具有驅邪的力量。許多人在參拜後往往會購買八壺豆，希望能藉此獲得多度大社的庇佑。

【多度大社的門前菓子】

創業於明治 4 年（1871 年）的紅葉屋，至今依舊採手工製作的古法。

八壺豆

將大豆炒熟後當作和菓子的中心，塗上糖蜜再撒上黃豆粉，最後再撒上白砂糖。成品是原本大豆的三倍大。

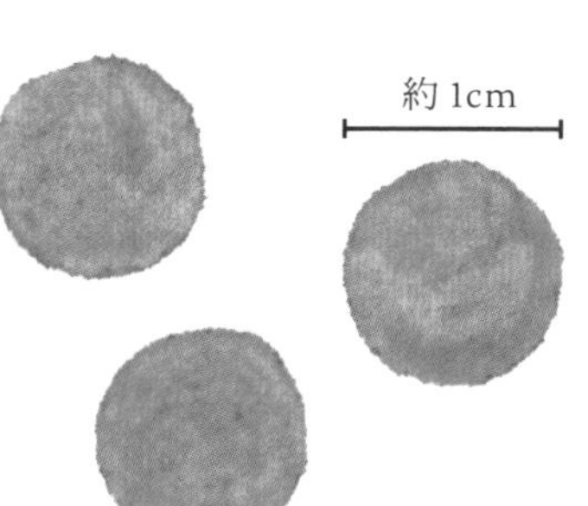

多度銘菓八壺豆，是從御褉瀑布的水花得來的製作靈感。

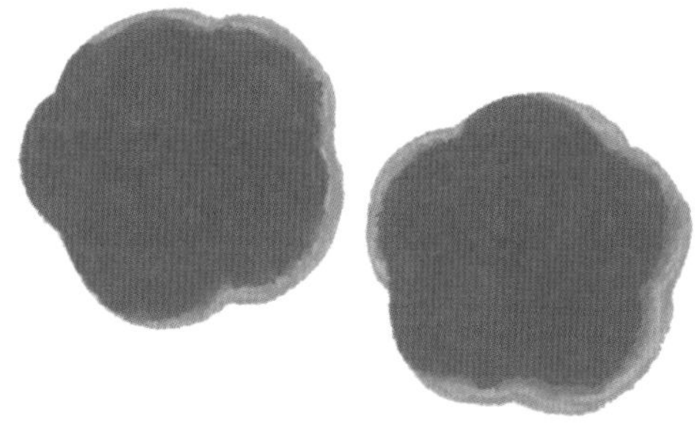

紅梅燒

以麵粉、砂糖、山椒製成的硬烤煎餅，據説紅梅燒是在安政年間（1854 ～ 1860 年）發明而成，其外形仿照多度八景之一的野野宮梅林。在新年參拜或多度祭典時販售，逐漸普及。夏目漱石的《少爺》，曾描寫傭人阿清幫主角購買紅梅燒（應為淺草的紅梅燒）的場景。

多度大社

創建：5 世紀後半 ■ 地址：三重縣桑名市多度町多度 1681
交通方式：養老鐵道多度站出站步行 20 分鐘

栗餅（栗子餅）

從江戶時代前期起 廣受歡迎的山城國名產

▼北野天滿宮（京都）

北野天滿宮創建於天曆元年（九四七年），主要供奉菅原道真（參照P94），菅原道真是祈雨、避雷、五穀豐稔、學問之神，受到世人的敬仰。

栗餅是北野天滿宮的門前菓子，從江戶時代就是受人喜愛的點心，《毛吹草》（一六三八年序）也將栗餅列為洛外名產，將之命名為「茶屋之栗餅」。

紅豆泥餡與黃豆粉為傳統的組合

南北朝時代武將楠木正行於四條畷之戰（1348年）戰死後，其家臣河內某（傳說為澤屋的祖先）負責守護正行的首塚，他以農民的身份移居嵯峨野。在室町時代，其後代開始在北野天滿宮境內販售栗餅，是栗餅的起源。

長五郎餅

北野天滿宮的門前菓子，秀吉讚不絕口親自命名

▼北野天滿宮（京都）

長五郎餅跟栗餅相同，也是北野天滿宮的門前菓子。天正十五年（一五八七年），豐臣秀吉於北野天滿宮舉辦茶會時，有一位名叫河內屋長五郎的老翁獻上這道餅，獲得秀吉的青睞，親自命名為長五郎餅。從此以後，每逢北野天滿宮的緣日，長五郎餅是唯一獲准販售的和菓子。

薄皮餅

紅豆泥餡

長五郎餅也曾在幕末時代的〈北野天滿宮參詣販惠圖〉登場，在江戶時代為參拜名產而逐漸普及。

神社DATA 北野天滿宮

創建：947年 ■ 地址：京都府京都市上京區馬喰町

交通方式：搭乘市營巴士於「北野天滿宮前站」下車即達

志んこ（志糰子）

透過餅表現愛宕神社的坡道

▼愛宕神社（京都）

鎮守於標高九二四公尺愛宕山山頂的愛宕神社，是日本全國愛宕神社的總本宮，祭神為火神迦具土神，由於迦具土神掌管火，被世人當作防火之神信仰。愛宕神社的門前名產志んこ，其起源不詳，但在江戶時代便是參拜名產。

在米粉製成的麵糰撒上黃豆粉與黑糖，再製成白色、桂皮、抹茶三色口味。

扭曲的獨特形狀為仿照通往愛宕神社的坡道製成，記載三都名產的《富貴地座位》（1777 年），也將志んこ評為「上等」。

あわまんじゅう（栗饅頭）

消災解厄的護身和菓子

▼圓藏寺（福島）

位於柳津町的圓藏寺創建於大同二年（八〇七年），為日本三大虛空藏尊之一。在江戶時代末期，由於柳津經常受火災與水災的侵襲，當時的圓藏寺住持於是製作栗子饅頭（或是餅），發給當地人當作消災解厄的護身符。由於栗子的日文為「くり」或「あわ」，吃了栗子就是「沒有栗子」（あわない），衍生成「不會遇到災害」（遭わない）的諧音，這就是栗饅頭（あわまんじゅう）的起源。

以糯米與栗子製成的麵糰

紅豆泥餡

成為參拜圓藏寺必買名產的除厄栗饅頭。

《神社DATA》愛宕神社　創建：8 世紀 ■ 地址：京都府京都市右京區嵯峨愛宕町 1 ■ 交通方式：搭乘京都巴士於「清瀧公車站」下車步行 2 小時

圓藏寺　創建：807 年 ■ 地址：福島縣河沼郡柳津町柳津寺町甲 176 ■ 交通方式：JR 會津柳津站出站步行 10 分鐘

乙まんじゅう（乙饅頭）

新潟最古老的酒饅頭，是江戶時代以來的門前名產

▼乙寶寺（新潟）

創建於天平八年（七三六年）的乙寶寺，乙饅頭（乙まんじゅう）為門前名產。在文化元年（一八〇四年），當時的乙饅頭屋初代店主萬屋重吉，向乙保寺住持祐範和尚學習酒饅頭的製作方法，並開始於乙寶寺門前販售。

以米麴、糯米、麵粉製作而成的麵糰

紅豆泥餡

乙饅頭是新潟縣歷史最悠久的酒饅頭，至今依舊採傳統製作方法。

おせきもち（御席餅）

讓往來鳥羽街道的旅人忘卻疲憊的和菓子

▼城南宮（京都）

創立於平安京遷都時期的城南宮，由於位於御所的裏鬼門（西南方），自古以來被視為避凶方位的大社。城南宮的門前名產為御席餅（おせきもち），起源於江戶時代，有位名叫阿席的女性，將餡衣餅擺放在斗笠背面兜售，因而成為名產。

餅上有紅豆粒餡

御席餅為鳥羽街道的名產，據說在幕末時期，新選組局長近藤勇也曾經吃過。

神社 DATA

乙寶寺　創建：736 年 ■ 地址：新潟縣胎內市乙 1112 ■ JR 平木田站下車後，車程約 10 分鐘

城南宮　創建：794 年 ■ 地址：京都府京都市伏見區中島鳥羽離宮町 7 ■ 交通方式：近鐵竹田站出站步行 15 分鐘

權五郎力餅（權五郎力餅）

祈求更具力氣所供奉的餅

▼御靈神社（神奈川）

御靈神社的祭神，為鎌倉時代的武將鎌倉權五郎景政，據說他擁有怪力，能輕易舉起神社的手玉石與袂石。日後，為了讚揚鎌倉權五郎景政的勇武，武士們開始透過這兩顆石頭比力氣，並供奉餅給鎌倉權五郎景政，祈求自己也能擁有莫大的力氣。來到御靈神社參拜的信徒也會獲得餅，又被稱為「權五郎力餅」。

餅上的紅豆泥餡，到了春天會換成艾草餅。

與權五郎力餅有淵源的力餅家，從創業時期（元祿 1688 ～ 1704 年）開始便持續製作著權五郎力餅。

ぶと饅頭（餢飳饅頭）

外形宛如臥倒的兔子，從神饌菓子演變成現代的點心

▼春日大社（奈良）

根據平安時代的漢和辭典《倭名類聚抄》的記載，在奈良時代從唐朝傳入日本的唐菓子「餢飳」，是用油炒而成的餅類，因外型狀似臥倒的兔子，又被稱為「伏菟」。餢飳饅頭（ぶと饅頭）是仿效餢飳造型製成的神饌菓子，宛如包餡的甜甜圈。

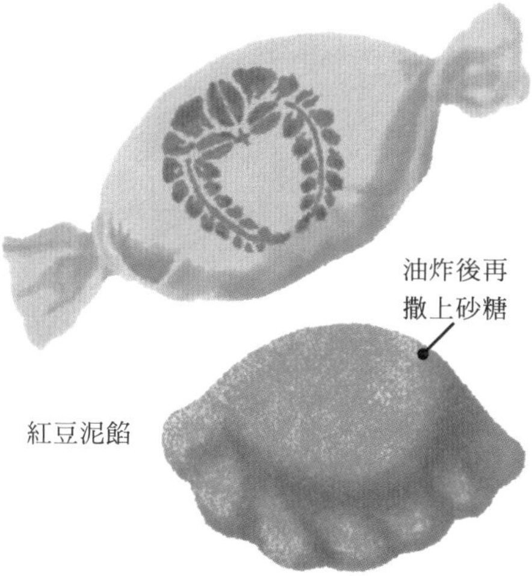

油炸後再撒上砂糖

紅豆泥餡

現在在春日大社的祭神儀式中，依舊可見餢飳供品。在戰後時期，春日大社的宮司曾請託萬萬堂通則製作餢飳饅頭。

神社 DATA

御靈神社　創建：平安時代後期 ■ 地址：神奈川縣鎌倉市坂之下 4-9 ■ 交通方式：於江之電長谷站出站步行 3 分鐘

春日大社　創建：768 年 ■ 地址：奈良縣奈良市春日野町 160 ■ 交通方式：搭乘奈良交通巴士於「春日大社本殿」站下車即達

4 伊勢參宮與餅街道

在江戶時代，隨著街道的整修更加完善，民生經濟也趨於穩定，老百姓於是能體驗旅行的樂趣。

最受歡迎的是參拜全國知名的寺社或靈山之旅，其中參拜伊勢神宮更被譽為一生中至少要去一次的景點，造就廣大的參拜熱潮。江戶時代的各地街道和菓子名產，就是伴隨這些旅行的熱潮而產生的。

「日永之追分」一地是東海道與伊勢街道的分岐點，在此通往伊勢的參宮街道，別名為「餅街道」，沿路誕生了許多招待旅人的名產餅。

由於當時的人們大多採徒步旅行，具有飽足感的餅是旅人的活力來源，能幫助忘卻旅途中的疲憊。

此外，伊勢也是知名的稻米盛產地，自古以來民間發展出獨特的製餅文化，這也是名產餅誕生的理由之一。

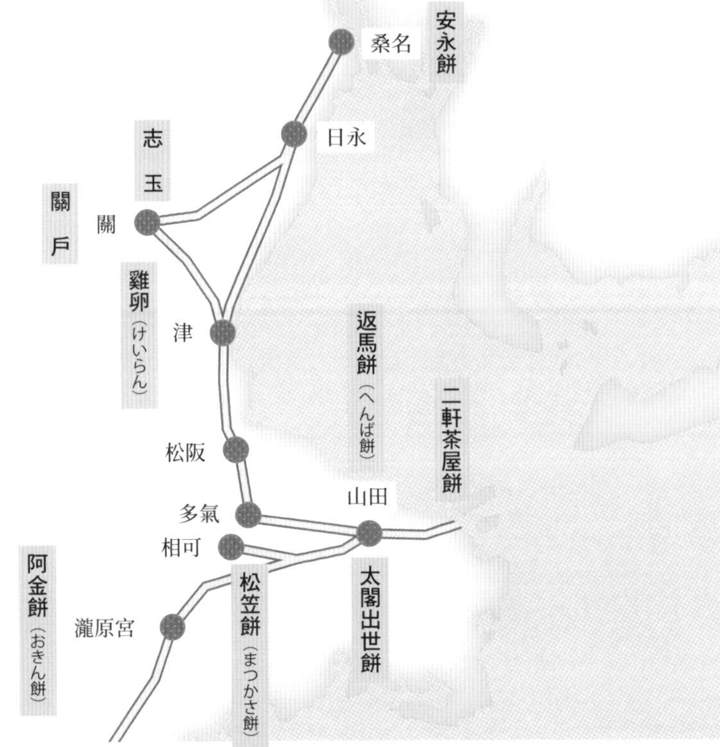

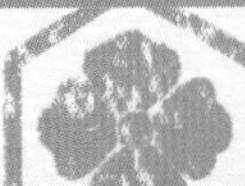

column

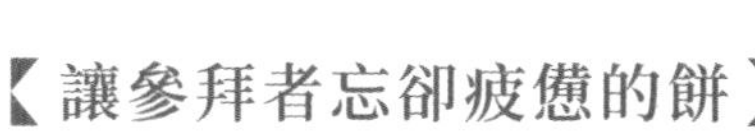

【讓參拜者忘卻疲憊的餅】

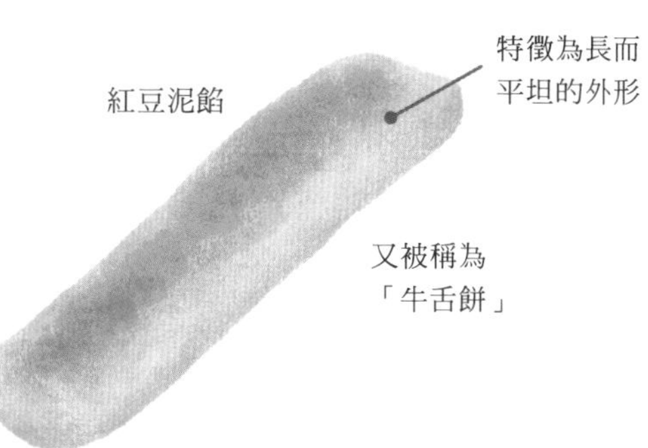

安永餅 ▶ 永餅屋老舖

東海道桑名宿名產。在江戶時代，桑名城主命人製作燒餅，當作緊急糧食，據說燒餅即是安永餅的原型。

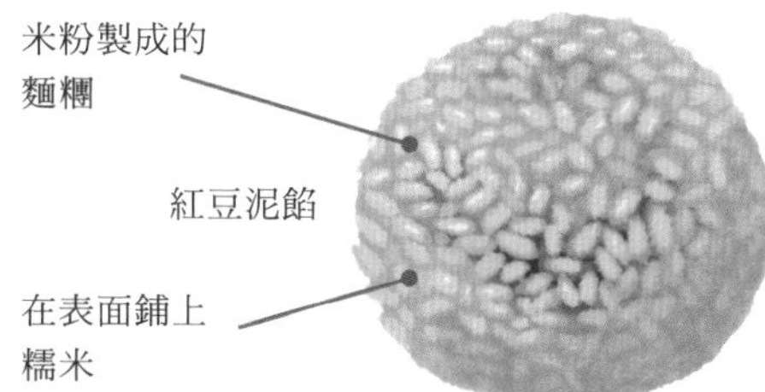

松笠餅(まつかさ餅) **▶ 長新**

伊勢相可的名產，江戶時代前往伊勢或熊野參拜的旅人能吃到這道和菓子，因外形近似松果而得名。

阿金餅(おきん餅) **▶ 阿金茶屋**

天保 3 年（1832 年），位於伊勢神宮內宮、外宮通往瀧原宮別宮路上的阿金茶屋，有位名叫阿金的婆婆在此販售艾草餅，受到旅人的好評，因而被稱為「阿金餅」或「阿金茶屋餅」。

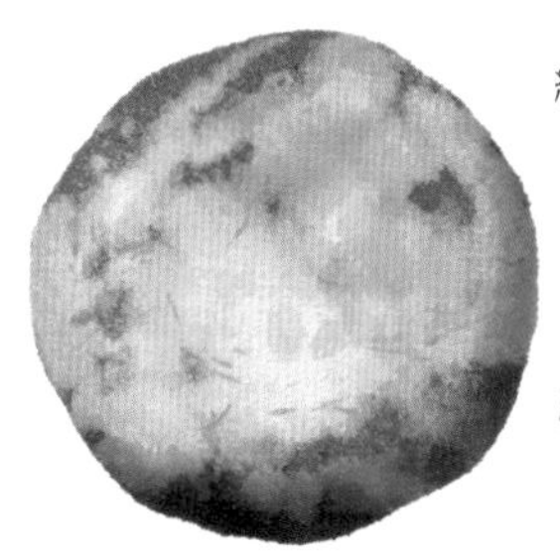
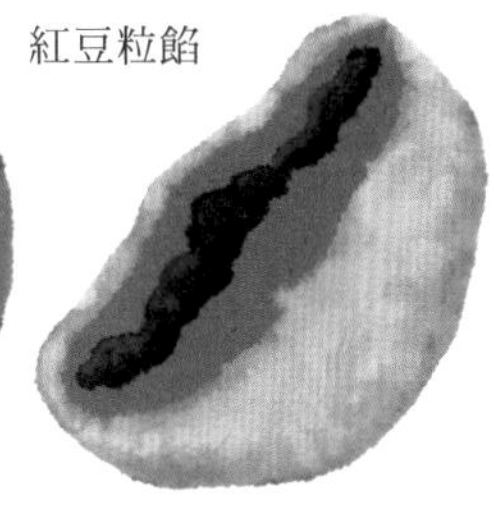

志玉(志ら玉) **▶ 前田屋製菓**

位於東海道與大和街道，以及東海道與伊勢別街道分歧處的關宿名產。在江戶時代是深受旅人喜愛的和菓子，但在戰後一度失傳。關宿於昭和 59 年（1984 年）被選定為「重要傳統性建築群保存地區」時，前田屋製菓參考傳統的製作方式加以重現，製作了這道和菓子。

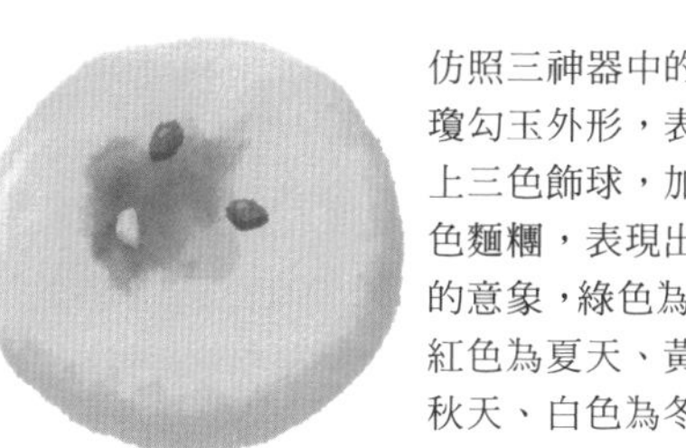

雞卵(けいらん) **▶ 玉吉餅店**

津市的鄉土菓子，名稱源自雞蛋，另外一種說法是從「絢爛」（けんらん）的諧音發展而成。從天保 12 年（1846 年）津藩家老《中川藏人日記》的紀錄中，也可見到有關於雞卵的記載，可知雞卵是在江戶時代便存在的和菓子。

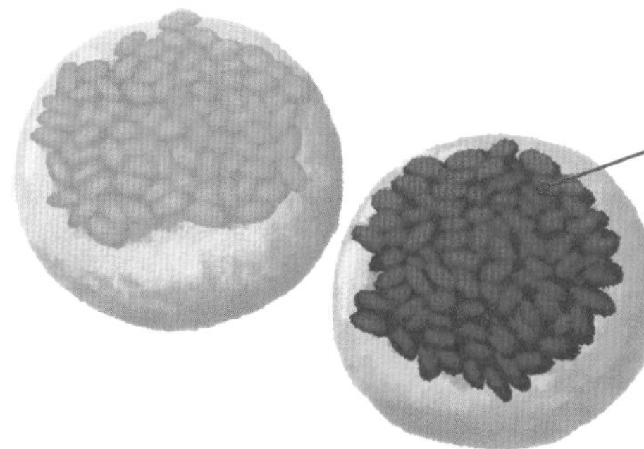

當時前往參拜伊勢神宮的旅人，會在宮川搭乘渡船前將馬匹遣回返馬所，在茶屋小歇片刻後前往伊勢神宮，因而產生「返馬餅」之名。

返馬餅 ▶ **返馬屋商店**

由於每個返馬餅（へんば餅）的價格為三文，又被稱為「三文返馬」。

安永 4 年（1775 年），返馬屋商店初代店主於參宮街道的宮川一帶開設茶屋，開始販售包餡餅，這是返馬餅的起源。

將上新粉製成的麵糰烤出雙面烤痕，是秉持傳統的製作方法。

二軒茶屋餅 ▶ **二軒茶屋餅角屋本店**

江戶時代，位於二軒茶屋的船埠附近，有名叫角屋（現今的二軒茶屋餅角屋本店）與湊屋（於大正時代歇業）的茶屋，由於旅人會在此吃餅填飽肚子，茶屋販售的餅被稱為「二軒茶屋餅」。

江戶時代到戰前時期，都是使用黑糖製作內餡；到了戰後改用白砂糖。現在每月 25 日有限量販售包有黑糖餡的二軒茶屋餅。

外觀狀似太鼓，從太鼓的日文諧音命名為太閣餅。從前兒童參加百日參拜等儀式時，都會吃太閣餅，是耳熟能詳的名產。

太閣出世餅 ▶ **太閣餅**

根據《神都長嶺記》（1796 年）記載，由長嶺（現今的古市）的茶屋製作的燒餅，獲得豐臣秀吉的讚賞，因此被稱為「太閣餅」。

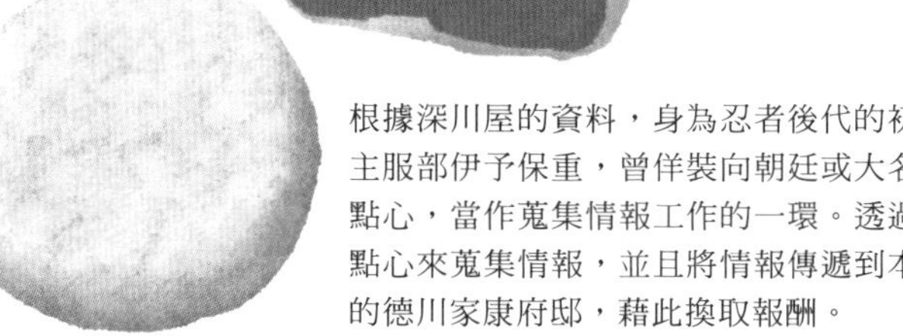

關戶 ▶ **深川屋**

從寬永年間（1624 ～ 1644 年）以來，於關宿持續製作的紅豆泥餡求肥餅，在餅皮表面撒上和三盆糖，表現出鈴鹿山峰的白雪意境。

根據深川屋的資料，身為忍者後代的初代店主服部伊予保重，曾佯裝向朝廷或大名叫賣點心，當作蒐集情報工作的一環。透過販售點心來蒐集情報，並且將情報傳遞到本店前的德川家康府邸，藉此換取報酬。

第四章

為歷史增添色彩的和菓子

饅頭類

鎌倉時代從中國傳入的點心，在日本有多元化的發展

【鹽瀨饅頭(志ほせ饅頭)】▶鹽瀨總本家（東京）

元朝人林淨因於 14 世紀中期來到日本，製作了日本最早的紅豆泥餡饅頭，鹽瀨總本家為林淨因的子孫。從前在奈良經營饅頭屋的鹽瀨總本家，到了室町時代中期搬到京都，曾獲得室町幕府第八代將軍足立義政親筆寫下的「日本第一番本饅頭所林氏鹽瀨」招牌，以及後土御門天皇賜與的「五七桐紋」。

到了江戶依舊是名產

《富貴地座位》（1777 年）是記載江戶時代在江戶發展的三都名產書籍，書中將塩瀨饅頭譽為「日本饅頭之首」。

以山藥添加上新粉與砂糖製成的外皮

裡面為紅豆泥餡

曾在三島由紀夫的小說登場

三島由紀夫的小說《假面的告白》（1949 年），描述主角的學校在舉辦典禮時，規定學生要戴上白手套上課，並且會獲得裝有鹽瀨饅頭的點心盒。

本饅頭

據說在天正 3 年（1575 年）的長篠之戰時，鹽瀨第七代林宗二製作了薄皮包餡的本饅頭，獻給德川家康。德川家康將饅頭放在頭盔上，向軍神祈求一舉戰勝敵人，本饅頭因此也被稱為「兜饅頭」。

【鹽味饅頭】▶元祖播磨屋（兵庫）

根據創業於明和年間（1764 ～ 1772 年）的元祖播磨屋提供的資料，在嘉永 6 年（1853 年）時，以沉入赤穗海的夕陽為靈感，發明出了鹽味饅頭。饅頭原本的名稱為「汐見饅志」，因餡料使用赤穗的鹽巴製成，在赤穗藩的建議下改名為「鹽味饅頭」。

以寒梅粉與白砂糖製成的麵糰

元祖播磨屋為赤穗藩的御用菓子司，定期進貢鹽味饅頭

在昭和時代初期之前，都是使用伊部燒的杯型模具製作鹽味饅頭

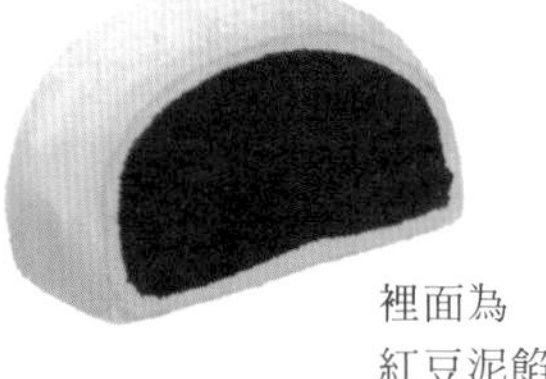

裡面為紅豆泥餡

知名的赤穗鹽

赤穗藩曾開拓面積廣大的鹽田，江戶時代後期的繪師司馬江漢曾評論：「赤穗鹽乃日本第一。」因生產高品質的鹽，赤穗藩得以創造廣大財源。

【一口香】▶鹽瀨總本家（東京）

弘化年間（1844～1848 年），開往長崎港的清朝船隻因受大霧影響，就近停靠於茂木港，茂木一口香本家的初代榎本右衛門，向船員學習製作海上常備食物的唐饅頭，並於弘化元年（1844 年）開店販售。由於饅頭一口的大小與香氣，被命名為「一口香」，在明治時代甚至可見人力車大排長龍搶購的風景，是高人氣的點心。

大正 6 年（1917 年）出版的《平戶鄉土誌》，曾在平戶名產中列出一口香。

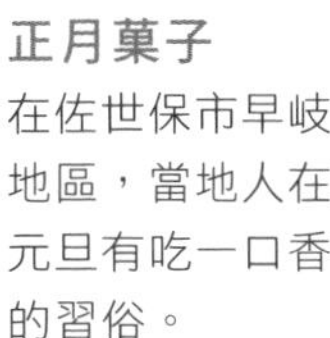

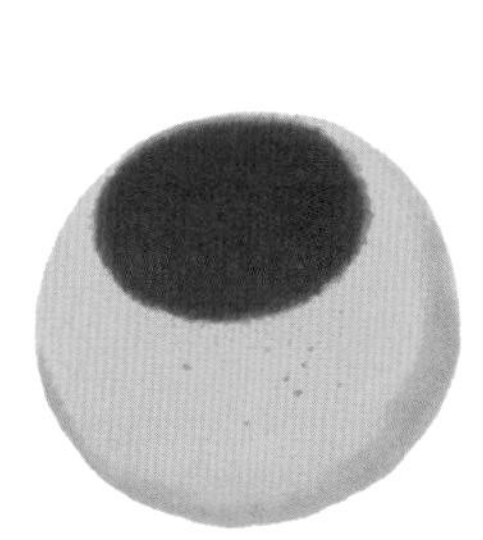

正月菓子

在佐世保市早岐地區，當地人在元旦有吃一口香的習俗。

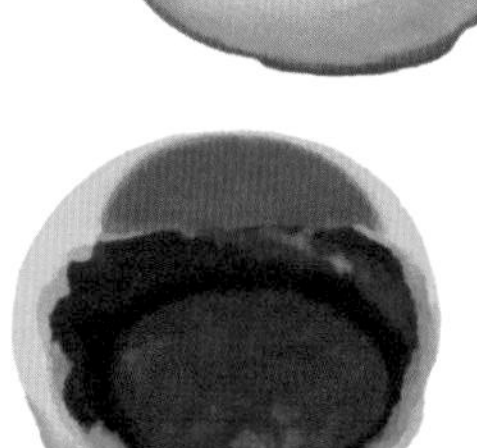

空洞化

以黑糖、麥芽糖、上白糖製作而成的餡料，經過烘烤後溶化而沸騰，會讓外側膨脹，餡料覆著於麵糰內側而形成空洞。

【松露饅頭】▶大原老舖（佐賀）

唐津（佐賀縣）在過去是日本通往中國的港口，因此有「唐津」之名（津的意思為港）。自古以來，許多外國文化從唐津引進日本，松露饅頭也是其一。松露饅頭源自於豐臣秀吉出兵朝鮮的時候，從高麗傳入的燒饅頭，在江戶時代後期，大原老舖的祖先阿佗屋惣兵衛，根據妻子製作的燒饅頭加以改良，進獻給藩主，並獲得藩主的喜愛，由於外形近似唐津市名勝虹松原上的野生松露，因而被命名為松露饅頭。

真菌的松露

松露為鬚腹菌科的真菌。

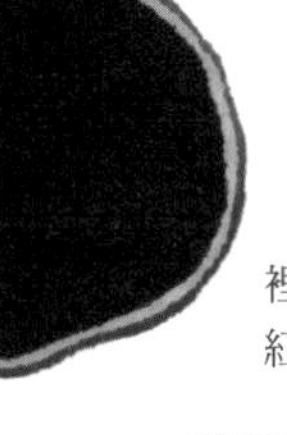

蜂蜜蛋糕餅皮

裡面為紅豆泥餡

唐津神社的門前菓子

松露饅頭為唐津神社的例祭名產，廣受歡迎。從現代的松露饅頭外盒，可見例祭的圖案。

【大手饅頭】▶大手饅頭伊部屋（岡山）

在備前國（岡山縣）經營迴船問屋（船舶代理商）的伊部屋永吉，在天保 8 年（1837 年）前往大坂學習淨琉璃藝能時，順便學習了酒饅頭的製作方法，而後回到備前國。他用備前米釀造的甘酒及麵粉製作麵糰，再包入紅豆泥餡製成酒饅頭，在岡山城大守門附近販售，受到備前藩主池田齊敏的青睞，獲得藩主賜與「大手饅頭」（大手まんぢゅう）之名。

深受內田百閒的喜愛
出身於岡山的文豪內田百閒，曾在《大手饅頭》、《春光山陽特別阿房列車》、《京橋之霜》等作品屢次提到大手饅頭。

大手饅頭是池田家舉辦茶會不可或缺的和菓子，在茶會場合會與伊部燒的茶器一同登場。

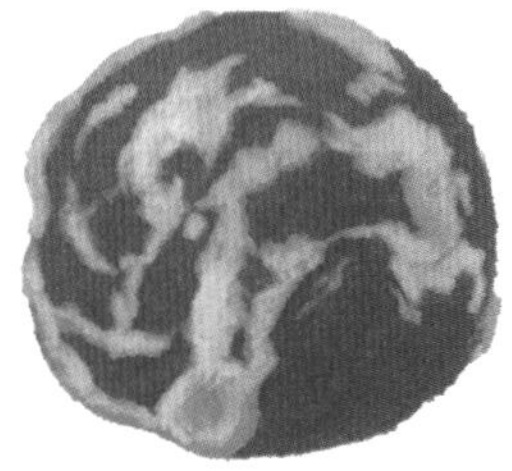

第二代店主銀造的妻子阿梅發明了薄皮饅頭，在初代店主經營的時期，饅頭的外皮較厚，並有「大手」的烙印。

吃饅頭人偶拿著饅頭的理由

雙手拿著剝成兩半饅頭的吃饅頭人偶，是伏見稻荷的參拜名產之一，據說在文政年間（1818 ～ 1830 年）就已經生產製造。吃饅頭人偶是源自日本傳統寓言的鄉土玩具，傳說有位孩子被大人詢問比較喜歡爸爸或媽媽時，結果他把饅頭撕成兩半，反問哪一個比較好吃。據說在家中擺放吃饅頭人偶當裝飾，小孩會變得聰明；如果在神社供奉吃饅頭人偶，參拜者會生出聰明的小孩。

川崎巨泉的鄉土玩具畫冊《玩具千種》（1922 年）中描繪的「伏見吃饅頭人偶」。

【岸川饅頭】▶森上商店（佐賀）

佐賀藩家老多久家四代茂文，於元祿 12 年（1699 年）建造了儒學教育場所東原庠舍，接著在寶永 5 年（1707 年）建造祭祀孔子的多久聖廟等，積極引進中國文化，據說川岸饅頭也是在此時期傳入日本。岸川饅頭曾以「麥饅頭」之名出現於江戶時代後期的地方志《丹邱邑誌》，獲得「岸川名產，雖未包餡，味道甚佳」的好評。

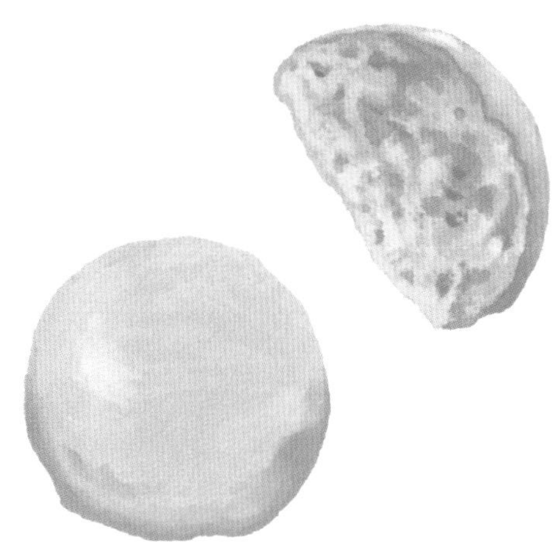

現代的岸川饅頭依舊維持傳統製法，僅使用米麴、水發酵製作而成。

其他的蒸物和菓子

以蒸籠等器具蒸製的和菓子，是源自鎌倉時代傳入日本的中國點心

【輕羹】▶明石屋（鹿兒島）

輕羹（かるかん）是在寬文年間（1661～1673 年）發明而成，為薩摩藩主的御用菓子，在年間儀式或喜慶等場合都有機會品嚐到。根據元祿 12 年（1699 年）島津家的食譜紀錄，在慶祝第三代藩主綱貴五十歲生日時，曾出現輕羹、羊羹、蜂蜜蛋糕等二十八種和菓子盛裝於扇形木桶的景象，老百姓要到明治維新後才得以品嚐這道和菓子。在江戶時代，輕羹被稱為「殿樣菓子」。

以山藥泥添加米粉與砂糖混合後蒸製而成，創業於安政元年（1854 年）的明石屋為現今輕羹的元祖，當初受島津齊彬之命，要研發美味的常備食物，因而誕生了輕羹。

作家吉田健一為前首相吉田茂的長子，他在《我的食物誌》中寫道：「輕羹是和菓子中的理想型態之一。」

【外郎】▶（神奈川等）

15 世紀，陳大年於京都販售中藥「透頂香」，別名為「外郎」。這是源自大年的父親於元朝的官職名稱「禮部員外郎」，而跟中藥外郎一樣使用黑糖製成的和菓子，也叫做外郎。有關於外郎和菓子誕生的原因，第一種說法為接待國賓用途；另一種說法為吃完外郎中藥後，通常會吃和菓子來消除口中的中藥味。在江戶時代，存在著同叫外郎的和菓子與中藥。根據十返舍一九《東海道中膝栗毛》的描述，彌次與喜多在小田原打算買外郎和菓子，結果買到的是中藥，因而寫下「原以為外郎是餅，結果是中藥，完全被騙了，實在有夠苦。」

據說是使用黑糖製成才有此名稱（《和漢三才圖會》），但找不到史料可證實外郎原本就是黑色的。

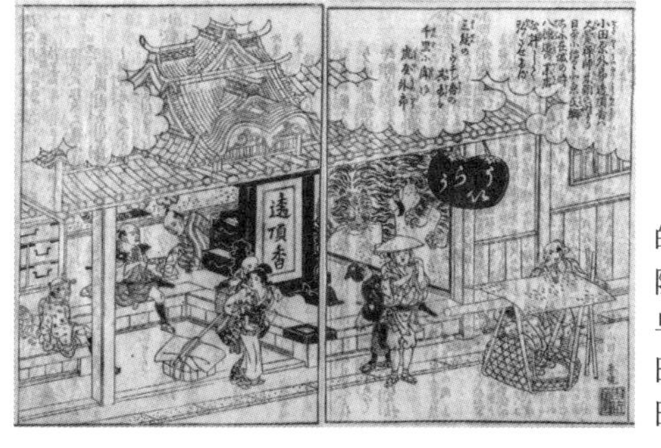

《東海道名所圖會》中的外郎店。在 16 世紀，陳大年的子孫獲得北條早雲的邀請，遷居到小田原，也讓外郎成為小田原名產。

享保 3 年（1718 年），第二代市川團十郎因喉嚨受損，吃了外郎中藥後成功治癒，因而產生歌舞伎經典劇目《外郎賣》。

煎餅類

於奈良、平安時代製作而成，在江戶時代誕生眾多名產

【薄冰】▶五郎丸屋（石川）

石動為今石動城的城下町，也是連接加賀金澤與越中高岡的要塞。寶曆 2 年（1752 年），石動的薄冰本鋪五郎丸屋第五代店主渡邊八左衛門，發明了薄冰和菓子。和菓子的造型是參考初春在水田表面形成的美麗薄冰，裂開的薄冰呈現特殊的景象。將和菓子放入口中，會宛如融冰般散發自然的甜味，是十分高雅的煎餅。

薄冰獲得加賀藩前田家的讚賞，也曾進獻給德川將軍家。

以刀子切割成一片一片的煎餅，再塗上和三盆糖，是傳統的製作方法。

以糯米製成的麵糰

在古代為冬天的季語

冬天的薄冰是高雅的風景，自古以來是許多和歌吟詠的題材。到了現代，薄冰也變成春天的季語。

昨日晚秋過，不知不覺中，岩縫生薄冰。

藤原公實（平安時代後期的公卿）

【八橋】▶（京都）

根據聖護院八橋總本店的資料，當初是為了緬懷葬在金戒光明寺（京都）的近代箏曲之祖八橋檢校，因此製作了古箏形狀的和菓子，也就是八橋（八ッ橋）的由來。

本家西尾八橋則記載，八橋起源於三河國八橋（愛知）的故事。有一位母親因孩子溺水往生，傷心欲絕，決定剃髮為尼出家。某天夜裡，當她正在睡覺時，有位和尚託夢，要她用八片木板蓋出橫跨的木橋，名為八橋，藉此告慰亡靈。後人參考橋的外觀，製作出八橋和菓子。

故事的舞台

三河國八橋為《伊勢物語》及謠曲〈杜若〉的舞台，但橋樑在 19 世紀被沖毀。

江戶也有八橋

在 18 世紀的江戶，已經有販售八橋。記載江戶名產的《七十五日》（1787 年）寫道：「來自京都的八橋煎餅，於兩國藥研堀新地販售的八橋源七。」

杜若

八橋

【南部煎餅】▶（岩手、青森）

建德年間（1370～1372 年），長慶天皇因南北朝戰亂逃往奧州避難，相傳家臣赤松氏曾經以蕎麥粉製作麵糰，利用自己的頭盔當作器具烘烤麵糰製成煎餅，獻給天皇果腹。此外，在戰國時代，南部煎餅也是士兵帶上戰場的糧食。

天保元年（1830 年），以麵粉製成的南部煎餅，在隸屬南部藩的八戶三日町市廣受好評，並傳入盛岡。

正面
楠木正成的家紋「菊水」

長慶天皇為了感謝赤松氏的忠誠，允許在煎餅烙上赤松氏家紋。

背面
赤松氏家紋「三階松」

小知識 使用南部煎餅的奇特祭典

每年八月十六日，在青森縣二戶市福田地區舉行人形祭時，當地人會將南部煎餅綑綁在稻草人與木棒上，扛著南部煎餅行走。人形祭源自天保年間（1830～1844 年），當時因發生飢荒與瘟疫，透過祭典將煞氣轉移到稻草人與煎餅，祈求無病無災。最後將稻草人與煎餅丟入安比川，代表供奉神明之意。

【草加煎餅】▶（草加）

江戶時代，草加宿是旅人來往日光街道的驛站，相當熱鬧。從前在草加宿有位名叫阿仙的老婆婆，她平常靠賣糰子維生，但因為糰子保存期限不長，賣不掉的糰子往往只能丟掉，讓她十分苦惱。後來，有位武士建議她，可以將糰子壓扁後曬乾，再經過烘烤製成煎餅販售，這就是草加宿名產草加煎餅的起源。

從前的草加煎餅，是在麵糰中加入鹽製成麵糰烘烤而成；到了幕末時期，改成在煎餅表面塗上醬油烘烤的形式，延續至今。

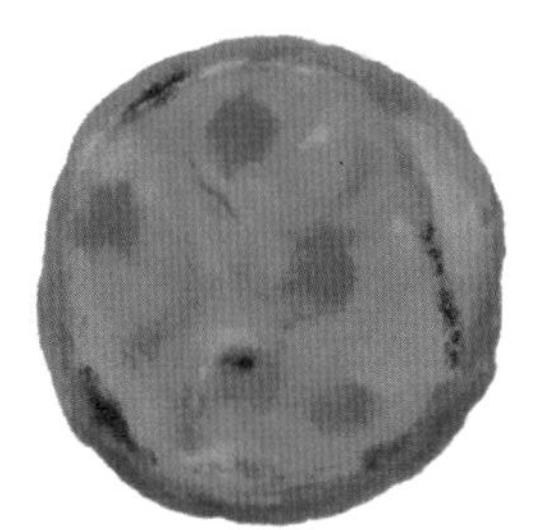

草加煎餅的最早記載
從寬政 8 年（1796 年）的《萬祝儀覺帳》（藤波家藏書）可見「煎餅」記載，據說這是有關於草加煎餅的最早記載。

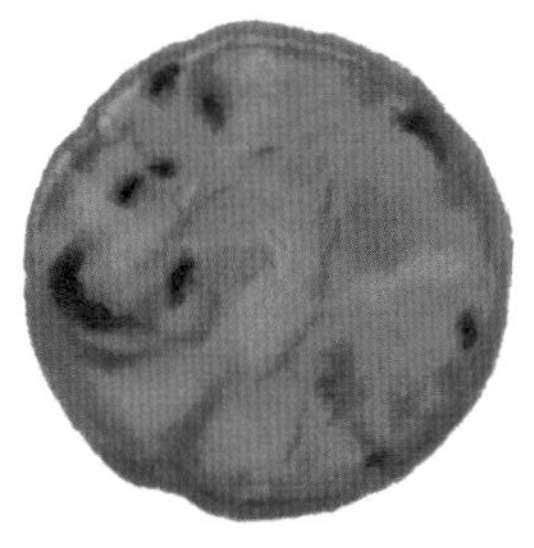

大正 2 年（1913 年）陸軍舉行特別演習時，曾獻給大正天皇草加煎餅，因而打響名號。

【松島紅蓮】▶紅蓮屋心月庵（宮城）

鎌倉時代後期，有位名叫阿谷的女子，從出羽嫁到松島，但未婚夫小太郎驟逝，阿谷並沒有因此回到娘家，而是盡心盡力照顧小太郎的父母，直到他們過世後選擇出家。阿谷來到圓福寺（瑞嚴寺）剃髮為尼，法號紅蓮，她用寺院的米供品製成煎餅，提供參拜客食用，不知從何時開始，她所製作的煎餅被稱為「紅蓮」（こうれん）。

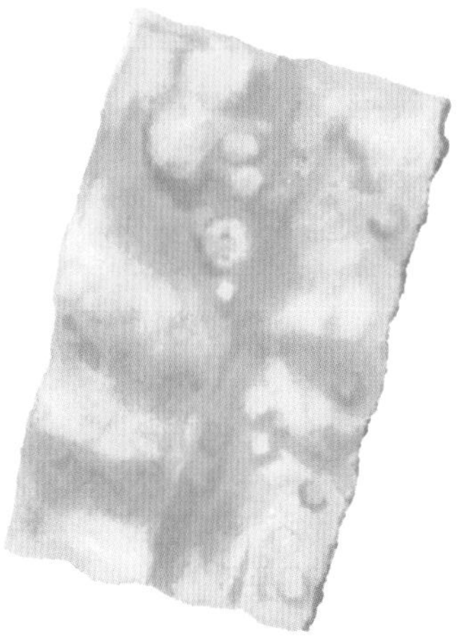

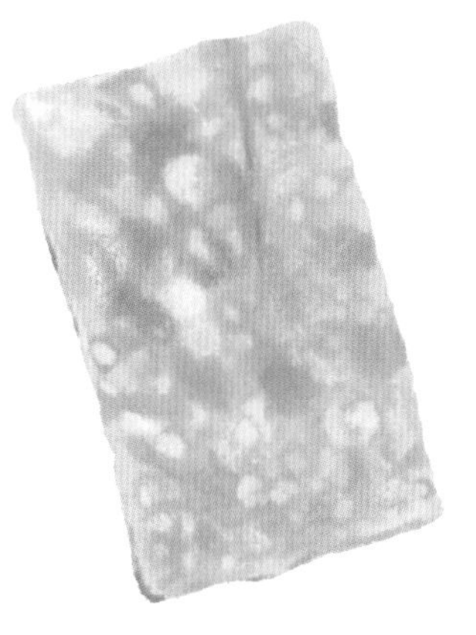

獲得菅江真澄的讚賞

江戶時代的旅行家及民俗學者菅江真澄，曾讚譽紅蓮為「仙袂」（源自唐朝詩人白居易《長恨歌》的「風吹仙袂飄颻舉，猶似霓裳羽衣舞」）。

以和歌的詩籤為造型

據說紅蓮尼喜歡吟詠和歌，因此將煎餅做成詩籤狀。

【花林糖】▶（全國）

據說花林糖（かりんとう）的起源為油炸的唐菓子「環餅」，但沒有詳細的史料根據。環餅是以米粉等材料添加糖蜜，再扭轉麵糰捏成圓圈狀的點心。相傳花林糖是在天保年間（1830～1844年），由江戶深川的山口屋吉兵衛開始製作，他們在夜間會提著寫有「深川名物山口屋的花林糖」的紅燈籠四處叫賣，逐漸受到當地人的歡迎，負責叫賣的店員甚至超過二百人。

在明治時代後，花林糖演變成為現今的形狀。有關於花林糖在江戶時代的製法及形狀等，依舊成謎。

以前的花林糖還會附贈辻占？

在江戶、明治時代，購買花林糖時還會收到隨附的辻占（寫上預測吉凶結果的紙張）

正岡子規也曾吃過

明治時代的俳人正岡子規也曾一邊吃著花林糖，一邊閱讀辻占上的占卜結果，寫道：「是讓我不禁露出微笑的有趣內容」（《評卜筮十句集》）。

太宰治的作品《Romanesque》描述，有位住在深川的小氣學者，他的兒子偷偷拔掉家裡的釘子拿到廢品回收店變賣，換取現金買了花林糖。

霰、御欠類

以糯米製作而成的米菓，以前是使用正月的鏡餅製作

【五家寶】 ▶（埼玉）

五家寶起源於享保年間（1716～1736年）的上野國邑樂郡五箇村（現今的群馬縣邑樂郡），以乾飯捏成棒狀後蒸製，再撒上黃豆粉。

五家寶之名是在明治時代形成

在江戶時代，五家寶被稱為五嘉棒、五嘉寶、五箇寶等，到了明治時代改稱為「五家寶」。五家寶為「五穀為家中之寶」的涵義。

大田南畝也曾經吃過

別號「蜀山人」的文人大田南畝，在《奴師勞之》（1821年）寫道，他在安永6年（1777年）前往日光參拜時曾吃過「五荷棒」，但一口也難以下嚥。然而，他在文政3年（1820年）吃到秩父的「五家寶」後，表示跟以前吃過的五荷棒相比，已經可以接受其味道了。

五家寶的起源為水戶銘菓？

據說五家寶是參考水戶銘菓吉原殿中製作而成，在水戶藩第九代藩主德川齊昭（1800～1860年）掌政的時期，府邸有位名叫吉原的女傭，曾使用剩飯製作出這道點心，並送給將軍側室品嚐。

【初雪】 ▶武田待喜事堂（岡山）

津山藩獻給幕府的「輕燒」點心，為初雪的前身。據說初雪是在寬政3年（1791年）或文正12年（1829年），由津山堺町的丸龜屋熊助（八木熊助）所發明而成。初雪在以前為烘烤類的和菓子，但因為烘烤後會膨脹，熊助改販售烘烤前的麵糰，受到藩主的喜愛。由於和菓子入口後，會宛如初雪般溶化，因而得名。

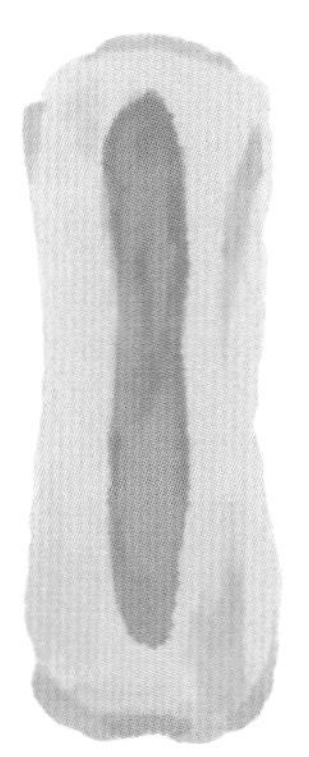

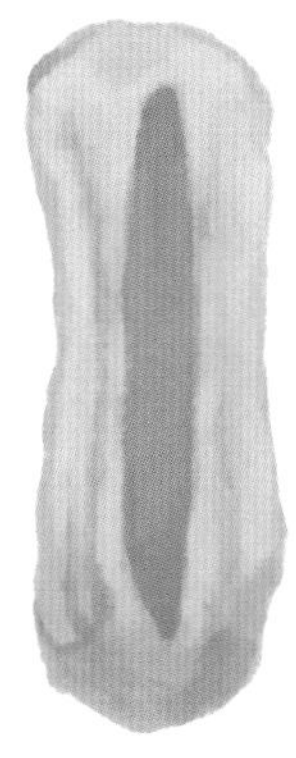

初雪的材料只有糯米與砂糖，也被當成津山藩松平家的兵糧。

在明治10年（1877年）的第一回內國勸業博覽會的展出紀錄中，是首見初雪之名的最早史料，並以此為契機讓初雪成為津山名產。

小知識 醒井宿的醒井餅名產

醒井餅是將板狀餅削薄製成的餅，是近江國醒井宿的名產，曾被《料理早指南》（1802年）列為日本諸國名產之一，也被當作送給彥根藩諸大名的禮品。因宿場町人氣衰退，醒井餅一度失傳，近年來有業者重新製作，成功加以重現。

從《木曾路名所圖會》（1805年）可見清水前的茶店，販售餅（かき餅）米菓的景象。

其他的燒物和菓子

散發濃郁香氣的烘烤和菓子，在江戶時代是受平民與大名喜愛的點心

【源氏卷】▶山田竹風軒（島根）

以蜂蜜蛋糕餅皮包覆紅豆泥餡的燒菓子，據說是在江戶時代末期被發明出來，有關於源氏卷名稱的由來，則有各種說法。

源氏卷的由來①

源自《源氏物語》，紅豆泥餡帶有紫色的顏色，讓人聯想起若紫之卷中源氏所詠的和歌「野草生根通紫草，何時摘取手中看。」

廣重畫〈源氏物語五十四帖〉（1852 年）。

源氏卷的由來②

津和野藩主龜井茲親是與源氏卷有淵源的人物，元祿 11 年（1698 年）津和野藩被任命為敕使的接待役，龜井茲親特地請教幕府中專司禮儀的吉良上野介（吉良義央），但被吉良戲弄一番，龜井茲親大為盛怒，家臣多胡外記思考解決的辦法，決定用源氏卷包了金幣，送給吉良上野介加以賄賂，才順利讓津和野藩完成接待敕使的工作。

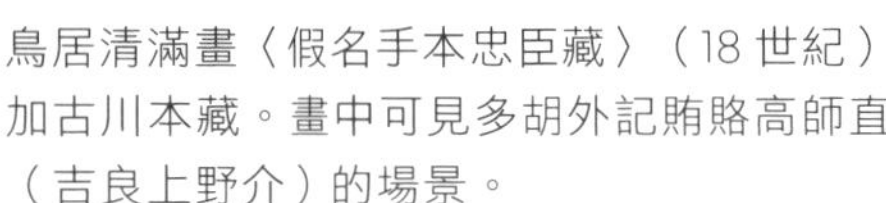

鳥居清滿畫〈假名手本忠臣藏〉（18 世紀）加古川本藏。畫中可見多胡外記賄賂高師直（吉良上野介）的場景。

【小原木】▶大德屋長久（三重）

享保年間（1716 ～ 1736 年），位於白子的迴船問屋大德屋（現今的小原木本舖大德屋長久）竹口久兵衛，陪同紀州藩第六代藩主德川宗直前往京都八瀨小原的時候，奉命製作紀念造訪八瀨小原的和菓子。他參考了當地知名的大原女（又稱為小原女，將木柴或木炭放在頭上叫賣的女性）及白子、子安觀音的不斷櫻花樹，製作了小原木和菓子。

〈職人尽歌合〉（1744 年）。瀧澤馬琴在紀行文《羈旅漫錄》（1803 年）寫道：「見到八瀨大原兜售黑木，是令人欣喜的風景。」大原女扛著木炭的姿態，是洛中的知名風景之一。

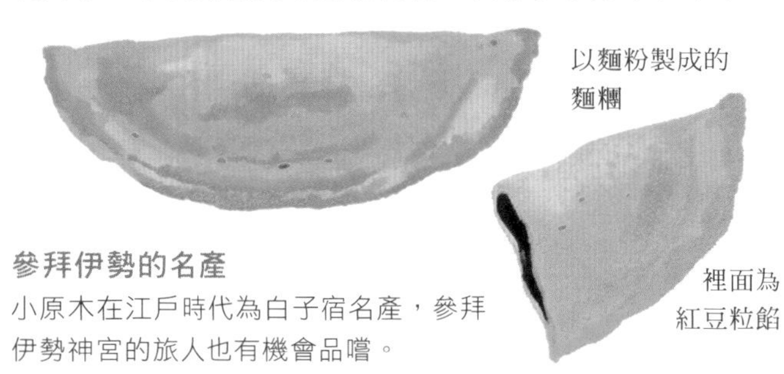

參拜伊勢的名產

小原木在江戶時代為白子宿名產，參拜伊勢神宮的旅人也有機會品嚐。

【今川燒】▶（東京）

今川燒為關東的名稱，在江戶時代，因為在神田堀的今川橋附近販售因而得名。織田信長與今川義元爆發桶狹間之戰時，因「快速烘烤而成的今川燒」宣傳口號，讓今川燒廣受歡迎。在 18 世紀，本所那須屋開始販售今川燒（《富貴地座位》、《七十五日》），也曾經在神田及兩國回向院前開店。

《插柳》（1851 年）記載：「今川燒為仲丘之月形狀。」由此可知當時的今川燒為月亮般的圓形。

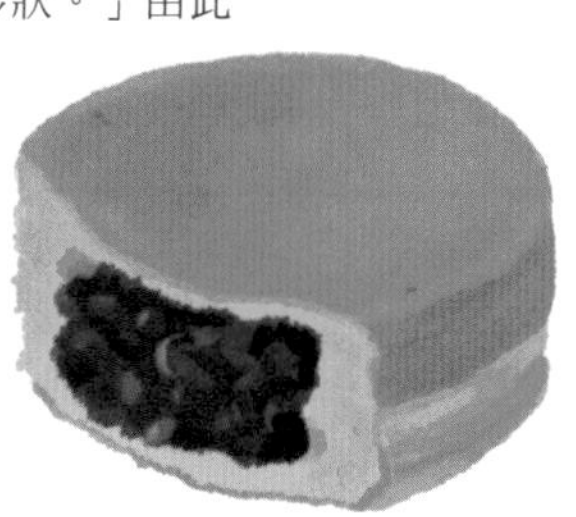

谷崎潤一郎所描寫的今川燒

谷崎潤一郎在大正 8 年（1919 年）的《美食俱樂部》中，描寫銀座四丁目夜市所販售的今川燒。大正 5 年（1916 年）的《神童》，也描述兩國藥研堀登場的今川燒，是受少年喜愛的點心。

夏目漱石在《野分》寫道：「今川燒為三個一錢，是婆婆自製的點心。」在書中描述神樂坂的毘沙門前的今川燒攤販景象。

【金鍔】▶（東京）

金鍔（きんつば）原名為「銀鍔」，最早於京都的清水坂販售（《雍州府志》1686 年）。以米粉製成的包餡燒餅點心，圓形的外觀宛如刀鍔，於享保年間（1716～1736 年）傳至江戶，成為以麵粉製成的「金鍔」。由於日本上方地區以銀幣為主要流通貨幣，在江戶則以金幣為主，因此有名稱的差異。

當時傳入江戶的小型銅鑼燒，被稱為「金鍔」（《嬉遊笑覽》1830 年）；到了文化年間（1804～1818 年）出現使用上等餡料製成的「見目より（味道比外觀更佳之意）」四方形金鍔。

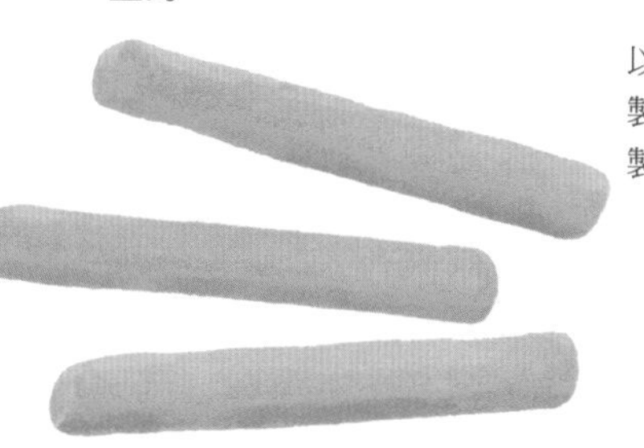

以麵粉、砂糖、雞蛋製成的麵糰，經烘烤製作而成

高知銘菓的「堅干」為「堅硬的乾菓子」之意，創業於元祿元年（1688 年）的西川屋老鋪初代才兵衛，從白髮素麵的製作方式獲得靈感，發明了堅干和菓子。

【堅干】▶西川屋老舖（高知）

江戶時代的考證隨筆《嬉遊笑覽》（1830 年）記載：「卷餅為現今犬皮燒之始祖」，犬皮（ケンピ）、堅干源自從中國傳入日本的點心「卷餅」，後來演變成在麵粉加入砂糖、核桃、黑芝麻、大豆醬油等材料，以銅鍋烘烤後切成條狀的製作方法（《古今名物御前菓子秘傳抄》1718 年）。據推測「犬皮」之名，應該是源自表面的烤色。

茶道與和菓子

茶是在平安時代傳入日本，最早是作為藥浴用途，之後到了十五世紀後半，被後世稱為茶道開山之祖的村田珠光，將茶道發揚光大，創造日本茶文化的風潮。《山內料理書》（一四九七年）記載：「菓子為消遣用途的食物，通常是在飯後食用；而茶之子（茶點之意）的外觀樸實，體積較小。」可見當時誕生了茶會專用的和菓子，有別於一般飯後的和菓子。

茶聖千利休是侘茶的集大成者，根據他所舉辦的茶會紀錄《利休百會記》（一五九〇年）記載，麩燒、栗子、燒餅、柿子等都是曾在茶會登場的點心，後來茶菓子開始具備不干擾茶香的微甜味，並逐漸追求色彩與造型之美等。因此，和菓子是在茶道中淬鍊而成，如此形容一點也不為過。

【受千利休喜愛的「麩燒」】

《利休百會記》（1590 年）記載茶聖千利休舉辦約百次茶會的景象，其中有關和菓子的記載有八十八次，當中共有六十八次出現了「麩燒」（ふの焼き）之名，由此可見晚年的利休特別喜愛這道和菓子。

古代茶道中所不可或缺的和菓子

麩燒的做法是將水加入麵粉攪拌後做成麵糊，再將麵糊倒在熱鍋上攤平，煎成薄薄一片，在單面塗上味噌等調味料，捲成可麗餅狀。在江戶時代，麩燒被稱為「茶子」，代表「與茶如同父子」之意（《雍州府志》1684 年）。

※ 照片為編輯部加以還原製作的麩燒。

以麵粉製成的麵皮。

放入味噌餡，有些麩燒也含有胡桃、山椒味噌、白砂糖、罌粟等內餡。

變成包餡的類型

在 17 世紀時，江戶出現包餡的麩燒，被稱為「助惣燒」，成為備受歡迎的江戶名產；但到了明治時代卻失傳了。

【16、17世紀的茶會，使用了哪些和菓子？】

column

16世紀的主要茶菓子

種類	名稱
水果類	栗子、烤栗子、水煮栗子、美濃柿、宇治柿、熟柿、核桃、金桔、葡萄、蘋果、石榴、橘子、杏仁、銀杏、桃子等
料理類	牛蒡、香菇、白慈菇、山藥、烤地瓜、芋頭、蕨、青海苔、豆腐、麩、昆布、柚餅、羊羹、田樂、魚板、海螺、魁蛤等
甜點類	金團（きんとん）、豆飴、煎米、煎餅、薄皮饅頭、椿餅、麩燒、白餡餅、栗糰子、糰子、雪餅、菱形艾草餅（ひし形よもぎ餅）、紅豆麻糬餅（あんこ餅）、葛餅、洲濱形豆飴等

※《松屋會記》、《天王寺屋會記》、《宗湛日記》、《今井宗久茶湯日記拔書》、《有樂亭茶湯日記》

17世紀的主要茶菓子

種類	名稱
水果類	栗子、烤栗子、水煮栗子、美濃柿、甘干柿、熟柿、葡萄、梨子、石榴、核桃、橘子、銀杏、蘋果、西瓜、琵琶、桃子等
料理類	芋頭、牛蒡、香菇、野慈菇、竹筍、茄子、松茸、山藥、昆布、豆腐、海螺、柚餅、烏魚子、玉子素麵、羊羹、鶉烧等
甜點類	糰子、紅豆餅、草餅、醒井餅、包餡艾草餅、葛餅、笹餅、蕨餅、椿餅、粽子、金團、栗糰子、豆飴、薄皮饅頭、冰糖、吉備糰子、有平糖、蒸羊羹等

※《織部茶會記》、《宗和茶會記》、《遠州茶會記》、《石州茶會記》等（出處：《和菓子6號》虎屋文庫）

餅類

依地區有多樣化發展，供奉給神明祈求豐收

【安倍川餅】▶山田一（靜岡）

安倍川餅為東海道府中宿的名產，慶長年間（1596～1615年），德川家康來到位於安倍川上游的笹山金山巡視，有位男子獻上表面撒上黃豆粉，外觀宛如砂金的「金粉餅」，獲得家康的喜愛，於是將之命名為「安倍川餅」。在天明年間（1781～1789年），使用白砂糖製作而成的安倍川餅受到好評，成為靜岡名產之一。

第八代將軍德川吉宗特別喜愛安倍川餅，擔任御賄頭（負責供應食材給幕府的廚房）職位的古郡孫太夫，曾使用駿府的糯米製成安倍川餅，獻給德川吉宗，吉宗品嚐後讚不絕口（《耳囊》1784～1814年）。

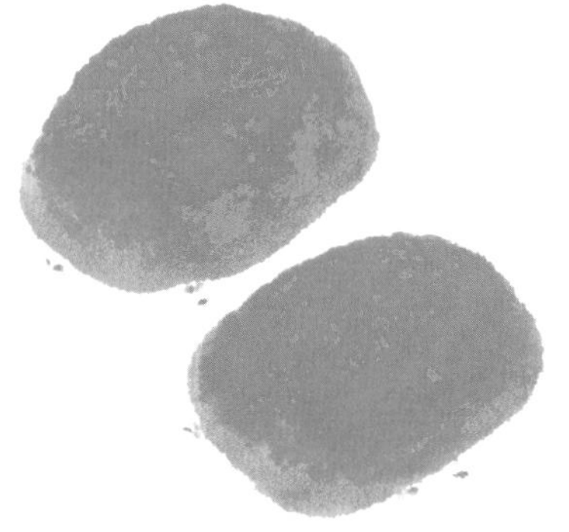

泉鏡花《婦系圖》的後半段故事中，舞台轉移到靜岡。書中描述主角主稅與原為馬夫的老人，一起在茶店品嚐安倍川餅的情景。

歌川廣重〈東海道五十三次之內　府中　安倍川遠景〉（1843～1847年）。

一個五文錢的高級餅

當時的餅每個售價約二～三錢，但安倍川餅為五文錢，因而被稱為「五文取」。據說有位前往伊勢參拜的男子，以為安倍川餅為一盤五文錢，結果發現是一個五文錢而大吃一驚（《五十三次江戶土產》）。

府中宿名產

十返舍一九《東海道中膝栗毛》寫道：「此地名產為安倍川餅，加上兩側的茶屋，呈現優雅而美麗的風景。」

【鹿之子】

鹿之子是在寶曆年間（1751～1764年），由歌舞伎演員嵐音八所發明的和菓子（《明和誌》1822年）。音八在人形町開設惠比壽屋，他在店門口擺放身穿羽織、高4尺（約1.2公尺）的機關人偶，利用人偶來搬運以竹皮包覆的鹿子（《寬天見聞記》，1789～1844年）。

宛如佛頭的鹿之子

文正11年（1828年）的俳句，將鹿之子比喻為佛像頭部，詠道：「鹿之子餅，宛如釋迦之後腦」（《柳多留》）。

【姥餅】▶姥餅屋（滋賀）

位於東海道與中山道分歧處的草津宿，其名產為姥餅（うばがもち），屬於餡衣餅的形式。永祿 12 年（1569 年），統轄近江的大名佐佐木（六角）義賢被織田信長擊敗後，佐佐木義賢將他的三歲曾孫託付給名叫福井的乳母照顧，福井便將孩子帶到家鄉的草津隱居，為了賺取養育孩子的費用開始賣餅，被稱為「姥餅」。據說德川家康統一天下後，吃了姥餅十分中意，也讓諸大名趨之若鶩地前來購買。

用紅豆泥餡包住餅（餡衣餅）

現代的姥餅，是以白豆沙餡與山藥製成的練切，表現出母乳溢出的模樣

弘化元年（1848 年），從參拜過伊勢神宮的人所寫日記《伊勢參宮獻立道中記》記載，姥餅分為上等與下等兩種。

千代之春，老翁誓約，姥姥餅。

松尾芭蕉

曾在北齋與芭蕉的作品登場

歌川廣重〈東海道五十三次之內草津名物立場〉（1833 ～ 1834 年）。姥餅曾出現在歌川廣重雨葛飾北齋的浮世繪作品中，松尾芭蕉及與謝蕪村（東風吹拂，草木春萌，姥姥餅）也曾詠下與姥餅有關的俳句。

【蕨餅】

以蕨菜根提煉的澱粉製成，再撒上黃豆粉的蕨餅（わらび餅），據說在平安時代深受醍醐天皇喜愛，因此授與了「太夫（五位）」之名號，此後蕨餅被世人稱為「岡太夫」。16 世紀以後，蕨餅才開始於民間普及，在連歌師宗牧的《東國紀行》（1545 年）中，出現了日坂（現今靜岡縣掛川市）的名產蕨餅。

以前使用蕨粉製成的蕨餅，獲得宗牧稱讚「值得細細品嚐」。在江戶時代，蕨餅是以葛粉製作而成，因而被語帶諷刺地形容「新（日）坂的蕨餅，其實是葛餅。」（《東海道名所記》1659 年）。

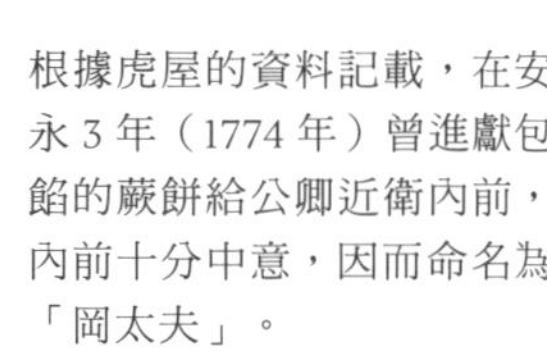

根據虎屋的資料記載，在安永 3 年（1774 年）曾進獻包餡的蕨餅給公卿近衛內前，內前十分中意，因而命名為「岡太夫」。

曾在《瘋癲老人日記》中登場

谷崎潤一郎的《瘋癲老人日記》（1961 年），書中描述在奈良旅行的妻子，詢問先生是否該買蕨餅當作奈良伴手禮的場面。

【鯨餅】▶（青森）

鯨餅（くじら餅）為青森縣鰺之澤的名產，據推測誕生於室町時代後期，曾與「蜂蜜蛋糕」及「金平糖」一同出現於《南蠻料理書》記載。之後，鯨餅以京菓子的形式被製作而成（享保 3 年〔1718 年〕於京都出版的《御前菓子秘傳抄》中登場），透過北前船傳入津輕。從津輕藩御用菓子司大阪屋的《御菓子御本當帳》（1766 年），可見鯨餅之名。除了青森，鯨餅也傳入山形等地區。

鯨餅之名，源自於黑色與白色，或黑、白、黃的餅之剖面，很像是鯨魚皮的外觀，這是在現代較為罕見的形狀。

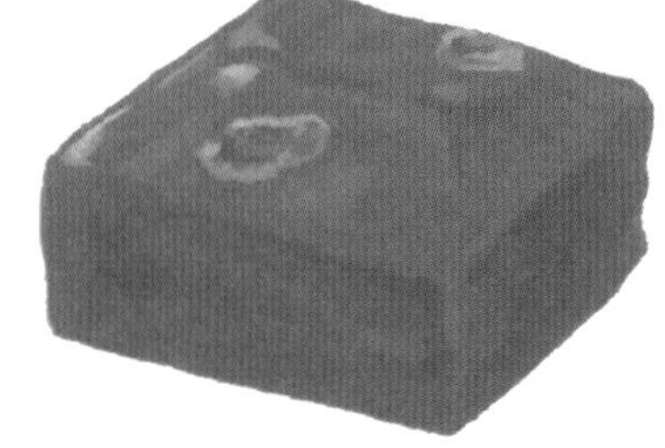

現代的鯨餅製作方法，是將砂糖、紅豆泥餡、胡桃加進米粉揉成糰，再蒸熟製成。

【芥子餅】▶小島屋（大阪）

包有紅豆泥餡的餅，再撒上罌粟籽製作而成的芥子餅（けし餅）。罌粟是在室町時代傳入日本，在江戶時代於堺町近郊大面積栽種。堺町為茶道的發揚地，並盛行製作茶點用的和菓子。芥子餅也是作為茶點用途而被發明的和菓子之一。

【汁粉】

有關於汁粉（紅豆沙麻糬湯）的記載，首見於天正 12 年（1548 年）的《多聞院日記》，直到江戶時代中期以後，因日本國產砂糖的產量增加，平民才得以品嚐這道點心。古代的路邊攤也有販售汁粉，是日常生活中的食物之一。三都（江戶、京都、大坂）每碗汁粉售價皆為十六文錢（《守貞謾稿》）。

《江戶名所圖會》中位於目黑的汁粉屋。從畫中可見「正月屋」的店名，由於店家也有販售正月的年糕湯，或是當地人在正月有吃汁粉的習慣，因而又有正月屋的名稱。

三島由紀夫的《春雪》，描述主角清顯與聰子於日本橋三越入口相會，並前往附近的汁粉屋幽會。當中寫道：「掀起小小的漆碗蓋子，看到熱騰騰的紅豆餡呈現紫色，宛如春泥般溢出，逐漸乾掉。」以優雅的文字來描述紅豆餡。

糰子類

隨著砂糖於江戶時代中後期的普及，各地誕生了各式各樣的糰子

【羽二重糰子】 ▶ 羽二重糰子（東京）

文政 2 年（1819 年）誕生了羽二重糰子，當時的芋坂（現今的日暮里五丁目一帶）面對王子街道，人來人往相當熱鬧。羽二重糰子初代店主庄五郎在此販售以米粉製成的糰子，獲得當地人稱讚「質地細膩，宛如羽二重絲綢」。在明治時代，夏目漱石、森鷗外、正岡子規等文人也曾造訪羽二重糰子，透過文學作品描繪糰子屋的景象。

於明治時代誕生
紅豆泥餡糰子

到了江戶時代誕生
塗上生醬油的糰子

芋坂跟糰子，皆與月亮有緣

正岡子規

正岡子規特別喜愛羽二重糰子，根據日記《仰臥漫錄》記載，在子規過世的前一年明治 34 年（1901 年），他曾經吃了「三根紅豆餡糰子、一根烤糰子」。

漱石與鏡花也曾吃過

夏目漱石的《我是貓》、泉鏡花《松葉》、司馬遼太郎《坂上之雲》等作品中，皆有描寫羽二重糰子。

【澤根糰子】 ▶ 島屋（新潟）

澤根糰子（沢根だんご）是沾冷水食用的包紅豆泥餡糰子，在江戶時代，新潟縣佐渡市澤根為通往相川金山的城鎮，也是船隻停泊的港町。到了 19 世紀，茶屋開始販售澤根糰子，有首傳統民謠是這麼唱的：「來到澤根，抵擋不了糰子的誘惑，但買了糰子就沒錢。」

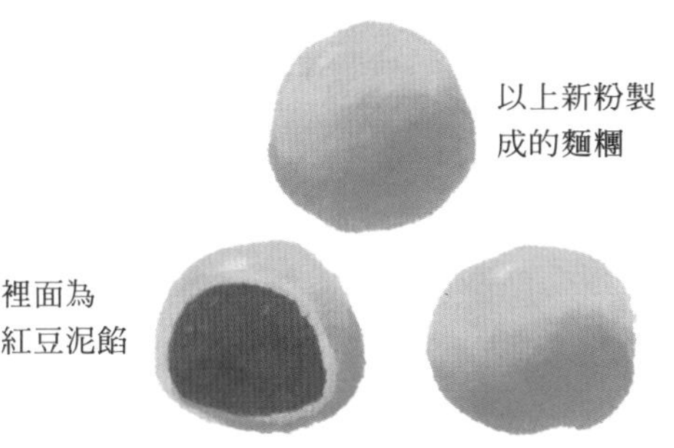

小知識　江戶人喜愛的白玉水

白玉（白湯圓）在江戶時代是具有高人氣的點心，其吃法為撒上砂糖，或是加進冷水或汁粉一起吃。每到夏天，涼水攤會一邊吆喝著「來點涼的，來點涼的」，一邊販售將白玉與白砂糖加入冷水的點心。在江戶時代末期，使用紅粉等材料製成的彩色白玉大為盛行。

《守貞謾稿》所描繪的涼水攤。

求肥、球形餡類

擁有獨特口感的求肥，誕生於寬永年間的江戶

【金團】

有關於金團（きんとん）的最早紀錄為室町時代，1603 年日本耶穌會刊行的《日葡辭書》，記載金團為「裡頭加入砂糖的某種圓餅」。16 世紀伊勢貞順的《酌并記》記載：「在吃金團時要特別小心，咬下時要避免裡頭的砂糖噴到臉部。」17 世紀的金團包餡餅，其外圍為呈現黃色的、加入冰糖熬製成的白豆沙。到了文化、文政年間（1804～1830 年）才演變成現今的外貌。

江戶時代中期的茶人遠藤元閑，在《茶湯獻立指南》（1696 年）稱讚道：「金團為首屈一指的茶菓子。」

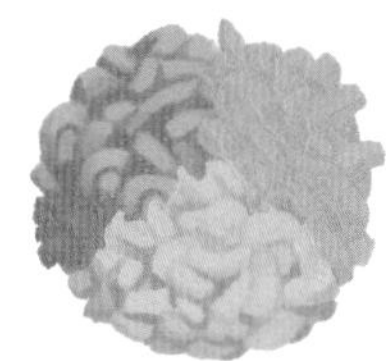

裡面為豆沙球餡或求肥

現代的金團為放上絲狀餡料製成

1784 年，伊勢貞丈（貞順的子孫）所著的《貞丈雜記》記載：「以栗粉製成的黃色點心，因而名為金團。」

從江戶時代的文獻無法見到正月料理「栗金團」（栗きんとん）之名，可推測是在明治時代以後出現。

以布巾絞成栗子形狀的栗金團，是岐阜縣中津川市的名產。製作方式是將生栗子蒸過後，再將果肉取出製成泥，加入砂糖再用布巾輕輕地絞成栗子的形狀。

【朝鮮飴】▶老舗園田屋（熊本）

有關於朝鮮飴的起源，有各種說法，據說是中世的軍糧之一，原本被稱為「長生飴」。16 世紀末期，加藤清正出兵朝鮮時，因把此道和菓子當作軍糧，因此名為「朝鮮飴」。寶永 6 年（1709 年），肥後國的神道學者井澤蟠龍所撰寫的《肥後地方志略》記載了「朝鮮飴」，是最早的紀錄。據說肥後細川家曾進獻朝鮮飴給幕府。

薩摩藩主及宇土藩主進行參勤交代時（江戶時代制度之一，各藩的大名要前往江戶替幕府將軍執行政務一段時間，再返回自己的領土），會在經過肥後藩領時購買朝鮮飴當作伴手禮。

川端康成在《掌中小說》「胡頹子小偷」中，提到鮮紅色的胡頹子植物時，形容為「比紅色的朝鮮飴更加美麗」。

【烏羽玉】▶（京都等）

其優雅的名稱起源，有各式各樣的說法，包括「因外觀近似黑色的圓形射干種子（烏羽玉）」，或是源自和歌中與黑色或夜晚相關的枕詞「射干玉」等。烏羽玉也具有各種外形。

京都的龜屋良長於享和 3 年（1803 年）創業時所製作的烏羽玉，是用艷寒天（つや寒天）包覆黑糖風味的餡球，再撒上罌粟籽。

蔦屋總本家（長崎）根據平戶藩松浦家的《百菓之圖元本》（1845 年），還原製作了烏羽玉，是使用求肥包覆黑芝麻餡後，再撒上和三盆糖。

和菓子食譜《菓子話船橋》（1841 年）中的烏羽玉，是用餡料包住求肥飴，呈現圓球狀，再撒上碎冰糖。

羊羹類

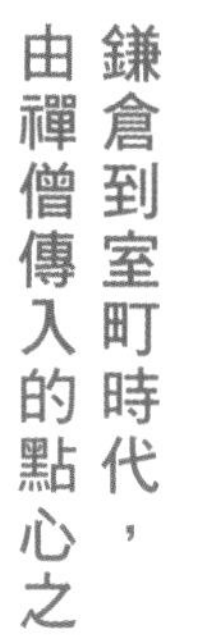

【追分羊羹】▶追分羊羹（靜岡）

江戶幕府第三代將軍德川家光在位時期（1623～1651 年），府川家家主新助曾在箱根山區，照顧生病的明朝僧侶，僧侶便傳授他「紅豆羹」的製作方法，當成回報。紅豆羹是用竹皮包餡的蒸羊羹，是東海道江尻宿的人氣名產，至今依舊繼承傳統的風味。

追分羊羹的舊名為「新助羊羹」，受到進行參勤交代的大名所喜愛，由於店家位於東海道與清水港的分歧處追分一地，又被稱為「追分羊羹」。

江戶幕府大政奉還後，隱居於靜岡的德川慶喜相當喜歡這道和菓子，形容其滋味宛如「原野中具有深邃輪廓的佛像」。

用竹皮包餡後蒸製而成。

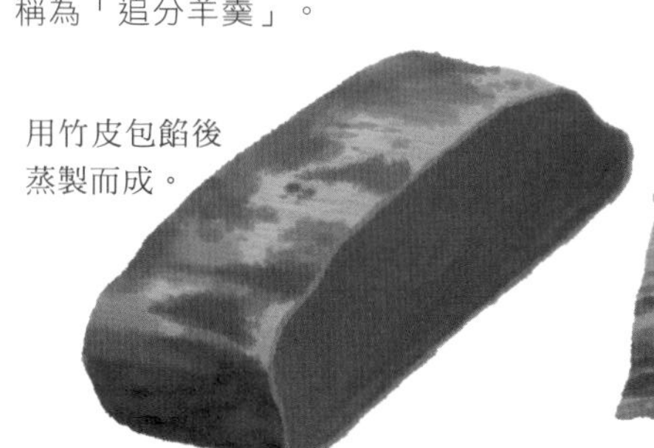

將紅豆泥餡與麵粉混合所製成的麵糰

以米粉蒸製的餅

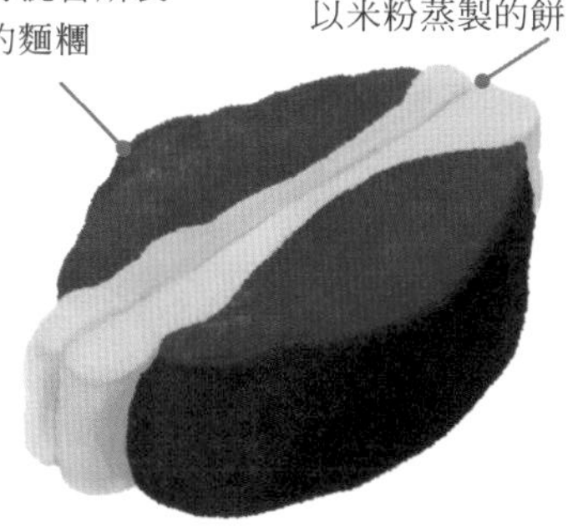

【鯨羊羹】▶（宮崎）

黑色表皮與白色內層的蒸羊羹，外觀宛如一頭鯨魚。佐土原藩島津家第四代忠高（1651～1676 年），其長子惟久誕生的時候，佐土原藩御用菓子屋製作了這道和菓子，祈求「孩子能像鯨魚般健壯長大」，成為鯨羊羹（くじら羊羹）的起源。另外一種說法，是在惟久兩歲的時候，由於父親過世，島津家產生爭執，其生母松壽院為了祈求孩子健康成長，便請御用菓子屋製作這道和菓子。

【夜梅】▶虎屋（東京）

平安時代，三十六歌仙之一的知名歌人凡河內躬恒，詠下和歌「春夜暗無礙，雖不見梅花，難以掩香氣。」來形容在春天的黑夜中散發的梅花香氣。虎屋製作的「夜梅」，是能讓人聯想起和歌情景的小倉羊羹。在文政 2 年（1819 年）的古文獻中，即可見夜梅的菓銘。

江戶時代後期的儒學者賴山陽，為史書《日本外史》（1827 年）的作者，他曾經從京都寄和菓子給老家（廣島）的母親梅颸，當中包含虎屋（於京都創業）的「夜梅」。

其他的流物和菓子

以羊羹為首，將寒天等材料倒入模具中凝固製成的和菓子，在各地有不同特色

【梅干凍】▶佐藤屋（山形）

江戶時代，山形的特產紅花，隨著渡船出貨運往京阪地區，紅花的花瓣可提煉紅色素，經常被用來製作成「紅」（胭脂）。為了讓紅有更漂亮的顏色，還要加入梅醋，因此在山形盛行栽種梅樹，並且製作出梅干凍（のし梅，也寫作乃し梅或熨斗梅）。寬政 11 年（1799 年），山形藩的御用菓子屋足利屋，傳承了梅干凍的製作方法。

正岡子規於臥病在床期間所寫下的日記《墨汁一滴》，曾提到「山形的梅干凍」。

江戶時代的梅干凍做法，是在搗碎的梅肉中加入白砂糖與葛粉；到了明治、大正時代經過改良，形成現今的梅干凍形式。

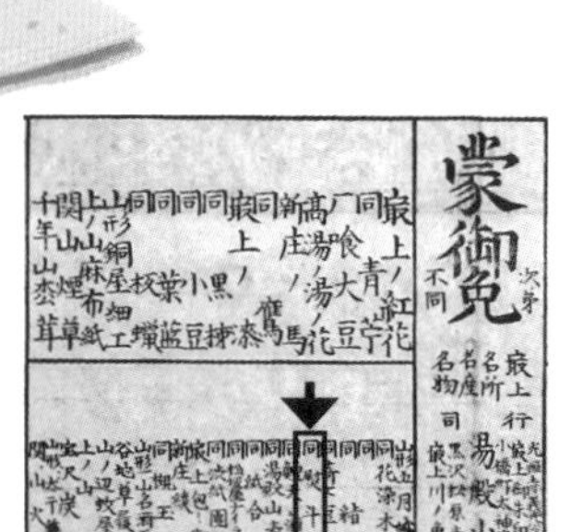

於元治元年（1864 年）出版的《最上名所名產名物番附》，於第二段可見「熨斗梅」的記載。1855 年的旅行導覽書《東講商人鑑》也有「干物砂糖類　最上名產梅干凍　八百屋為吉」的記載。

【淡雪】▶松琴堂（山口）

創業於慶應年間（1865 ～ 1868 年）的松琴堂，其製作的淡雪（阿わ雪）為代代相傳的傳統銘菓，住在松琴堂附近的伊藤博文，吃過淡雪後盛讚「入口即化的口感，讓人想起春天的淡雪，堪稱和菓子之王。」並命名為「阿王雪」。可惜伊藤博文在當時親筆撰寫的書籍，後來因戰火而燒毀。

松琴堂曾進獻淡雪給長州藩主毛利家、明治天皇、大正天皇、皇太子時代的昭和天皇等。

松琴堂在製作進獻用的和菓子時，會先齋戒淨身並穿上白衣，在店門口擺放「獻上銘菓製造中」的招牌，製作期間客人無法入內。

從茶屋名產誕生的淡雪

江戶時代，位於岡崎宿的「淡雪茶屋」，提供名為「淡雪豆腐」的點心。製作方式為將葛粉或山藥製成的醬油味餡料放在豆腐上，搭配茶泡飯與醃菜的組合，售價為二十文錢，成為東海道名產。到了明治時代，淡雪豆腐一度失傳，但在備前屋第三代店主的努力下，終讓淡雪銘菓復活。

曾為東海道名產的淡雪豆腐（出自《岡崎市史》）。

葛粉類（葛菓子）

葛根原本為藥物用途，在十六世紀以後出現了以葛粉製成的和菓子

【葛餅】▶（關西）

室町時代後期的公卿山科言繼的日記《言繼卿記》，有與葛餅相關的記載。在室町至江戶時代前期的茶會記《松屋會記》（1533～1650年）中，葛餅則是以茶會菓子的形式登場。伊勢及若狹雖有生產葛粉，但大和的吉野葛品質較優良，也會進貢給朝廷。

江戶時代初期的料理書籍《料理物語》（1643年）寫道：「將一升的葛粉與一升五合的水拌勻揉成糰，再撒上黃豆粉、鹽、砂糖即可食用。」

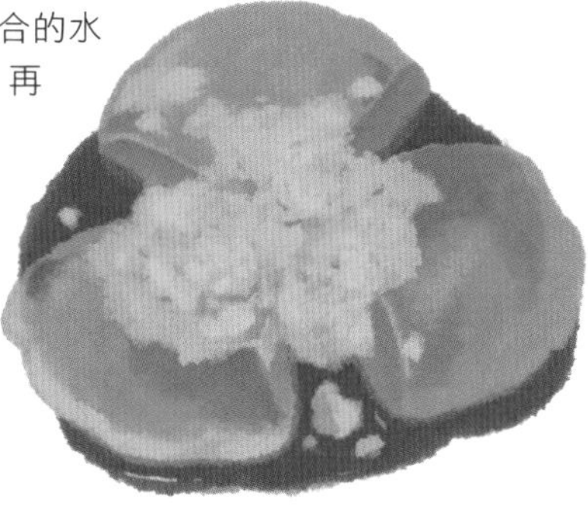

關西的葛餅是以葛粉製成，特徵是具有透明感。在現今的吉野地區，使用100% 葛粉製成的稱為吉野本葛，將葛粉與地瓜粉混合製成的稱為吉野葛。

【くず餅】▶船橋屋（東京）

關東的葛餅（くず餅）特徵為使用小麥澱粉製成，在18世紀，正麩粉（小麥澱粉）是製作漿糊的材料，洒落本（江戶時代後期的通俗小說）《夜半的茶漬》寫道：「以小麥澱粉製成的葛餅，具有極佳的彈性。」

曾在下總國船橋開設豆腐屋的船橋屋初代勘助，於文政2年（1805年）發明了葛餅，他在龜戶天神境內販售，廣受參拜客的好評，成為江戶名產。

被選為橫綱的葛餅

明治時代初年的江戶甜點屋排名書《大江戶風流評比》，將船橋屋製作的葛餅評選為橫綱等級。作家吉川英治也相當喜愛葛餅，船橋屋留有吉川英治親筆在櫸木板畫上的水墨畫招牌。

神奈川川崎大師的名產久壽餅

川崎大師的（神奈川）久壽餅，起源於天保大饑荒（1833～1836年）發生時，在大師河原村有位名叫久兵衛的男子，將小麥澱粉蒸熟後發給百姓食用。久壽餅的名稱，是以久兵衛的「久」與無病長壽的「壽」結合而成。

落雁類

於十七世紀誕生的和菓子，具有茶會用菓子等各種形態

【越乃雪】▶越乃雪本舗大和屋（新潟）

安永 7 年（1778 年），第九代長岡藩主牧野忠精罹患重病的時候，御用五金商大和屋庄左衛門，進獻在寒曬粉中加入和三盆糖製成的乾菓子。忠精吃了乾菓子後因此痊癒，並將乾菓子命名為「越乃雪」，下令：「這是天下無與倫比的名菓，只有我一人吃到實在太可惜，應該作為本國名產加以販售推廣。」

在 19 世紀進入江戶

江戶時代後期的風俗誌《守貞謾稿》（1853 年）寫道：「江戶人經常會贈送越乃雪，諸所菓子屋也會模仿其做法。」可見在江戶，有菓子屋會模仿越乃雪的做法製造和菓子。

藩主或藩士在參勤交代時，會購買越乃雪當作禮品，其名聲傳遍江戶或上方地區。

越後土産初編

於元治元年（1864 年）出版的《越後土產初編》，將越乃雪評為關脇等級（第三名），現今與石川縣金澤市的長生殿、島根縣松江市的山川並稱為日本三大銘菓。

【長生殿】▶森八（石川）

長生殿誕生於加賀藩第三代藩主前田利常執政的寬永年間（1624～1644 年），森八第三代店主森下八左衛門奉利常之命，製作在七夕宴客時的落雁，因而發明了紅白的落雁。德川將軍家的茶道師範小堀遠州，將這道落雁命名為「長生殿」。

曾進獻給前田家、將軍家，以及後水尾天皇。

在七夕立下的誓言

長生殿的菓銘，源自唐朝詩人白居易的長詩《長恨歌》，描述唐玄宗與楊貴妃於七夕之夜，在長生殿對著牛郎織女星立下誓言，永不分離。

上頭的長生殿文字是源自小堀遠州的揮毫。

御用菓子的歷史

長生殿在明治 19 年（1886 年），被當作「大御食」（天皇的食物）進貢宮內廳。在昭和 3 年（1928 年）昭和天皇的即位儀式時，也曾進獻給天皇。

泉鏡花《星女郎》的故事背景為石川與富山縣交界，描述主角巧遇不可思議的山伏與美女等，是充滿幻想性的故事，書中出現了放在金蒔繪和菓子器具中的長生殿（紅白色的唐墨狀落雁，加賀名產）。

【山川】▶風流堂（島根）

第七代松江藩主松平治鄉（不昧），為大名茶人，確立了「不昧流」之茶道流派。江戶品川宿的伊勢屋越後大掾，參考不昧的和歌「落葉漂浮，紅葉沉底，高尾山川之水，映照紅葉之影」，製作這道和菓子。曾在伊勢屋學藝的松江藩菓子司面高屋船越新四郎道順，雖然將製作山川的技術傳入松江，但後來失傳，所幸風流堂於大正時代初期加以還原製作。

在秋天的茶會供應

根據不昧的茶會記《茶事十二月》記載，在十月舉辦茶會時會供應山川，紅色的山川象徵紅葉，白色象徵河川的水流。

源自不昧和歌的春天「若草」

在求肥上面撒上寒梅粉製成的絲狀餡，做成若草和菓子，這是不昧在春天舉辦茶會時的主菓子。彩雲堂（島根）初代店主，參考了不昧的和歌「天空轉陰，雨來臨前趕緊採收，栂尾山的春天若草。」製作了若草和菓子。

【口砂香】▶岩永梅壽軒（長崎）

口砂香是源自海外貿易中心長崎的傳統和菓子，清朝人陳芝香於元祿 8 年（1695 年）來到日本，將唐菓子的製作方法教給戀人阿梅，成為口砂香的起源。因阿梅之名，原本在製作口砂香時會使用梅花模具，在盂蘭盆節或彼岸時，則會製作菊花狀的口砂香當成供品。口砂香為落雁之一，特徵在於使用梗米粉製作而成。

岩永梅壽軒的口砂香，其外觀與岩永梅壽軒的店號有所淵源，可見梅花或壽字圖案。

【狐面】▶木村屋（山形）

鶴岡銘菓狐面（きつねめん）是以紅豆製成的打菓子，天保 11 年（1840 年）第八代庄內藩主酒井忠器受幕府之命轉封長岡，據說這是川越藩主松平齊典向幕府提議而促成。當地領民高舉「何卒居成大明神」之旗幟極力反抗，幕府只好撤回更換領地的命令。為了慶祝，城下的菓子屋從「居成」與「稻荷」獲得靈感，製成狐面和菓子，獻給藩主。

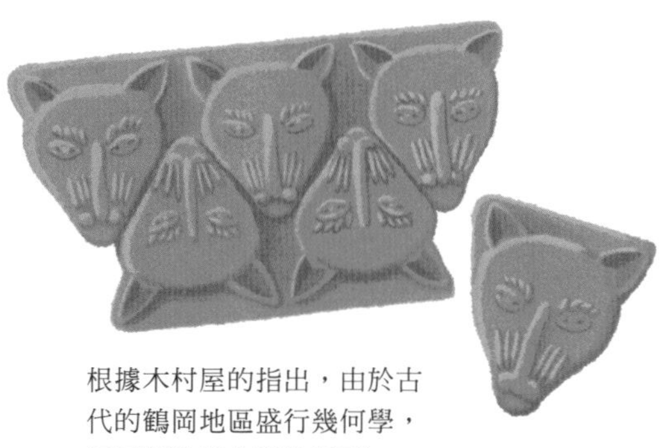

根據木村屋的指出，由於古代的鶴岡地區盛行幾何學，因而製作出台形的狐面。

【鹽釜】 ▶九重本鋪玉澤（宮城）

自古以來，宮城縣鹽竈市就是知名的製鹽產地，平安時代盛行以「鹽釜」（火燒海水製鹽的爐灶）製鹽，加上風光明媚，獲得好評。「鹽釜之浦」為和歌的枕詞之一，《古今和歌集》有首和歌為「陸奧多名勝，必舉鹽釜浦，浦上拖船行，感傷時可睹。」（歌人不詳）。到了18世紀，名為鹽釜（しおがま）的和菓子登場，由於經切割後的外型很像是用來占卜的算木，又被稱為「算木菓子」（《物類稱呼》1775年）。

《菓子話船橋》（1841年）記載，將唐三盆（白砂糖）、微塵粉（將糯米蒸熟後烘乾製成的粉末）、鹽、水混合後壓固成形，製成鹽釜，跟現今的製法相同。

加入紫蘇葉製作而成

某些地區相傳，鹽釜神社的祭神鹽土老翁，將製作鹽釜的方法傳給當地人。早期在製作時會加入藻鹽草（用於製鹽的海藻），到了現代會加入紫蘇葉粉末。

泉鏡花的《薄紅梅》，描述在冬天的江戶川沿岸，人們帶著加有紫蘇的鹽釜與菸草盒散步的景象。

【麥落雁】 ▶三桝家総本舗（群馬）

館林地區在古代便為知名的大麥產地，當地人有著將大麥炒成粉，製作成麥粉（麦こがし），再當做點心食用的習俗。三桝家総本舗第七代與兵衛，利用麥粉製成易於入口的和菓子，在麥粉中加入砂糖製成麥落雁，進獻給館林藩主秋元家。

《菓子話船橋》（1841年）也曾記載麥落雁之名。

據說小說家田山花袋也十分喜愛麥落雁，在作品《緣》可見「這個城鎮有生產名為麥落雁的和菓子」之描述。

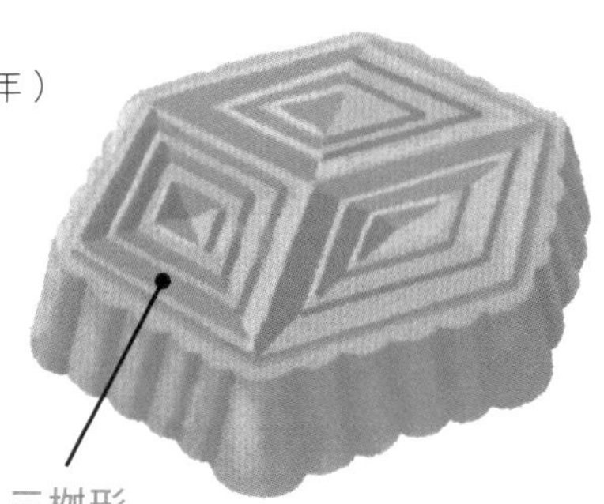

三桝形

三桝家総本舗第七代與兵衛，發明了名為三桝形的麥落雁模樣。

小知識 香煎湯為飲用的麥粉

在炒過的大麥或米粉中加入陳皮，倒入熱水拌勻即為香煎湯。到江戶的茶店消費時，店家所端出的第一杯為煎茶，第二杯端出香煎湯（《守貞謾稿》，1853年），也有專賣香煎的香煎師。

《人倫訓蒙圖彙》1690年。

最中類

與中秋的明月有關的和菓子，從前為圓形，現在有各式各樣的形狀

【老伴】▶ 柳屋奉善（三重）

天正 3 年（1575 年），柳屋奉善初代村田市兵衛，將糯米製成的餅皮放在餡料上，製成如同旭日外形的和菓子，進獻給近江國日野城主蒲生氏鄉。由於外皮類似中國秦朝的古瓦紋樣，在從前被稱為「古瓦」。文化 2 年（1805 年），松坂的富商三井高敏在茶會中品嚐了古瓦，大受感動，依據唐朝詩人白居易的唐詩《問秋光》之「老伴無如鶴」，將和菓子命名為「老伴（永遠伴隨在身旁的和菓子）」。

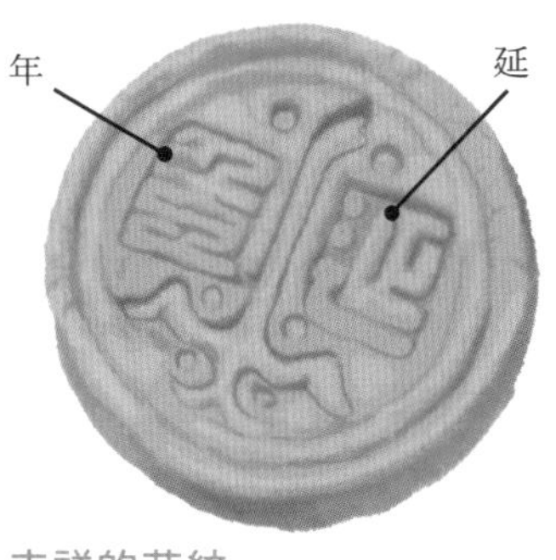

吉祥的花紋

餅皮中央呈現東方白鶴的圖案

從日野搬到松坂（阪）

天正 12 年（1584 年），蒲生氏鄉因戰功受封伊勢松島領地，於天正 16 年（1588 年）建造松坂城，柳屋奉善初代村田市兵衛也一同遷居至松坂城。氏鄉曾贈與明朝的本紅與堺的砂糖給他，市兵衛也致力於古瓦的改良。

到了幕末時代，內餡變更為羊羹類。

值得關注的和菓子專欄

在明治時代誕生的最中，延續至今

最中，原本指的是中秋的明月，也就是農曆八月十五日最圓的月亮。平安時代中期的歌人源順，詠下和歌「中秋明月照映水面，乃一年之中的最中。」（《後撰和歌集》）他將白色的圓形餅，比喻成中秋的明月，因此古代人將白色的圓形菓子稱為「最中之月」。在萬治、寛文年間（1658 ～ 1673 年），位於吉原遊廓的菓子司竹村伊勢，製作了白色圓形的柔軟卷煎餅「最中之月」，在 19 世紀將兩片麩燒煎餅包餡後製成「最中饅頭」於日本橋販售（《江戶買物獨案內》1824 年）。之後，世人統一將此道和菓子稱為「最中」，在明治時代則製作出延續至今的最中餅皮。

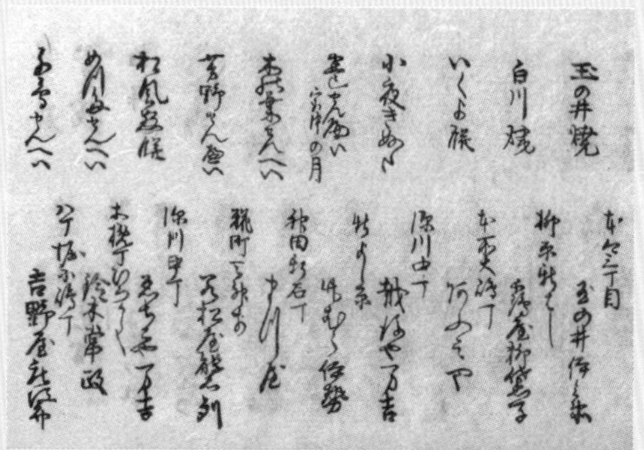

天明 7 年（1787 年）《七十五日》所記載的「卷煎餅，最中之月，新吉原，竹村伊勢」。

南蠻菓子（なんばんがし）

源自外國的點心在日本紮根，因使用雞蛋帶來重大變革

【卡斯特拉】▶（長崎）

在室町時代傳入日本的卡斯特拉（カステラ，也叫長崎蛋糕或蜂蜜蛋糕），是源自葡萄牙的海綿蛋糕（paodelo），或是西班牙的海綿蛋糕（bizcocho）等燒菓子。有關於卡斯特拉「castella」的名稱來源，最有力的說法是源自葡萄牙文「bolo de castella」，也就是 castella 地區的點心之意。在江戶時代前期，卡斯特拉被用來款待天皇或公卿等上流階層人士，後水尾天皇於寬永 3 年（1626 年）行幸二條城時，也曾吃過卡斯特拉（《後水尾天皇二條城行幸御式獻立》1626 年）。

瀧澤馬琴也曾吃過

在 18 世紀以後，卡斯特拉普及於平民階層，江戶時代後期的戲作家瀧澤馬琴，曾在《馬琴日記》提到他在文政 10 年（1827 年），曾經獲得一塊卡斯特拉。

用來傳教的卡斯特拉

根據長崎人的口述，初代長崎代官村山等安於天正 3 年（1575 年）開設南蠻菓子屋，開始製作卡斯特拉。耶穌會的傳教士在進行傳教時，也有發送卡斯特拉的紀錄（《太閤記》1625 年、《原城記事》1846 年）。

十返舍一九《餅菓子即席手製集》，1813 年。在卡斯特拉傳入日本時，日本人將大型鐵鍋擺放在炭火上，再將炭火放在鐵蓋上，透過上下加熱的方式來烘烤這款蛋糕。江戶時代的卡斯特拉，質地堅硬，口感較乾；到了明治時代，在製作時使用了麥芽糖與粗糖，口感才變得紮實綿密。

【雞蛋素麵】▶元祖雞蛋素麵（福岡）

將蛋黃如同細絲般倒入沸騰的糖蜜中，製成素麵狀的和菓子，名為雞蛋素麵。雞蛋素麵源自葡萄牙傳統點心「fios de ovos」，意思是「天使的髮絲」，從前被稱為「玉子素麵」。曾擔任大賀家手代（江戶時代，在郡代或代官之下的雜役官員）的博多富商初代松屋利右衛門，在造訪長崎的時候，向清朝人鄭氏學習雞蛋素麵的製作方法。延寶年間（1673～1681 年），大賀家舉行書院落成儀式時，利右衛門獻上雞蛋素麵給第三代福岡藩主黑田光之，獲得光之的讚賞。

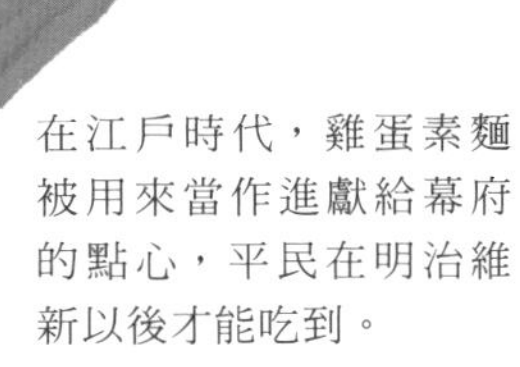

在江戶時代，雞蛋素麵被用來當作進獻給幕府的點心，平民在明治維新以後才能吃到。

【有平糖】

有平糖源自於葡萄牙的砂糖菓子「alfenim」，於室町時代末期傳入日本。從前被當作招待他人的點心用途，寬永3年（1626年），有平糖被列入二條城的菜單中，以招待後水尾天皇。

歌川國芳畫〈源氏雲浮世畫合早蕨〉（1846年左右）。以歌舞伎戲碼《伽羅先代萩》為題材，描繪千松代替主君鶴千代吃下有毒點心的場面，畫中可見狀似有平糖的和菓子。

在文化、文政年間（1804～1830年），出現了色彩繽紛的造型有平糖，用來當作儀式或喜慶的裝飾菓子。

信長、家康也曾吃過

天正9年（1581年），織田信長於安土城招待德川家康時，現場款待羊羹、饅頭等點心，其中也包括有平糖（《御獻立集》）。

【金平糖】

永祿12年（1569年），耶穌會傳教士路易士・佛洛伊斯（Luis Frois）獲得幕府的傳教許可而前往京都。織田信長在當時正在進行修建工程中的室町幕府第十五代將軍足利義昭的二條邸，接見佛洛伊斯。佛洛伊斯進獻裝在玻璃燒瓶（ガラス瓶）中的金平糖。在砂糖仰賴進口的時代，金平糖具有極高的價值，被當作贈送給當時掌權者的禮物。

《和漢三才圖會》（1712年）的金平糖。金平糖源自葡萄牙文「confeito」，為砂糖菓子之意。

井原西鶴《日本永代藏》（1688年）記載，金平糖在長崎是由女性以手工製作而成，元祿年間（1688～1704年）普及於上方地區。

根據享保3年（1718年）《（古今名物）御前菓子秘傳抄》的記載，當時的金平糖是加入罌粟籽製成，到了現代則是加入白砂糖製成。

【丸芳露】▶（佐賀）

丸芳露（丸ぼうろ）的「ボーロ(bolo）」名稱，在葡萄牙文中指的是菓子之意。日本的小饅頭（bolo），是用麵粉、砂糖、水製成麵糰後切成各種形狀，再使用製作卡斯特拉用的鍋子烘烤而成（《（古今名物）御前菓子秘傳抄》1718 年）。佐賀銘菓丸芳露，是最接近原型的點心。據說在 17 世紀，佐賀藩與福岡藩進行一年的參勤交代期間，在長崎駐兵進行守衛工作時，傳入了丸芳露的製作方式。

《和漢三才圖會》（1824 年）。當時可見環狀的「捻頭」（ホウル）或花狀的「花保宇留」等各式各樣的小饅頭。

丸芳露在從前為堅硬的燒菓子

丸芳露原本為葡萄牙船員的儲備糧食，江戶時代的丸芳露較硬，到了明治時代開始使用雞蛋製作，演變成現今的小饅頭。

【椪糖】

椪糖（カルメラ）是在室町時代後期由葡萄牙商船傳入，源自葡萄牙文「caramelo」，代表用砂糖製成的點心。椪糖剛傳入日本的時候，被當成招待賓客的菓子，相當珍貴。

外觀宛如浮石的椪糖

江戶時代的椪糖製作方法，是將蛋白與水加入砂糖中熬煮，稍待冷卻後攪拌至起泡，最後等待完全冷卻硬化（《古今名物御前菓子秘傳抄》1718 年）。由於外觀近似浮石，又被稱為「浮石糖」。

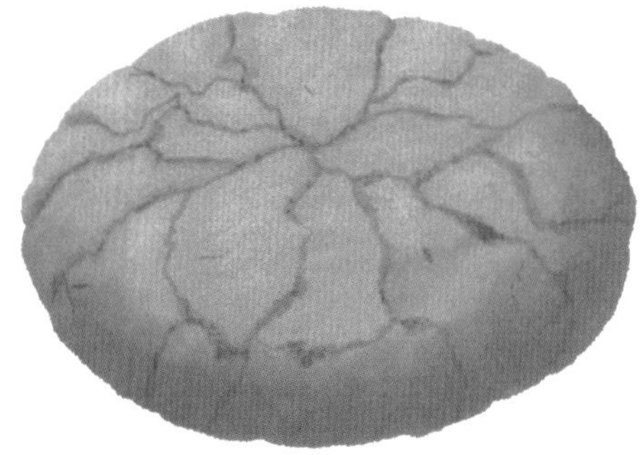

曾經是高級菓子

現今在緣日，經常會見到烤椪糖這道和菓子；但在砂糖價格昂貴的江戶時代，使用砂糖製成的椪糖，屬於高級的和菓子。

在明治時代以後，主要使用粗紅糖與少量的水，放入小鍋子裡熬煮，再加入小蘇打粉攪拌，讓椪糖膨脹後硬化。

【塔蛋糕捲】▶(愛媛)

以卡斯特拉蛋糕體捲起柚子餡的愛媛銘菓塔蛋糕捲（タルト），其原型為南蠻菓子。正保 4 年（1647 年），伊予松山藩初代藩主松平（久松）定行，奉江戶幕府之命來到長崎進行海上護衛的工作，他曾經在出島的外國人住宅吃過果醬蛋糕捲，並學習製作技術，回到松山後加以重現。定行指示點心師使用其他餡料來取代果醬，製作出名為「松山塔蛋糕捲」的和菓子。

語源為葡萄牙文的蛋糕捲

據說塔蛋糕捲的「塔（taruto）」名稱，源自葡萄牙文「torta」，為蛋糕捲之意。

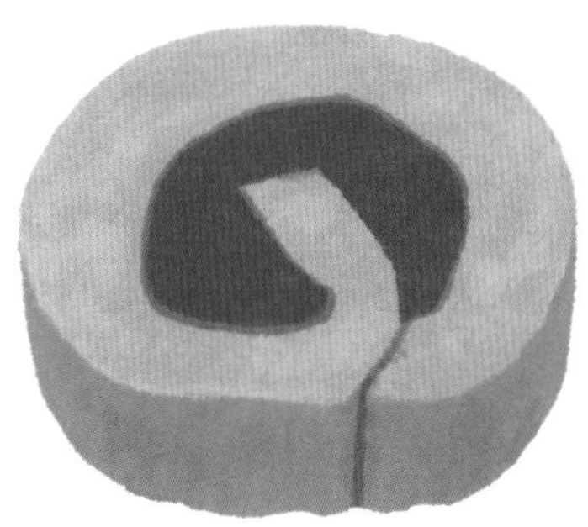

據說從前的製作方式，是用輕羹捲起紅豆泥餡。

由於塔蛋糕捲的製法為久松家家傳，直到明治時代以後才普及於民間。

【加勢以多】▶(愛媛)

加勢以多的原型，是以砂糖熬煮榲桲（從葡萄牙傳入長崎的果實）製成的葡萄牙點心「caixa da marmelada（木箱裝糖漬榲桲）」。據說初代肥後熊本藩主細川忠利之父三齋（忠興）很喜歡這道茶菓子，在 18 世紀與朝鮮飴一同進獻給幕府。

1998 年，古今傳授的間香梅獲得細川家的許可，重現製作這道和菓子。

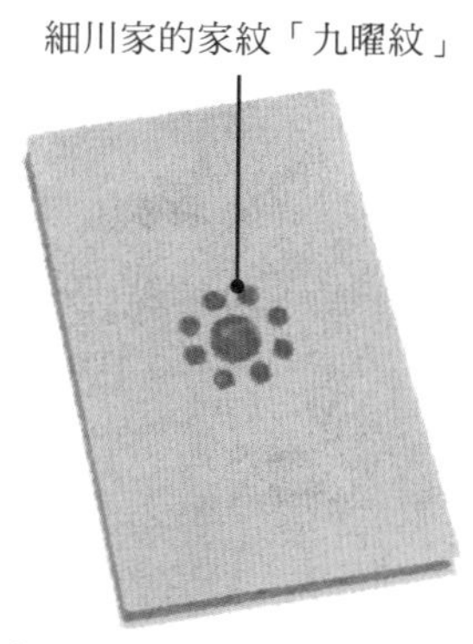

細川家的家紋「九曜紋」

在江戶時代曾經以梨子來取代榲桲，製作加勢以多（《合類日用料理抄》1689 年等），現在則是使用光皮木瓜果醬製成。

小知識 雁擬在從前也是南蠻菓子

豆腐料理中的雁擬（がんもどき，在關西稱為飛龍頭），其實是源自以米粉製成的葡萄牙揚菓子「飛龍豆」。元祿 15 年（1702 年），鹿兒島藩島津公於茶室舉辦茶會時曾使用飛龍豆（《吉貴公御茶進上紀錄》）。此外，《和漢精進料理抄》（1697 年）有刊登現今的雁擬製作方法，在 17 世紀末，無論是作為和菓子或豆腐料理，都具有一定的名氣。然而，到了江戶時代中期，飛龍豆幾乎消失殆盡。

各種飴類

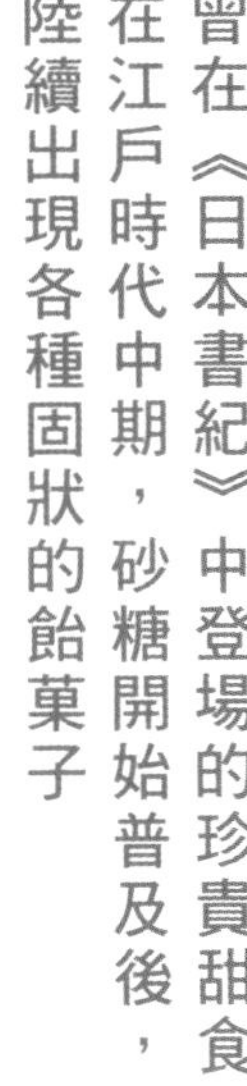

曾在《日本書紀》中登場的珍貴甜食，在江戶時代中期，砂糖開始普及後，陸續出現各種固狀的飴菓子

【栗飴】 ▶高橋孫左衛門商店（新潟）

近世的飴，其主原料為麥芽糖，在 18 世紀前都是褐色不透明的外觀；到了寬政 2 年（1790 年），越後高田第四代高橋孫左衛門使用糯米，製作出淡黃色的透明水飴，但由於沒有公開製作方式，並且為了不要讓世人發現原料使用的是珍貴的米，因此使用糯米製成的飴，名稱依舊保持為「栗飴」。

曾在江戶日本橋開店

江戶時代後期的戲作者十返舍一九，曾經在文化 11 年（1814 年）造訪高田時吃了栗飴，並且在旅途日記《方言修行金草鞋》盛讚：「高雅且風味甚佳。」隨著栗飴打響知名度，高橋孫左衛門曾經在日本橋本石町開設分店（在明治時代因火災而焚毀）。

在文化年間（1804 ～ 1818 年），販售著以竹葉包住栗飴製成的笹飴。夏目漱石在《少爺》中描寫負責照顧少爺的傭人阿清，喜歡的食物為「越後的笹飴」。

在幕末時期常聽到的一句話為「提到當代的水飴與堅飴，唯有越之高田。」（《守貞謾稿》）。

小知識 大館於農曆正月舉辦的「糖果市集」

秋田縣大館市於每年農曆正月的第二個星期六與星期日，會舉辦「糖果市集」（アメッコ市），人們會在樹枝綁上糖果，仿照出稻穗的景象，當成祭品供奉在神前，是從天正 16 年（1588 年）起便存續至今的儀式。舉辦糖果市集期間攤販林立，據說當場購買糖果並食用，就不會得到感冒。

【五郎兵衛飴】 ▶五郎兵衛飴本舗（福島）

根據創業於治承 5 年（1181 年）的五郎兵衛飴資料，文治 4 年（1188 年）源義經為躲避大哥源賴朝的追捕，帶著妻小與家臣逃往平泉的途中，曾經在長谷川五郎兵衛家吃過練飴（具有黏性的甜飴）。當時義經與武藏坊弁慶等人，寫下了字據，承諾未來會歸還商品價一貫文的一百倍金錢。

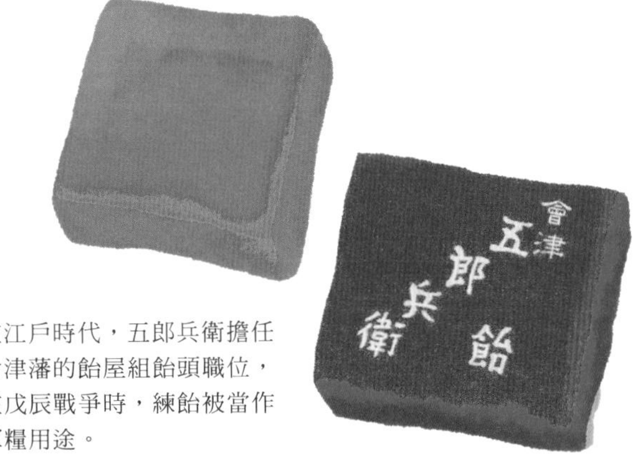

在江戶時代，五郎兵衛擔任會津藩的飴屋組飴頭職位，在戊辰戰爭時，練飴被當作軍糧用途。

【黃精飴】▶長澤屋（岩手）

臨濟宗僧侶方長老（規伯玄方），對於盛岡的飲食文化發展有極大的貢獻。在江戶時代初期，他在岩手山發現了黃精，是黃精飴的原料。黃精是原產於中國的百合科黃精屬植物根莖，方長老則是栽種具有與黃精相同藥效的鳴子百合。在 18 世紀，黃精在江戶大受好評，被評為「南部產上品莖葉甚大。」（平賀源內《物類品 》1763 年）。

對於盛岡產業發展有所貢獻

方長老是對馬藩與朝鮮外交的重要人物，但他在寬永 12 年（1635 年），因竄改國家書信嫌疑，被流放到盛岡藩南部家。直到獲得赦免的二十四年期間，他對南部鐵器的製造及釀造清酒皆有所貢獻。

受到小林一茶的喜愛

在江戶時代中期，以砂糖醃漬的黃精，或加入燒酒製成的黃精酒在市面販售，作為滋養強身的藥物引發話題。據說俳人小林一茶也很愛喝黃精酒。

嘉永 6 年（1853 年），近江國的長澤屋初代阿部重吉，著眼於黃精滋養強身的功效，製造並販售在求肥中加入黃精的黃精飴。

繼承植村義次傳統的「洲濱」復活

弘安年間（1278 ～ 1288 年），京都的菓子屋松壽軒在黃豆粉中加入砂糖與麥芽糖，揉成糰製作出「洲濱」和菓子。由於剖面狀似蓬萊島（洲濱。沙洲之意），或是婚禮上的洲濱台，因而得名。在江戶時代前期，洲濱為京都松本町（現今的白樂天町）的名產，京都地方志《京雀》（1665 年）寫道：「洲濱餅具有在別的地方嚐不到的風味。」創業於明曆 3 年（1657 年）的御洲濱司植村義次，將洲濱發揚光大傳承至今，但御洲濱司於平成 28 年（2016 年）歇業。平成 30 年（2018 年），在第十四代店主的指導下，由芳野綾子重現這傳統的味道。

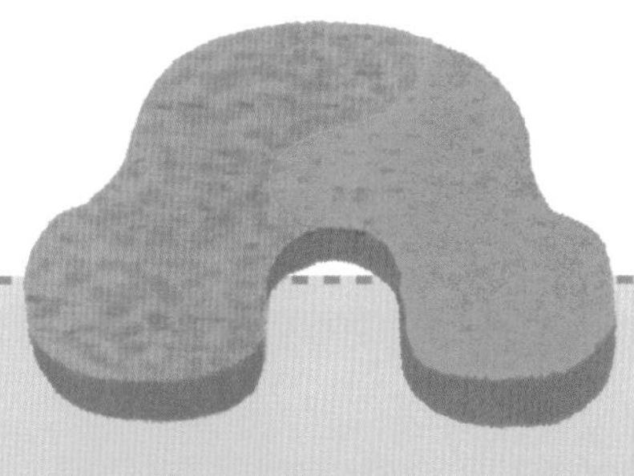

四條流的料理指南書《當流節用料理大全》（1714 年）中的洲濱台。

和菓子相關用語集② た行～わ行

布巾扭轉（ちゃきんしぼり）
用布巾將餡料絞成糰狀。

紅豆粒餡（つぶあん）
沒有壓成泥，而是保留紅豆顆粒製成的餡料。

手亡豆（てぼうまめ）
四季豆的一種。

天婦羅（てんぷら）
在和菓子的表面淋上溶化的寒天，增加光澤。

道明寺粉（どうみょうじこ）
將糯米蒸熟後乾燥磨碎的粉。

な

流物（ながしもの）
將材料流入模具中成形製成的和菓子。

離水（なく）
糖液跑到和菓子的表面，造成沾黏的狀態。

生菓子（なまがし）
含水量在百分之三十以上的和菓子。

練切（ねりきり）
在餡料中加入求肥或寒梅粉揉成的和菓子。

練物（ねりもの）
添加麵糰的黏性後揉成的和菓子。

は

糗粉（はったいこ）
將大麥炒過磨成的粉，又稱為麥香煎。

切腹（はらきり）
在熬煮或蒸豆類時外皮破裂。

半殺（はんごろし）
將米或豆類等顆粒狀穀物搗到半碎的程度。

半生菓子（はんなまがし）
含水量在百分之十至三十的和菓子。

乾菓子（ひがし）
含水量較少的和菓子。

引菓子（ひきがし）
婚禮或法會等場合作為贈品發給參加者的和菓子。

米菓（べいか）
以米為原料製成的和菓子。

ま

豆菓子（まめがし）
以大豆等豆類製成的和菓子。

水飴（みずあめ）
液態的飴類。

蒸物（むしもの）
將麵糰蒸過製成的和菓子。

餅粉（もちこ）
將生糯米磨成粉。

餅物（もちもの）
以糯米為主原料製作而成的和菓子。

桃山（ももやま）
將蛋黃、砂糖、寒梅粉、水飴等材料加入白豆沙餡中揉成的麵糰，再放入烤箱烘烤而成的和菓子。

や

燒物（やきもの）
將麵糰或粉糰烘烤製成的和菓子，也叫燒菓子。

わ

和菓子（わがし）
相對於洋菓子的名稱，在從前也被稱為「日本菓子」或「本邦菓子」。

和三盆（わさんぼん）
德島縣與香川縣等地生產的上等砂糖，相對於從國外進口的「唐三盆」所取的名稱。

蕨粉（わらびこ）
從蕨根萃取的澱粉。

第五章

和菓子的基礎知識

餅（もち）

和菓子的原點，從祭拜神明的供品加以演變而成

餅（麻糬）原本是用來祭拜神明的供品，也是在祈求豐收的祭典等場合所不可或缺的神饌菓子。

雖然無法確定餅在古代的形狀，如同《正倉院文書》中記載的「大豆餅」或「小豆餅」等名稱，但可確定在奈良時代就出現了餅類的加工食品。到了平安時代，像是正月的鏡餅或二月的椿餅等，都是固定會在節慶的日子食用的點心。此外，餅（もち）在當時被稱為「もちい」。

到了江戶時代，作為和菓子形式的餅才開始普及。

除了在現代可以品嚐到的大福（參照P155）等餅菓子，戲作者十返舍一九還著有介紹餅菓子的原料與製法的書籍《餅菓子即席手製集》（一八〇五年）。

受江戶人歡迎的栗餅

根據江戶時代後期的風俗誌《守貞謾稿》（1853年）的記載，當時栗餅屋製作栗餅的流程，首先用手抓取搗好的餅，透過指縫捏出四顆糰子，再將糰子丟入距離兩公尺左右的盤子中，再由另一人撒上混有砂糖的黃豆粉後加以販售。

製作栗餅的過程往往吸引眾人圍觀，也成為歌舞伎的題材。

三代歌川豐國所畫〈三筋綱吉河原崎權十郎、栗炳餡太郎中村芝翫、栗餅黃藏市村羽左衛門〉(1861年），描繪歌舞伎劇目《花競俄曲突》。

第一位搗餅的餅菓子之神

傳說小野神社（滋賀縣大津市）的祭神米餅搗大使命（小野妹子之祖神），為日本第一位搗餅（麻糬）的人物，因此被奉為「餅與和菓子之始祖」，小野神社在每年十一月二日會舉行新嘗祭。

御欠（おかき）、霰（あられ）

以鏡餅製成的御欠，以及用炒過的糯米製成的霰

御欠（おかき）與霰（あられ）是使用糯米製作而成的米菓，現代人會將大米菓稱為「御欠」，小米菓稱為「霰」。

御欠又稱為「欠餅」或「搔餅」，源自於正月時以手或槌子，將供奉過神明的鏡餅敲碎之習俗。

如果用刀子切開祭拜過神明的神饌點心，是一大禁忌，被視為不祥的象徵，因此要用油炸或烘烤的方式食用。

另一方面，霰最早出現於奈良時代，將曬乾的糯米炒過，在宮中用來招待來自國外的客人。

到了江戶時代，演變成將餅切成骰子狀再炒過的方法（《御前菓子秘傳抄》一七一八年），這樣就能採取跟御欠相同的吃法。

歌川豐國〈十二月之內〉之「師走搗餅」1854 年

將鏡餅製成御欠

在江戶時代，商家每逢十二月二十六日會開始搗餅，以製作用來供奉正月歲神的鏡餅。根據紀錄江戶近郊年度節日的《東都歲時記》（1838 年）的記載，在這天「大街上擠滿搗餅的人群，不分晝夜，生氣勃勃」。在供奉鏡餅，祈求神明保佑接下來的一整年平安順遂後，將祭拜過的鏡餅製成御欠或雜煮分給大家食用。

京都名產圓山欠餅

根據地方志《雍州府志》（1686 年）的記載，在江戶時代，京都圓山的安養寺、雙林寺、正法寺所製作的「圓山欠餅」，曾是京都名產。圓山欠餅屬於御欠的一種，做法是在冬天將餅搗好，呈現半乾燥狀態，再切成薄片陰乾，最後用火炒的方式製成。安永 6 年（1777 年）的評論記《富貴地座位》將圓山欠餅評為第三名。現今的京都御欠，則是傳承圓山欠餅的製作方式。

饅頭（まんじゅう）

禪僧於鎌倉時代傳入日本的點心

饅頭是在鎌倉時代後期至室町時代前期，從中國傳入日本的點心之一，相傳是在仁治二年（一二四一年）由宋朝歸國的禪僧聖一國師（圓爾）所傳入；或是在觀應元年（一三五〇年），起源於來到日本的林淨因，在奈良居住時所製作的饅頭。

原本饅頭是搭配湯品食用（道元《正法眼藏》一二四一年、伊勢貞宗《伊勢兵庫頭貞宗記》十五世紀後半等），但根據《京大本湯山聯句鈔》（一五〇四年）的記載：「某些饅頭的餡料使用紅豆與砂糖製作而成。」可見在室町時代已經能吃到包有紅豆餡的饅頭。

在江戶時代後期，隨著砂糖的國產化，當時的人們已經可以製作出跟現代相同的甜紅豆餡饅頭了。

室町時代的饅頭商人
在室町時代可見身著袈裟的僧侶，在街上販賣饅頭。

室町時代後期的《七十一番職人歌合》記載：「無論是砂糖饅頭還是菜饅頭，都蒸得恰到好處。」可見當時的饅頭分為加入砂糖製成的甜饅頭，以及包有蔬菜餡的菜饅頭。

《七十一番職人歌合》的手抄本《職人歌合話本》，1838 年。

江戶時代的饅頭十分多樣化
江戶時代後期的風俗誌《守貞謾稿》（1853 年），介紹江戶各種聞名的饅頭。

除了米饅頭（淺草金龍山聖天宮麓鶴屋名產），還有鹽瀨饅頭、花饅頭（本所回向院前的伊勢屋名產）、縮緬饅頭（日本橋高砂屋名產）等。

山東京傳《用捨箱》「米饅頭」1841 年。

煎餅（せんべい）

在江戶時代之前，以甜麵粉煎餅為主流

提到煎餅的歷史，可回溯至奈良時代，如同平安時代中期的漢和辭典《和名類聚抄》所描述「揉捏小麥粉麵糰後用油炒」，煎餅的原型是以麵粉為主原料的炸煎餅。

到了江戶時代，煎餅的種類更加多樣化，根據《毛吹草》（一六三八年序）記載，當時京都六條與近江堅田等地製作的煎餅，廣受好評。

在江戶也誕生鬼煎餅、小判煎餅、花煎餅等各種煎餅名產，但當時還是以添加糖蜜製成的麵粉煎餅為主流。

從江戶時代末期到明治時代以後，開始出現以米粉製成的鹽煎餅，口味近似現代的煎餅。鹽煎餅原本則被當作農家休息時間的點心。

京都六條名產鬼煎餅

元祿時期的職業圖鑑《人倫訓蒙圖彙》（1690 年），描繪煎餅師在製作京都六條名產鬼煎餅的情景。

在烤煎餅的時候往往得鼓起臉頰吹氣，看起來像是惡鬼的臉，因此有鬼煎餅的名稱。

於天明時期普及的煎餅

介紹江戶名產店的《七十五日》（1787 年）記載，京橋銀座町的布袋屋春隈曾販售「五色煎餅」、「木耳煎餅」、「薄雪煎 」等種類豐富的煎餅。

相傳到了天明年間（1781～1789 年），煎餅在江戶開始於平民階層普及。

高島屋阿久為兩國間餅屋的長女，是喜多川歌麿曾描繪的寬政三美人之一。

糰子（だんご）

從神饌菓子到提供平民食用的和菓子，在室町時代出現了串糰子

糰子跟餅一樣，原本是用來祭拜神明的供品。

使用米等原料經過加工捏成圓形的糰子，可說是和菓子的原型。五世紀的舞台一號墳（群馬縣前橋市）曾有器具埴輪（擺立在古墳頂部、底部和墳丘四周用土燒制的陶器）出土，被認為是用來放糰子等圓形食物的高坏狀器具。

糰子的名稱，首見於平安時代中期的學者藤原明衡《新猿樂記》，當中寫道：「菓子分為無核（沒有包餡）溫餅、粉勝（黃豆粉）糰子。」此外，像是唐菓子的團喜，以及佛教的檀供（供奉於佛壇的餅）也被認為是糰子的語源。

在室町時代，出現將糰子插入竹串的串糰子；到了江戶時代，每串糰子固定為四顆，延續至今。

江戶的名產糰子

在江戶地區，像是永代橋旁的「永代糰子」、日本橋室町浮世小路的「浮世糰子」、源自麻布飯倉片町的烏龜見世物（展示奇珍異獸或奇趣技藝的表演）的「阿龜糰子」等，陸續誕生名產糰子。

《近世商賈尽狂歌合》（19世紀）描繪的「菖蒲糰子」，插在四根竹串上的糰子看起來很像菖蒲花，因而得名。

從一串五個變成四個

在江戶時代，在路邊攤或茶屋即可吃到糰子，在江戶時代中期之前，每串有五顆糰子，售價為五文錢；到了明和5年（1768年）以後，由於四文錢在市面流通，逐漸變成每串四顆糰子，售價四文錢。

歌川廣重〈東都名所高輪二六夜待遊興之圖〉（天寶12～13年時期）

吃糰子避免染疫

彙整文化、文政年間（1804～1830年）要事的《街談文文集要》記載，每逢六月二十六日、二十七日的時候，人們會用米粉製作八十八顆糰子，分給家人吃，人們深信吃了糰子不會罹患傳染病。

羊羹（ようかん）

從羊肉湯轉變為和菓子

在鎌倉、室町時代，由禪僧傳入的羊羹，在中國叫做「羊肉羹」，也就是使用羊肉熬煮而成的湯。

不過，由於禪僧不得吃肉，他們便使用紅豆等植物性材料來取代羊肉，先將紅豆蒸過再淋上湯汁食用。

到了室町時代，羊羹成為和菓子的類型。在室町時代編撰的《點心喰樣》記載羊羹的製作方式，先熬煮紅豆後去皮，再用布巾過篩壓成泥，最後將葛粉與砂糖加入紅豆泥中拌勻，放入蒸籠中蒸過即可食用，其成品就如同現代的蒸羊羹。

之後到了一七七〇年，江戶的和菓子屋發明了使用寒天製作而成的煉羊羹，大受好評。在十九世紀，煉羊羹取代了蒸羊羹，成為主流。

以竹皮包覆的羊羹

江戶時代的百科事典《和漢三才圖會》（1712 年），刊登以竹皮包覆的條狀羊羹圖畫。

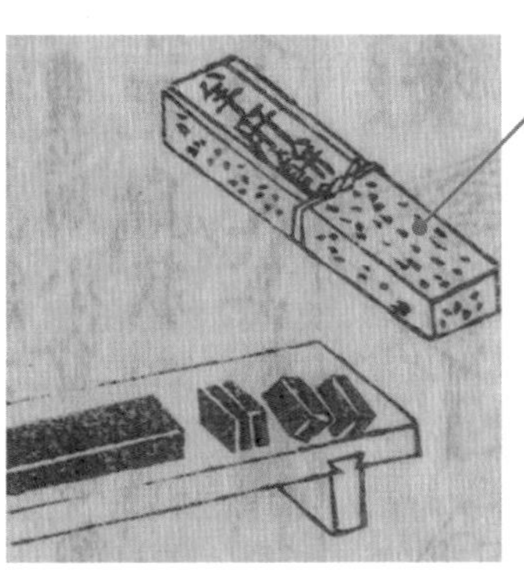

由於竹皮具有抗菌效果，很適合包覆條狀的和菓子，這是在現代也常見的包裝形式。

誕生各式各樣的羊羹

元祿年間（1688～1704 年），發明出以風景勝地或和歌等圖案的各類羊羹。

蒸羊羹與煉羊羹

在煉羊羹誕生後，才產生蒸羊羹的名稱，《菓子話船橋》（1841 年）是第一個記載蒸羊羹之名的文獻。17 世紀以前的文獻所記載的羊羹，指的是蒸羊羹。

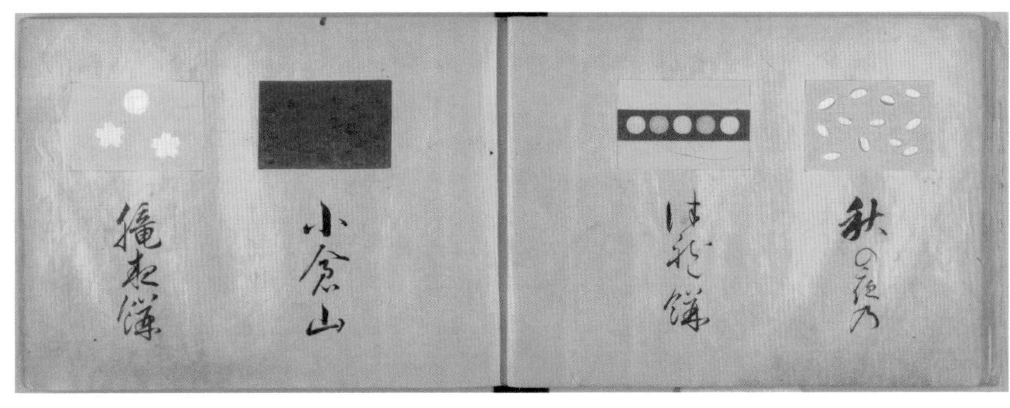

位於大坂、高麗橋一帶的虎屋伊織所設計和菓子型錄《御蒸菓子圖》（18～19 世紀）。

求肥（ぎゅうひ）

也是經常被當作和菓子材料的餅菓子

將砂糖或水飴加入糯米粉中，揉成餅狀的求肥，其特徵是具有柔軟的口感，放久了也不易變硬，經常被用來製作各種和菓子。

由於求肥的外皮狀似牛皮，舊名「牛皮」，但古代日本人不喜歡吃肉類，對於牛皮的名稱有所忌諱，因此改名為「求肥」。

有關於求肥的起源，並無定說。在寬永年間（一六二四年至一六四四年），求肥開始在江戶現身。相傳某位大名從京都聘請一位名叫中島淨雲的職人，前來江戶製作求肥，成為求肥的起源（《本朝世事談綺》一七三四年）之後，淨雲的子孫開設菓子屋販售求肥，在江戶打響名號。

江戶時代的求肥

江戶時代的求肥製法與現代不同，在糯米粉、麵粉、葛粉、蕨粉中加入砂糖與水揉和，再放入鍋中開小火攪拌成糰，最後撒上麵粉（《（古今名物）御前菓子秘傳抄》1718 年）。

求肥的味道被評為「最上等的味道，柔軟而甘甜。」（《和漢三才圖會》1712 年序）。

在從前被稱為「求肥飴」

江戶時代的料理書《合類日用料理抄》（1689 年）及《（古今名物）御前菓子圖式）》（1761 年）等，都曾記載「求肥飴」之名。

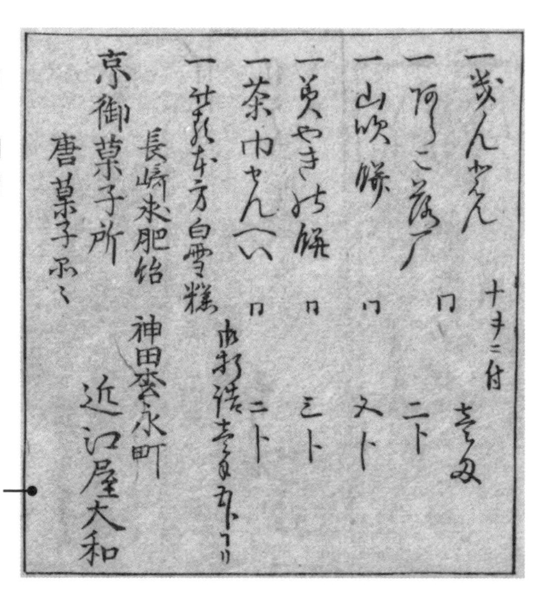

介紹江戶名產店的《七十五日》（1787 年）也曾記載「求肥飴」，可見「求肥餅」的名稱（《（古今名物）御前菓子秘傳抄》1718 年）。

大福（だいふく）

又大又便宜的餅菓子，包有甜餡備受歡迎

在江戶時代的餅菓子中，以包餡的大福特別具有人氣。古代的大福，因其圓滾滾的外形，原本被稱為「鶉餅」（うずらもち）。由於吃下一顆大福會有飽足感，也被稱為「腹太餅」，但由於大福的內餡是以加入鹽巴的紅豆製成，缺乏甜味，被評為「只是做得比較大顆的和菓子」（《嬉遊笑覽》一八三〇年）。

到了寬政年間（一七八九年至一八〇一年），比腹太餅小一號，並包有加入砂糖製成紅豆餡的「大福餅」登場。由於大福餅「一個四文錢，又大又便宜」（《江戶繁昌記》一八三二年）受到江戶人的喜愛。

另一方面，到了文政年間（一八一八年至一八三〇年），腹太餅已經在市面上消失殆盡（《嬉遊笑覽》）。

熱騰騰的大福

《江戶名所圖會》（1834～1836年）所描繪的大福，在江戶市中處處可見販售大福的情景。

到了夜晚，販售大福的商人會在竹簍中放入火盆與鐵鍋，將大福放在鍋子上方燻烤，把烤大福拿到街上叫賣，據説熱騰騰的烤大福在冬天的夜晚特別受到歡迎（《寬政紀聞》）。

古代的大福內餡為黑糖餡？

江戶時代後期戲作者山東京傳的《五人斬西瓜割賣》（1804年序），為黃表紙（在江戶時代中期以後盛行的草雙紙繪本範疇之一）的作品型態，他以各種食物當作登場人物，腹太餅為侍奉大福餅公的角色。

由於主人的寶物被偷，腹太餅只能切腹以示負責，書中描述腹太餅的內餡為黑糖餡。

落雁 らくがん

乾菓子的落雁為驅邪的象徵，也是受人珍惜的慰問品

日本耶穌會出版的《日葡辭書》（一六〇三年）記載：「落雁為飛到下方或是在地面休息的野鴨。」在近世以前，並無見到任何有關於落雁之乾菓子的記載。從正保三年（一六四六年）八月的北野天滿宮（京都）的公家工作者紀錄《年中行事帳》、正保五年（一六四八年）三月二十五日的茶會《松屋會記》紀錄等，才可見有關於落雁的記載，由此推測落雁是在十七世紀中期的京都開始被製作而成。根據文政十年（一八二七年）《落雁屋仲間一札》的記載，只有販售上菓子屋的商店，才有販售高檔的上落雁與秤重的落雁。

到了江戶時代後期，出現各式各樣的送禮用途落雁，在天花蔓延的時候，紅色落雁被當作驅邪象徵的探病慰問品。到了現代，落雁被當成女兒節、彼岸、盂蘭盆節等節日的供品。

為何叫做落雁？

有關於「落雁」的名稱由來，有各種說法。

落雁的由來①

源自中國的點心「軟落甘」，由於在表面撒上黑芝麻，外觀狀似水鳥的雁鴨，因此根據近江八景之一的「堅田落雁」來命名。

廣重《近江八景堅田落雁》1857 年

落雁的由來②

源自後陽成天皇（1586 ～ 1611 年在位）的和歌。

更甚白山之雪的菓子之名

是四方千里的落雁嗎

《古今新製銘菓秘錄》1862 年

放入木頭模具中壓製成形

落雁的製作方式，是在穀物等粉類中加入砂糖，再將材料填入木頭模具中壓製成形，最初的落雁形狀簡單，《合類日用料理抄》（1689 年）寫道：「落雁的木頭模具包括菊、扇、花草等植物造型。」可知在元祿年間（1688 ～ 1704 年），已經有菊花或扇子等各種造型的模具。

飴（あめ）

在古代不僅是休閒食物，也是一種甜味劑

自古以來，飴是珍貴的甜味劑，獲得世人的重視。天平九年（七三七年）的《但馬國正稅帳》（正倉院文書）記載，請僧侶誦經後要發米給他們作為布施，讓他們能製作飴（水飴），這是在奈良時代就已經存在的習俗。此外，飴在當時也被當成法會的供品，是極為珍貴的食物。

平安時代中期的漢和辭典《和名類聚抄》寫道：「飴為米或麥芽製成。」在同時期頒布施行的律令條文《延喜式》卷三三「大膳下」則記載：「使用糯米一石與萌小麥（麥芽）兩斗，可製成三斗七升的糖。」可見在當時的飴原料為米或麥芽。

到了後世，以麥芽原料為主流，到了江戶時代出現濕飴（水飴）或堅飴（將水飴揉和而成的硬飴）等各種飴。

賣飴商人登場

在江戶時代，大街上可見許多身穿華麗服裝，一邊唱歌或跳舞叫賣的賣飴商人。其中最受歡迎的是唐人賣飴商人，他們會身穿唐裝，吹著笛子或敲鑼打鼓，受到小孩的歡迎。

豐國《賣飴千太郎市村羽左衛門、矢間重太郎河原崎權十郎、腰元織江澤村田之助》1861年

以漩渦圖案為賣飴的記號

江戶時代後期的風俗誌《守貞謾稿》（1853年）記載：「江戶餅店可見漩渦圖案，叫賣者的服裝亦有相同圖案。」可見漩渦圖案為賣飴的記號。

飴也是廣受歡迎的參拜伴手禮

《江戶名所圖會》（1834～1836年）描繪目黑桐屋的師傅正在延展飴的景象，以及將飴裝入袋中的女性。當時的日本人在參拜目黑不動尊（瀧泉寺）後，通常都會來這裡購買伴手禮。

【取材協力】

大松屋本家／伊勢屋本店／末富／紅梅屋／大黒屋／中村軒／松屋藤兵衛／亀末廣／かぎ甚／きよめ餅総本家／つくば祢屋／長命寺櫻もち／柏屋光貞／追分羊かん／亀屋清永／松琴堂／ひしや／法多山名物だんご企業組合／さかくら総本家／伊那市観光協会／高遠あかはね／虎屋／越山甘清堂／もちや菓子店／塩瀬総本家／元祖播磨屋／茂木一〇香本家／大原老舗／大手饅頭伊部屋／明石屋菓子店／聖護院八ッ橋総本店／本家西尾八ッ橋／山田竹風軒／大徳屋長久／西川屋老舗／小島屋／亀屋良長／乃し梅本舗佐藤屋／船橋屋／高橋孫左衛門商店／五郎兵衛飴本舗／長沢屋／森上商店／やまだいち／五郎丸屋／老舗園田屋／羽二重団子／元祖鶏卵素麺松屋／南洋軒／越乃雪本舗大和屋／九重本舗玉澤／中越／笹屋守栄／わら天神宮／萬年堂／ミカワヤコンフェクト／浅井製菓所／なべや／虚空蔵法輪寺／太平寺／木村屋／柳屋奉善／岩永梅寿軒／風流堂／いせや／寶月堂／浅草寺／萬々堂通則／本家菊屋／田町梅月／鍵善良房／恵那福堂／宝泉堂／笹屋伊織／あかだ屋清七／水田玉雲堂／やわた走井餅老舗／池商店／紅葉屋／久月総本舗／彩雲堂／橘香堂／二條若狭屋／亀屋粟義／糸屋菓子舗／すや／一文字屋和輔／平野屋／小池菓子舗／乙まんじゅうや／おせきもち／力餅家／まつかさ餅長新／二軒茶屋餅角屋本店／亀屋陸奥／永餅屋老舗／へんばや商店／太閤餅／森八／深川屋／前田屋製菓／赤福／澤屋／長五郎餅本舗／つたや總本家／おきん茶屋／うさぎや／古今伝授の間香梅／三桝家總本舗／たねや／玉吉餅店／松翁軒／川端道喜／鶴屋吉信／武田待喜堂／紅蓮屋心月庵

【主要参考文献】

『図説和菓子の歴史』青木直己（筑摩書房）／『和菓子1～25号』（虎屋文庫）／『和菓子を愛した人たち』虎屋文庫編著（山川出版社）／『事典和菓子の世界増補改訂版』中山圭子、『和菓子の京都』川端道喜、『日本の食文化史』石毛直道（以上、岩波書店）／『たべもの噺』鈴木晋一、『日本人の春夏秋冬』新谷尚紀（以上、小学館）／『日本の食文化2　米と餅』『日本の食文化6　菓子と果物』関沢まゆみ編、『民俗小事典　食』新谷尚紀、関沢まゆみ編、『知っておきたい日本の年中行事典』福田アジオ、菊池健策ほか（以上、吉川弘文館）／『日本の菓子』亀井千歩子（東京書籍）／『菓子の文化誌』赤井達郎（河原書店）／『47都道府県・和菓子／郷土菓子百科』亀井千歩子（丸善出版）／『京都和菓子めぐり』鈴木宗康、鈴木宗博、『茶の湯菓子』鈴木宗康、土本宗丘ほか、『縁起菓子・祝い菓子』亀井千歩子（以上、淡交社）／『図説江戸料理事典』松下幸子（柏書房）／『お菓子と新潟』（新潟お菓子プロジェクト実行委員会、新潟県立歴史博物館）／『福を招くお守り菓子』溝口政子、中山圭子（講談社）／『暮らしのならわし十二カ月』白井明大（飛鳥新社）／『菓子珊珊』山下惠光、『近世菓子製法書集成Ⅰ』『近世菓子製法書集成Ⅱ』鈴木晋一、松本仲子編訳、『別冊太陽　和菓子風土記』、『東海道たべもの五十三次』鈴木晋一（以上、平凡社）／『江戸川柳飲食事典』渡辺信一郎（東京堂出版）／『日本のたしなみ帖　和菓子』『現代用語の基礎知識』編集部編（自由国民社）／『食の民俗事典』野本寛一（柊風舎）／『絵でみる江戸の食ごよみ』永山久夫（廣済堂出版）／『甘葛煎再現プロジェクト』山辺規子編著（かもがわ出版）／『肥前の菓子』村岡安廣（佐賀新聞社）／『南蛮貿易とカステラ』（福砂屋）／『砂糖の通った道』八百啓介、『飴と飴売りの文化史』牛嶋英俊（以上、弦書房）／『新版和菓子伝統と創造』森崎美穂子（水曜社）／『熊倉功夫著作集第七巻　日本料理文化史』熊倉功夫、『地域名菓の誕生』橋爪伸子（以上、思文閣出版）／『錦絵が語る江戸の食』松下幸子（遊子館）／『完本大江戸料理帖』福田浩、松藤庄平（河出書房新社）／『東海道・中山道　旅と暮らし』新田時也編著（静岡新聞社）／『和菓子の系譜』中村孝也（国書刊行会）／「歴史上の人物と和菓子」虎屋ホームページ／各菓子店のホームページ

【照片提供】

虎屋(p.77)／山形大学附属博物館(p.134)／二戸市観光協会(p.121)／多度町観光協会(p.107)／農林水産省Webサイト(p.63 : https://www.maff.go.jp/j/keikaku/syokubunka/k_ryouri/search_menu/menu/goshikinamagashi_ishikawa.html , p.66 : https://www.maff.go.jp/j/keikaku/syokubunka/k_ryouri/search_menu/menu/mitsumenobotamochi_ibaraki.html)／国立国会図書館／東京都立図書館／ピクスタ

和菓子名單

福枡 ····· **p.13,15**
末富
創業 ▶ 1893 年
住所 ▶ 京都府京都市下京区松原通室町東入
交通 ▶ 從地下鐵五条站步行 5 分鐘

御城之口餅 ····· **p.15**
本家菊屋
創業 ▶ 1585 年
住所 ▶ 奈良県大和郡山市柳 1-11
交通 ▶ 從近鐵郡山站步行 6 分鐘

高遠饅頭 ····· **p.19**
高遠あかはね
創業 ▶ 明治中期
住所 ▶ 長野県伊那市高遠町西高遠 1690
交通 ▶ 從 JR 巴士「高遠站」步行 1 分鐘

手折桜 ····· **p.21**
とらや
創業 ▶ 室町時代後期
住所 ▶ 東京都港区赤坂 4-9-22
交通 ▶ 從東京地鐵赤坂見附站步行 7 分鐘

花筏 ····· **p.21**
川端道喜
創業 ▶ 室町時代後期
住所 ▶ 京都府京都市左京区下鴨南野々神町 2-12
交通 ▶ 從地下鐵北山站步行 6 分鐘

千本桜 ····· **p.21**
鶴聲庵
創業 ▶ 1935 年
住所 ▶ 岡山県津山市二階町 6
交通 ▶ 從 JR 津山站步行 15 分鐘

さまざま桜® ····· **p.21**
紅梅屋
創業 ▶ 1712 年
住所 ▶ 三重県伊賀市上野東町 2936
交通 ▶ 從伊賀鐵道上野市站步行 5 分鐘

菜花糖® ····· **p.22**
大黒屋
創業 ▶ 1630 年
住所 ▶ 福井県鯖江市本町 2-1-13
交通 ▶ 從福井鐵道西鯖江站步行 5 分鐘

第一章

未開紅 ····· **p.9,10**
亀屋良長
創業 ▶ 1803 年
住所 ▶ 京都府京都市下京区四条通油小路西入
柏屋町 17-19
交通 ▶ 從阪急大宮站步行 5 分鐘

福梅® ····· **p.9,11**
縁起辻占® ····· **p.9,11**
開運福徳® ····· **p.9,11**
森八
創業 ▶ 1625 年
住所 ▶ 石川県金沢市大手町 10-15
交通 ▶ 從「橋場町」公車站步行 1 分鐘
※福梅は石川県菓子工業組合の登録商標

笑顔饅 ····· **p.9,11**
とらや
創業 ▶ 室町時代後期
住所 ▶ 東京都港区赤坂 4-9-22
交通 ▶ 從東京地鐵赤坂見附站步行 7 分鐘

初なすび® ····· **p.9,11**
大松屋本家
創業 ▶ 1907 年
住所 ▶ 山形県鶴岡市日吉町 11-25
交通 ▶ 從 JR 鶴岡站步行 10 分鐘

糊こぼし® ····· **p.13,14**
萬々堂通則
創業 ▶ 江戸時代後期
住所 ▶ 奈良県奈良市橋本町 34
交通 ▶ 從近鐵奈良站步行 5 分鐘

玉椿® ····· **p.13,14**
伊勢屋本店
創業 ▶ 元禄年間（1688 ～ 1704 年）
住所 ▶ 兵庫県姫路市西二階町 84
交通 ▶ 從 JR 姫路站步行 10 分鐘

福ハ内® ····· **p.13,15**
鶴屋吉信
創業 ▶ 1803 年
住所 ▶ 京都府京都市上京区今出川通堀川西入
交通 ▶ 從地下鐵今出川站步行 10 分鐘

葛焼き …… p.38
かぎ甚
創業 ▶ 1921 年
住所 ▶ 京都府京都市東山区大和大路通り四条下る小松町 140
交通 ▶ 從京阪祇園四条站步行 5 分鐘

葛切り …… p.38
鍵善良房
創業 ▶ 享保年間(1716 ～ 36 年)
住所 ▶ 京都府京都市東山区祇園町北側 264
交通 ▶ 從京阪祇園四条站步行 3 分鐘

栗きんとん …… p.45
すや
創業 ▶ 元禄年間(1688 ～ 1704 年)
住所 ▶ 岐阜県中津川市新町 2-40
交通 ▶ 從 JR 中津川站步行 5 分鐘

やき栗 …… p.45
二條若狭屋
創業 ▶ 1917 年
住所 ▶ 京都府京都市中京区二条通小川東入る西大黒町 333-2
交通 ▶ 從地下鐵二条城前站步行 5 分鐘

栗粉餅 …… p.45
恵那福堂
創業 ▶ 1930 年
住所 ▶ 岐阜県中津川市中津川 913-10
交通 ▶ 從 JR 中津川站步行 18 分鐘

山づと …… p.45
鶴屋吉信
創業 ▶ 1803 年
住所 ▶ 京都府京都市上京区今出川通堀川西入
交通 ▶ 從地下鐵今出川站步行 18 分鐘

むらすゞめ ® …… p.46
橘香堂
創業 ▶ 1877 年
住所 ▶ 岡山県倉敷市阿知 2-19-28
交通 ▶ 從 JR 倉敷站步行 8 分鐘

水仙粽 …… p.25,26
羊羹粽 …… p.25,26
川端道喜
創業 ▶ 室町時代後期
住所 ▶ 京都府京都市左京区下鴨南野々神町 2-12
交通 ▶ 從地下鐵北山站步行 6 分鐘

麦代餅 ® …… p.27
中村軒
創業 ▶ 1883 年
住所 ▶ 京都府京都市西京区桂浅原町 61
交通 ▶ 從阪急桂站步行 15 分鐘

氷室饅頭 ® …… p.29,30
越山甘清堂
創業 ▶ 1888 年
住所 ▶ 石川県金沢市武蔵町 13-17
交通 ▶ 從 JR 金澤站步行 16 分鐘
森八
創業 ▶ 1625 年
住所 ▶ 石川県金沢市大手町 10-15
交通 ▶ 從「橋場町」公車站步行 1 分鐘

朔日饅頭 …… p.29,30
竹林堂
創業 ▶ 安永年間(1772 ～ 81 年)
住所 ▶ 富山県富山市中央通り 1-5-2
交通 ▶ 從路面電車西町站步行 2 分鐘

花扇 …… p.33
とらや
創業 ▶ 室町時代後期
住所 ▶ 東京都港区赤坂 4-9-22
交通 ▶ 從東京地鐵赤坂見附站步行 7 分鐘

珠玉織姫 ® …… p.33
松屋藤兵衛
創業 ▶ 江戸時代
住所 ▶ 京都府京都市北区紫野雲林院町 28
交通 ▶ 從京都市巴士「大德寺前」站步行 1 分鐘

星のたむけ …… p.35
亀末廣
創業 ▶ 1804 年
住所 ▶ 京都府京都市中京区姉小路通烏丸東入
交通 ▶ 從地下鐵烏丸御池站步行 3 分鐘

和菓子名單

おいり ····· p.61,62

寶月堂

創業 ▶ 1917 年
住所 ▶ 香川県丸亀市米屋町 16
交通 ▶ 從 JR 丸龜站步行 6 分鐘

おしもん ····· p.61

いせや

創業 ▶ 1892 年
住所 ▶ 三重県伊賀市上野新町 2755-2
交通 ▶ 從伊賀鉄道廣小路站步行 2 分鐘

ふやき ····· p.61

浅井製菓所

創業 ▶ 1952 年
住所 ▶ 徳島県徳島市南田宮 3-6-42
交通 ▶ 從 JR 佐古站步行 10 分鐘

はらみ餅 ····· p.64

たねや

創業 ▶ 1872 年
住所 ▶ 滋賀県近江八幡市北之庄町 615-1
交通 ▶ 從近江鐵路巴士「北所拉科利納前」站步行即達

帯締め団子 ····· p.64

さかくら総本家

創業 ▶ 1891 年
住所 ▶ 神奈川県横須賀市若松町 3-18
交通 ▶ 從京急横須賀中央站步行 1 分鐘

ころころ餅 ····· p.65

中越

創業 ▶ 1968 年
住所 ▶ 石川県金沢市畝田東 2-218
交通 ▶ 從北陸鐵道巴士「金澤西高中」站步行 6 分鐘

うぶ餅 ····· p.65

笹屋守栄

創業 ▶ 1937 年
住所 ▶ 京都府京都市北区衣笠天神森町 38
交通 ▶ 從京福北野白梅町站步行 10 分鐘

銀杏餅 ····· p.51

川端道喜

創業 ▶ 室町時代後期
住所 ▶ 京都府京都市左京区下鴨南野々神町 2-12
交通 ▶ 從地下鐵北山站步行 6 分鐘

冬籠 ····· p.52

とらや

創業 ▶ 室町時代後期
住所 ▶ 東京都港区赤坂 4-9-22
交通 ▶ 從東京地鐵赤坂見附站步行 7 分鐘

袴腰餅 ····· p.53

川端道喜

創業 ▶ 室町時代後期
住所 ▶ 京都府京都市左京区下鴨南野々神町 2-12
交通 ▶ 從地下鐵北山站步行 6 分鐘

顔見世 ····· p.53

かぎ甚

創業 ▶ 1921 年
住所 ▶ 京都府京都市東山区大和大路通り四条下る小松町 140
交通 ▶ 從京阪祇園四条站步行 5 分鐘

川渡餅 ····· p.54

もちや菓子店

創業 ▶ 明治時代
住所 ▶ 新潟県上越市本町 2-1-6
交通 ▶ 從 JR 與越後心動鐵道高田站步行 11 分鐘

第二章

蓬が嶋 ® ····· p.60,62

虎屋

創業 ▶ 室町時代後期
住所 ▶ 東京都港区赤坂 4-9-22
交通 ▶ 從東京地鐵赤坂見附站步行 7 分鐘

五色生菓子 ····· p.60,63

越山甘清堂

創業 ▶ 1888 年
住所 ▶ 石川県金沢市武蔵町 13-17
交通 ▶ 從 JR 金澤站步行 16 分鐘

どら焼き ····· p.88

笹屋伊織

創業 ▶ 1716 年

住所 ▶ 京都市下京区七条通大宮西入花畑町 86

交通 ▶ 從市巴士「七条大宮・京都市水族館前」站步行 1 分鐘

五人百姓加美代飴 ® ····· p.89

池商店

創業 ▶ 鎌倉時代

住所 ▶ 香川県仲多度郡琴平町 933

交通 ▶ 從琴電琴平站步行 15 分鐘

あかだ ® ····· p.90

くつわ ® ····· p.90

あかだや清七

創業 ▶ 1830 年

住所 ▶ 愛知県津島市祢宜町 1

交通 ▶ 從 JR 津島站步行 12 分鐘

唐板 ® ····· p.91

水田玉雲堂

創業 ▶ 1477 年

住所 ▶ 京都府京都市上京区上御霊前町 394

交通 ▶ 從地下鐵鞍馬口站步行 3 分鐘

藤団子 ····· p.92

つくは祢屋

創業 ▶ 1781 年

住所 ▶ 愛知県名古屋市昭和区阿由知通 2-5-4

交通 ▶ 從地下鐵御器所站步行 6 分鐘

きよめ餅総本家

創業 ▶ 昭和初期

住所 ▶ 愛知県名古屋市熱田区神宮 3-7-21

交通 ▶ 從名鐵神宮前站步行 3 分鐘

筑羽根 ® ····· p.92

つくは祢屋

創業 ▶ 1781 年

住所 ▶ 愛知県名古屋市昭和区阿由知通 2-5-4

交通 ▶ 從地下鐵御器所站步行 6 分鐘

御目出糖 ····· p.68

萬年堂

創業 ▶ 1617 年

住所 ▶ 東京都中央区銀座 5-8-20

交通 ▶ 從地下鐵銀座站步行即到

雛桃薯蕷 ····· p.69

桃カステラ ® ····· p.69

松翁軒

創業 ▶ 1681 年

住所 ▶ 長崎県長崎市魚の町 3-19

交通 ▶ 從路面電車市民會館站步行 1 分鐘

※桃カステラは長崎県菓子工業組合の登録商標

太田ちまき ····· p.71

なべや

創業 ▶ 1875 年

住所 ▶ 茨城県常陸太田市東三町 2162-1

交通 ▶ 從 JR 常陸太田站步行 15 分鐘

厄除け団子 ····· p.77

久月総本舗

創業 ▶ 1951 年

住所 ▶ 茨城県土浦市東真鍋町 10-4

交通 ▶ 在土浦市「キララちゃん」「土浦ピアタウン」公車站下車

第三章

みたらし団子 ····· p.84

亀屋粟義(加茂みたらし茶屋)

創業 ▶ 1922 年

住所 ▶ 京都府京都市左京区下鴨松ノ木町 53

交通 ▶ 京都市巴士「下鴨神社前」站下車即到

玉兎 ® ····· p.85

糸屋菓子店

創業 ▶ 明治時代

住所 ▶ 新潟県西蒲原郡弥彦村弥彦 1281

交通 ▶ 從 JR 彌彥站步行 10 分鐘

大仏餅 ····· p.86

甘春堂

創業 ▶ 1865 年

住所 ▶ 京都府京都市東山区上堀詰町 292-2

交通 ▶ 從京阪七条站步行 3 分鐘

和菓子名單

厄除だんご ····· p.103
法多山名物だんご企業組合
創業 ▶ 1966 年
住所 ▶ 静岡県袋井市豊沢 2777
交通 ▶ 從 JR 愛野站步行 20 分鐘

糸切餅 ····· p.104
ひしや
創業 ▶ 1890 年
住所 ▶ 滋賀県犬上郡多賀町多賀 711
交通 ▶ 從近江鐵道多賀大社前站步行 5 分鐘

あぶり餅 ····· p.106
一文字屋和輔
創業 ▶ 1000 年
住所 ▶ 京都府京都市北区紫野今宮町 69
交通 ▶ 從市巴士「今宮神社前」站步行 2 分鐘

八壺豆 ····· p.107
紅梅焼 ····· p.107
紅葉屋
創業 ▶ 1871 年
住所 ▶ 三重県桑名市多度町多度 1186-1
交通 ▶ 市巴士「多度大社前」站下車步行即達

澤屋の粟餅 ® ····· p.108
澤屋
創業 ▶ 1682 年
住所 ▶ 京都府京都市上京区紙屋川町 838-7
交通 ▶ 從京福北野白梅町步行 5 分鐘

長五郎餅 ® ····· p.108
長五郎餅本舗
創業 ▶ 1587 年
住所 ▶ 京都府京都市上京区一条七本松西
交通 ▶ 從京福北野白梅町步行 10 分鐘

志んこ ····· p.109
平野屋
創業 ▶ 江戸時代
住所 ▶ 京都府京都市右京区嵯峨鳥居本仙翁町 16
交通 ▶ 從京都巴士「鳥居本」站步行 5 分鐘

長命寺佐久良餅 ® ····· p.93
長命寺櫻もち
創業 ▶ 1717 年
住所 ▶ 東京都墨田区向島 5-1-14
交通 ▶ 從地下鐵押上站步行 15 分鐘

赤福餅 ® ····· p.95
赤福
創業 ▶ 1707 年
住所 ▶ 三重県伊勢市宇治中之切町 26
交通 ▶ 從三重交通巴士「神宮会館前」站步行 2 分鐘

行者餅 ® ····· p.96
柏屋光貞
創業 ▶ 1806 年
住所 ▶ 京都府京都市東山区毘沙門町 33-2
交通 ▶ 從京阪祇園四条站步行 10 分鐘

法螺貝餅 ····· p.99
柏屋光貞
創業 ▶ 1806 年
住所 ▶ 京都府京都市東山区毘沙門町 33-2
交通 ▶ 從京阪祇園四条站步行 10 分鐘

走井餅 ····· p.100
やわた走井餅老舗
創業 ▶ 1764 年
住所 ▶ 京都府八幡市八幡高坊 19
交通 ▶ 從京阪石清水八幡宮站步行 2 分鐘

松風 ····· p.101
亀屋陸奥
創業 ▶ 1421 年
住所 ▶ 京都府京都市下京区西中筋通七条上る菱屋町 153
交通 ▶ 從 JR 京都站步行 15 分鐘

清浄歓喜団 ® ····· p.102
亀屋清永
創業 ▶ 1617 年
住所 ▶ 京都府京都市東山区祇園石段下南
交通 ▶ 從京阪祇園四条站步行 6 分鐘

おきん餅 ® …… p.113
おきん茶屋
創業 ▶ 1832 年
住所 ▶ 三重県多気郡多気町丹生 4488-40
交通 ▶ 従三重交通巴士「おきん茶房」站歩行 2 分鐘

志ら玉 …… p.113
前田屋製菓
創業 ▶ 明治時代
住所 ▶ 三重県亀山市関町中町 407
交通 ▶ 從 JR 関站歩行 8 分鐘

けいらん …… p.113
玉吉餅店
創業 ▶ 1864 年
住所 ▶ 三重県津市大門 17-18
交通 ▶ 從三重交通巴士「堀川町」站歩行 3 分鐘

へんば餅 …… p.114
へんばや商店
創業 ▶ 1775 年
住所 ▶ 三重県伊勢市小俣町明野 1430-1
交通 ▶ 從近鐵明野站歩行 10 分鐘

二軒茶屋餅 ® …… p.114
二軒茶屋餅角屋本店
創業 ▶ 1575 年
住所 ▶ 三重県伊勢市神久 6-8-25
交通 ▶ 從三重交通巴士「二間茶屋」站歩行 1 分鐘

太閤出世餅 …… p.114
太閤餅
創業 ▶ 1968 年
住所 ▶ 三重県伊勢市宇治今在家町 63
交通 ▶ 從三重交通巴士「内宮前」站歩行即達

関の戸 …… p.114
深川屋
創業 ▶ 寛永年間（1624 ～ 44 年）
住所 ▶ 三重県亀山市関町中町 387
交通 ▶ 從 JR 関站歩行 8 分鐘

あわまんじゅう …… p.109
小池菓子舗
創業 ▶ 大正時代
住所 ▶ 福島県河沼郡柳津町柳津字岩坂町甲 206
交通 ▶ 從 JR 会津柳津站歩行 6 分鐘

乙まんじゅう ® …… p.110
乙まんじゅうや
創業 ▶ 1804 年
住所 ▶ 新潟県胎内市乙 1235
交通 ▶ 從 JR 平木田站開車 10 分鐘

おせきもち …… p.110
おせきもち
創業 ▶ 1560 年代
住所 ▶ 京都府京都市伏見区中島御所ノ内町 16
交通 ▶ 市巴士「城南宮」站下車歩行即達

権五郎力餅 ® …… p.111
力餅家
創業 ▶ 元禄年間（1688 ～ 1704 年）
住所 ▶ 神奈川県鎌倉市坂の下 18-18
交通 ▶ 從江ノ電長谷站歩行 5 分鐘

ぶと饅頭 ® …… p.111
萬々堂通則
創業 ▶ 江戸時代後期
住所 ▶ 奈良県奈良市橋本町 34
交通 ▶ 從近鐵奈良站歩行 5 分鐘

安永餅 ® …… p.113
永餅屋老舗
創業 ▶ 江戸初期
住所 ▶ 三重県桑名市有楽町 35
交通 ▶ 從近鐵桑名站歩行 3 分鐘

長新のまつかさ餅 ® …… p.113
長新
創業 ▶ 元禄年間（1688 ～ 1704 年）
住所 ▶ 三重県多気郡多気町相可 564
交通 ▶ 從 JR 相可站歩行 8 分鐘

和菓子名單

薄氷® ····· p.120
五郎丸屋
創業 ▶ 1752 年
住所 ▶ 富山県小矢部市中央町 5-5
交通 ▶ 從愛之風富山鐵道石動站步行 8 分鐘

八ッ橋 ····· p.120
聖護院八ッ橋総本店
創業 ▶ 1689 年
住所 ▶ 京都府京都市左京区聖護院山王町 6
交通 ▶ 從京阪神宮丸太町站步行 10 分鐘
本家西尾八ッ橋
創業 ▶ 1689 年
住所 ▶ 京都府京都市左京区聖護院西町 7
交通 ▶ 從京阪神宮丸太町站步行 10 分鐘

松島こうれん® ····· p.122
紅蓮屋心月庵
創業 ▶ 1327 年
住所 ▶ 宮城県宮城郡松島町松島字町内 82
交通 ▶ 從 JR 松島海岸站步行 4 分鐘

初雪 ····· p.123
武田待喜堂
創業 ▶ 明治初期
住所 ▶ 岡山県津山市宮脇町 23
交通 ▶ 從 JR 津山站步行 15 分鐘

源氏巻 ····· p.124
山田竹風軒
創業 ▶ 1885 年
住所 ▶ 島根県鹿足郡津和野町後田口 240
交通 ▶ 從 JR 津和野站步行 5 分鐘

小原木® ····· p.124
大徳屋長久
創業 ▶ 1716 年
住所 ▶ 三重県鈴鹿市白子 1-6-26
交通 ▶ 從近鐵白子站步行 7 分鐘

ケンピ ····· p.125
西川屋老舗
創業 ▶ 1688 年
住所 ▶ 高知県高知市知寄町 1-7-2
交通 ▶ 從土佐電千代町一丁目站步行 1 分鐘

第四章

志ほせ饅頭 ····· p.116
本饅頭 ····· p.116
塩瀬総本家
創業 ▶ 1349 年
住所 ▶ 東京都中央区明石町 7-14
交通 ▶ 從東京地鐵築地站步行 8 分鐘

塩味饅頭® ····· p.116
元祖播磨屋
創業 ▶ 明和年間（1764 ～ 72 年）
住所 ▶ 兵庫県赤穂市尾崎 222
交通 ▶ 從 JR 播州赤穂站開車 10 分鐘

一〇香 ····· p.117
茂木一〇香本家
創業 ▶ 1844 年
住所 ▶ 長崎県長崎市茂木町 1805
交通 ▶ 從 JR 長崎站乘坐巴士 30 分鐘

大原松露饅頭 ····· p.117
大原老舗
創業 ▶ 1850 年
住所 ▶ 佐賀県唐津市本町 1513-17
交通 ▶ 從 JR 唐津站步行 10 分鐘

大手まんぢゅう ····· p.118
大手饅頭伊部屋
創業 ▶ 1837 年
住所 ▶ 岡山県岡山市北区京橋町 8-2
交通 ▶ 從岡山電車西大地町站步行 2 分鐘

岸川饅頭 ····· p.118
森上商店
創業 ▶ 1988 年
住所 ▶ 佐賀県多久市北多久町大字多久原 4529-1
交通 ▶ 從 JR 中多久站開車 10 分鐘

かるかん ····· p.119
明石屋
創業 ▶ 1854 年
住所 ▶ 鹿児島県鹿児島市金生町 4-16
交通 ▶ 從市電朝日通電站步行 1 分鐘

追分羊羹® ····· p.133
追分羊かん
創業▶1695年
住所▶静岡県静岡市清水区追分2-13-21
交通▶從静岡鐵道櫻橋站步行8分鐘

夜の梅® ····· p.133
とらや
創業▶室町時代後期
住所▶東京都港区赤坂4-9-22
交通▶從東京地鐵赤坂見附站步行7分鐘

松兵衛乃し梅® ····· p.134
乃し梅本舗佐藤屋
創業▶1821年
住所▶山形県山形市十日町3-10-36
交通▶從JR山形站步行12分鐘

阿わ雪 ····· p.134
松琴堂
創業▶慶応年間(1865～68年)
住所▶山口県下関市南部町2-5
交通▶從三電交通巴士唐戶站步行5分鐘

くず餅 ····· p.135
船橋屋
創業▶1805年
住所▶東京都江東区亀戸3-2-14
交通▶從JR龜戶站步行10分鐘

越乃雪® ····· p.136
越乃雪本舗大和屋
創業▶1778年
住所▶新潟県長岡市柳原町3-3
交通▶從JR長岡站步行15分鐘

長生殿® ····· p.136
森八
創業▶1625年
住所▶石川県金沢市大手町10-15
交通▶從「橋場町」公車站步行1分鐘

山川 ····· p.137
風流堂
創業▶1890年
住所▶島根県松江市寺町151
交通▶從JR松江站步行10分鐘

安倍川もち® ····· p.128
やまだいち
創業▶1950年
住所▶静岡県静岡市駿河区登呂5-15-13
交通▶從JR静岡站開車10分鐘

うばがもち® ····· p.129
うばがもちや
創業▶1889年
住所▶滋賀県草津市大路2-13-19
交通▶從JR草津站步行15分鐘

こしまやけし餅® ····· p.130
小島屋
創業▶延宝年間(1673～81年)
住所▶大阪府堺市堺区宿院町東1-1-23
交通▶從阪堺宿院站步行1分鐘

羽二重団子® ····· p.131
羽二重団子
創業▶1819年
住所▶東京都荒川区東日暮里5-54-3
交通▶從JR日暮里站步行3分鐘

沢根だんご ····· p.131
しまや
創業▶1808年
住所▶新潟県佐渡市沢根五十里989-1
交通▶從兩津港開車30分鐘

朝鮮飴 ····· p.132
老舗園田屋
創業▶天正年間(1573～92年)
住所▶熊本県熊本市中央区南坪井町6-1
交通▶從熊本電鐵藤崎宮前站步行2分鐘

烏羽玉 ····· p.132
亀屋良長
創業▶1803年
住所▶京都府京都市下京区四条通油小路西入柏屋町17-19
交通▶從阪急大宮站步行5分鐘
つたや總本家
創業▶1502年
住所▶長崎県平戸市木引田町431
交通▶從松浦鐵道田平平戶口站乘坐巴士15分鐘

和菓子名單

加勢以多 ® ····· **p.143**
古今伝授の間香梅
創業 ▶ 1998 年
住所 ▶ 熊本県熊本市中央区水前寺公園 8-1
交通 ▶ 從熊本市電車市立體育館前站步行 5 分鐘

粟飴 ····· **p.144**
高橋孫左衛門商店
創業 ▶ 1624 年
住所 ▶ 新潟県上越市南本町 3-7-2
交通 ▶ 從越後時目鐵道南高田站步行 12 分鐘

五郎兵衛飴 ····· **p.144**
五郎兵衛飴本舗
創業 ▶ 1181 年
住所 ▶ 福島県会津若松市駅前町 7-11
交通 ▶ 從 JR 会津若松站步行 5 分鐘

黄精飴 ····· **p.145**
黄精飴本舗長沢屋
創業 ▶ 1853 年
住所 ▶ 岩手県盛岡市神明町 2-9
交通 ▶ 從盛岡市循環巴士「若園町」站步行 3 分鐘

洲浜 ····· **p.145**
すはま屋
創業 ▶ 2018 年
住所 ▶ 京都府京都市中京区丸太町通烏丸西入常真横町 193
交通 ▶ 從地下鐵丸太町站步行 3 分鐘

若草 ····· **p.137**
彩雲堂
創業 ▶ 1874 年
住所 ▶ 島根県松江市天神町 124
交通 ▶ 從 JR 松江站步行 7 分鐘

口砂香 ····· **p.137**
岩永梅寿軒
創業 ▶ 1830 年
住所 ▶ 長崎県長崎市諏訪町 7-1
交通 ▶ 從長崎電氣軌道 3 號線市民會館站步行 8 分鐘

きつねめん ® ····· **p.137**
木村屋
創業 ▶ 1887 年
住所 ▶ 山形県鶴岡市山王町 9-25
交通 ▶ 從「山王町」公車站步行 3 分鐘

しおがま ····· **p.138**
九重本舗玉澤
創業 ▶ 1675 年
住所 ▶ 宮城県仙台市太白区郡山 4-2-1
交通 ▶ 從 JR 長町駅站步行 20 分鐘

麦落雁 ····· **p.138**
三桝家總本舗
創業 ▶ 寛永年間（1624 ～ 44 年）
住所 ▶ 群馬県館林市本町 3-9-5
交通 ▶ 從東武館林站步行 15 分鐘

老伴 ® ····· **p.139**
柳屋奉善
創業 ▶ 1575 年
住所 ▶ 三重県松阪市中町 1877
交通 ▶ 從 JR 松阪站步行 5 分鐘

鶏卵素麺 ····· **p.140**
元祖鶏卵素麺松屋
創業 ▶ 1673 年
住所 ▶ 福岡県福岡市西区橋本 2-1-4
交通 ▶ 從地下鐵橋本站步行 7 分鐘

2AB868

和菓子絕美圖鑑：歲時物語・生活節慶・文化解謎，350+日本尋味事典

美しい和菓子の図鑑

監　　修　青木直己
譯　　者　楊家昌
責任編輯　李素卿
內頁設計　江麗姿
封面設計　走路花工作室
行銷企畫　辛政遠、楊惠潔
總 編 輯　姚蜀芸
副 社 長　黃錫鉉
總 經 理　吳濱伶
發 行 人　何飛鵬
出　　版　創意市集
發　　行　英屬蓋曼群島商家庭傳媒股份有限公司
城邦分公司
歡迎光臨城邦讀書花園
網址www.cite.com.tw
香港發行所　城邦（香港）出版集團有限公司
香港灣仔駱克道193號東超商業中心1樓
電話：(852) 25086231
傳真：(852) 25789337
E-mail：hkcite@biznetvigator.com
馬新發行所　城邦（馬新）出版集團
Cite (M) Sdn Bhd
41, Jalan Radin Anum, Bandar Baru Sri Petaling, 57000 Kuala Lumpur, Malaysia.
電話：(603) 90563833
傳真：(603) 90576622
E-mail：services@cite.my

客戶服務中心
地址：10483台北市中山區民生東路二段141號B1
服務電話：（02）2500-7718、（02）2500-7719
服務時間：周一至周五 9：30～18：00
24小時傳真專線：（02）2500-1990～3
E-mail：service@readingclub.com.tw

※ 詢問書籍問題前，請註明您所購買的書名及書號，以及在哪一頁有問題，以便我們能加快處理速度為您服務。
※ 我們的回答範圍，恕僅限書籍本身問題及內容撰寫不清楚的地方，關於軟體、硬體本身的問題及衍生的操作狀況，請向原廠商洽詢處理。
※ 廠商合作、作者投稿、讀者意見回饋，請至：
FB粉絲團・http://www.facebook.com/InnoFair
Email信箱・ifbook@hmg.com.tw

若書籍外觀有破損、缺頁、裝訂錯誤等不完整現象，想要換書、退書，或您有大量購書的需求服務，都請與客服中心聯繫。

印　　刷　凱林彩印股份有限公司
2023年2月
Printed in Taiwan

定　　價　520元

國家圖書館出版品預行編目(CIP)資料

和菓子絕美圖鑑：歲時物語・生活節慶・文化解謎，350+日本尋味事典/青木 直己. -- 初版. --臺北市 : 創意市集出版 : 城邦文化發行, 2023.2
面；　公分
ISBN 978-626-7149-40-9(平裝)

1.飲食風俗 2.日本

538.7831　　111017675